Turan T. Turan

FLEISCH & FISCH

PÖKELN • TROCKNEN RÄUCHERN

Stocker stv

Umschlaggestaltung: DSR | Werbeagentur Rypka GmbH, 8143 Dobl/Graz, www.rypka.at
Alle Bilder auf dem Umschlag stammen von Simon Pask.
Bildnachweis siehe Seite 224

Titel der englischen Originalausgabe: Smoking, Curing & Drying. The Complete Guide for Meat & Fish by Turan T. Turan

ISBN 978-1-84543-561-5. First published in the UK in 2015 by APPLE PRESS.

Aus dem Englischen ins Deutsche übersetzt von Mag. PhD Claus Michael Hutterer

Bibliografische Information der Deutschen Nationalbibliothek
Die Deutsche Nationalbibliothek verzeichnet diese Publikation in der Deutschen Nationalbibliografie; detaillierte bibliografische Daten sind im Internet über http://dnb.d-nb.de abrufbar.

Hinweis: Dieses Buch wurde auf chlorfrei gebleichtem Papier gedruckt. Die zum Schutz vor Verschmutzung verwendete Einschweißfolie ist aus Polyethylen chlor- und schwefelfrei hergestellt. Diese umweltfreundliche Folie verhält sich grundwasserneutral, ist voll recyclingfähig und verbrennt in Müllverbrennungsanlagen völlig ungiftig.

Auf Wunsch senden wir Ihnen gerne kostenlos unser Verlagsverzeichnis zu:
Leopold Stocker Verlag GmbH
Hofgasse 5/Postfach 438 • A-8011 Graz
Tel.: +43 (0)316/82 16 36 • Fax: +43 (0)316/83 56 12
E-Mail: stocker-verlag@stocker-verlag.com
www.stocker-verlag.com

ISBN 978-3-7020-1669-2

Repro: DSR | Werbeagentur Rypka GmbH, 8143 Dobl/Graz, www.rypka.at
Printed in China

Turan T. Turan

FLEISCH & FISCH

PÖKELN • TROCKNEN RÄUCHERN

Leopold Stocker Verlag
Graz – Stuttgart

Inhalt

Pökeln: Konservierung mit Salz

69

42

96

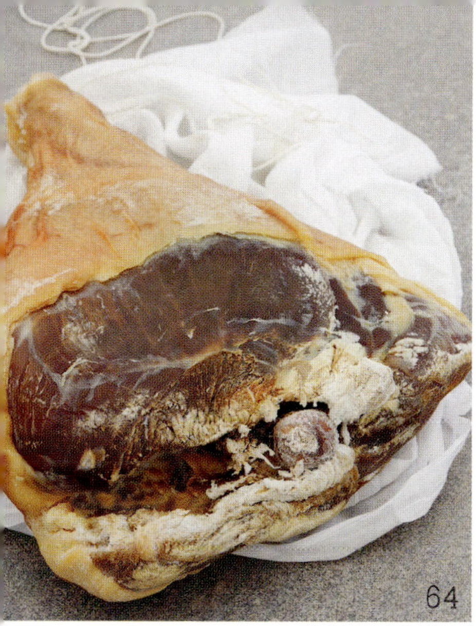
64

52

79

Trocknen von Fleisch und Fisch

205

Räuchern von Fleisch und Fisch

Quellen

Vorwort

Salzen, in Salzlake einlegen, trocknen und räuchern gehören genauso zu unserem kulinarischen Erbe wie die traditionellen Techniken der Jagd und des Ackerbaus. Diese Konservierungstechniken laufen Gefahr, in die Kategorie der vergessenen Kunstfertigkeiten zu fallen, da sie durch stets verfügbare Massenware zu einem geringeren Preis ersetzt werden. Ich aber glaube, dass diese zeitlosen Techniken erhalten bleiben, dort, wo es notwendig ist, adaptiert und an die künftigen Generationen weitergegeben werden sollten. Ganz zu schweigen davon, dass Nahrungsmittel, die mithilfe von diesen seit langem perfektionierten Techniken hergestellt wurden, einfach sehr viel besser schmecken.

Was mich betrifft, so habe ich zum ersten Mal als junger Mann damit begonnen, mich für die Konservierung von Fleisch und Fisch zu interessieren, damals als ich Meeresfischerei betrieb und letztlich den größten Teil meines Fanges, aufgrund von verdorbener Ware, wegwerfen musste. Es sollte aber noch bis zu meinem Versuch dauern, traditionellen schottischen Räucherlachs herzustellen, bis ich wirklich damit begann, diese wunderbare Fähigkeit zu ergründen und allmählich in die „Alchemie" der Prozesse des Salzens, Nasspökelns und Räucherns einzutauchen. Ich hatte Glück; ich komme aus einer Familie, in der Essen eine besonders wichtige Rolle spielt und deren Mitglieder über die meiste Zeit ihres Lebens hinweg ins Restaurantbusiness und in die Nahrungsmittelherstellung involviert waren. Daher wuchs ich mit einer gewissen Wertschätzung für die Gourmetküche auf. Wenngleich mein eigener beruflicher Werdegang in eine völlig andere Richtung verlief – über 30 Jahre hinweg war ich als Feuerwehrmann in London tätig – scheint die Leidenschaft meiner Eltern für gutes Essen auf mich abgefärbt zu haben. Mittlerweile gebe ich eintägige Kurse zu den Techniken des Konservierens und Räucherns, um meine Begeisterung für diese einzigartigen Kunstfertigkeiten mit anderen zu teilen. Selbst nach dem Eintritt in den Ruhestand kann ich nicht nach Hause kommen, ohne dass ich nach Rauch rieche.

Die Erforschung von Nahrungsmitteln und der Prozesse, die mit der Intensivierung ihres Geschmacks zu tun haben, fasziniert mich. Ich liebe auch die Wissenschaft und meine Faszination für die beim Salzen, beim Einlegen in Salzlake, beim Trocknen und Räuchern von Fleisch ablaufenden chemischen Prozesse, gepaart mit meiner Leidenschaft fürs Essen, sind eine wunderbare Verbindung von zwei Dingen, für die ich Feuer und Flamme bin. In diesem Buch werden einige bedeutende Stationen auf meinem Weg in Bezug auf das Konservieren und Räuchern von Nahrung beschrieben. Ich hoffe, sie dienen Ihnen als Ausgangspunkt und Wegweiser, der Sie auf Ihrer Reise in die Welt dieser außergewöhnlichen und lohnenswerten Kunstfertigkeit begleiten wird.

Dieses Buch ist für jeden gedacht, der wissen will, was genau auf dem Teller landet. Es geht nicht nur darum, Essen länger haltbar zu machen. Dazu brauchen Sie Ihr Essen lediglich in den Kühlschrank bzw. Tiefkühlschrank zu legen. Die in diesem Buch beschriebenen Prozesse sollen das Interesse derjenigen wecken, die ihre Zutaten mit einer verbesserten Konsistenz und Zartheit, intensiveren Aromen und interessanten Duftnoten sowie einer schönen natürlichen Farbgebung versehen wollen. Sie werden lernen, wie Sie diese uralten Verarbeitungsprozesse nutzen können, um einige der gefragtesten Delikatessen im modernen kulinarischen Repertoire zu kreieren, und unter Anwendung welcher Techniken Ihnen die Konservierung von Fleisch und Fisch leicht gelingt. Ich möchte, dass dieses Buch Sie dazu inspiriert, Ihre kulinarischen Ambitionen zu erhöhen.

Es ist richtig, dass die traditionellen Techniken der Haltbarmachung von Lebensmitteln aus der Notwendigkeit heraus entstanden, Familien und ganze Gemeinschaften das gesamte Jahr über mit Nahrung zu versorgen. Diese Notwendigkeit besteht meist nicht mehr, der Wunsch jedoch, köstliches Essen zu servieren, ist nach wie vor sehr groß. Ich kann mir keinen besseren Grund vorstellen, diese Fähigkeiten erlernen zu wollen, als die reine Freude, die man dabei empfindet, geliebten Menschen dabei zuzusehen, wie sie die geschmacklich einzigartigen Gerichte genießen, die man kreiert hat.

Mein Rat an Sie, geschätzte Leserinnen und Leser: Beginnen Sie mit der Zubereitung eines Gerichts, dass Begeisterung bei Ihnen entfacht und Ihren Appetit anregt, und achten Sie darauf, wie es Ihnen dabei geht. Denken Sie daran, dass jede Reise mit dem ersten Schritt beginnt. Ich hoffe, dieses Buch wird Sie in eine neue und aufregende Richtung lenken. Viel Glück!

Turan T. Turan

Wie verwenden Sie dieses Buch?

Dieses Buch besteht aus drei Abschnitten, die im Wesentlichen den Konservierungstechniken von Fleisch und Fisch entsprechen. Die Ausgestaltung des Buchs soll es den Leserinnen und Lesern erleichtern, die Reihenfolge der entscheidenden Abläufe beim Konservieren zu verstehen, und wird ihnen dabei helfen, die benötigten Informationen schnell zu finden. Zubereitungstechniken werden, entsprechend der jeweils vorrangigen Konservierungsmethode, im jeweiligen Abschnitt dargestellt. Da jedoch bei vielen Produkten u. U. mehr als eine Methode zur Anwendung kommt, gibt es hilfreiche Querverweise, die es ermöglichen, bei Bedarf weitere relevante Informationen zu finden.

PÖKELN: KONSERVIERUNG MIT SALZ

Im ersten Teil des Buchs geht es um diesen sehr wichtigen Schritt beim Konservierungsprozess. Die Pökelung, und zwar entweder die Trocken- oder die Nasspökelung (das Einlegen in Salzlake), ist die erste Phase bei der Herstellung der meisten konservierten Nahrungsmittel. Im Allgemeinen folgt darauf einer bzw. folgen darauf beide Prozesse, der/die in den anderen beiden Teilen des Buchs beschrieben wird/werden.

FLEISCH UND FISCH TROCKNEN

In diesem Kapitel geht es um das Trocknen, d. h. um die Entziehung überflüssiger Feuchtigkeit. Die meisten Arten von konserviertem Fleisch und Fisch werden, für gewöhnlich nach dem Salzen und vor dem Räuchern (falls notwendig), getrocknet.

FLEISCH UND FISCH RÄUCHERN

Beim Räuchern handelt es sich, im Fall einiger Nahrungsmittel, um die Königsdisziplin des Konservierungsprozesses, weshalb diese Technik erst am Ende beschrieben wird. Zum Räuchern gehören sowohl das Kalträuchern, bei welchem der Rauch nur für Geschmack sorgt, als auch das Heißräuchern, bei dem das Essen durch den Rauch gleichzeitig gegart und mit Aromen versehen wird.

53

Säubern und Pökeln

1 Den Fisch ausnehmen und säubern. Die sog. „Blutlinie", d. h. das dunklere Fleisch, über welches die Blutversorgung erfolgte, mit dem Finger entfernen. Den Fisch unter kaltem, fließendem Wasser abspülen, mit Küchenpapier trocken tupfen, die Kiemen nach Wunsch entfernen.

2 Den Boden eines nichtreaktiven Geschirrs mit einer 3 mm dicken Salzschicht bestreuen und den Fisch darauflegen. Die Darmhöhle des Fisches mit Salz füllen, danach den Fisch mit Salz bedecken. Das Geschirr mit Frischhaltefolie zudecken und den Fisch drei Stunden lang im Kühlschrank in der Pökellake ruhen lassen.

3 Die Makrele aus dem Salz herausnehmen und unter kaltem, fließendem Wasser abspülen, mit Küchenpapier trocken tupfen – auch die Darmhöhle. Den Fisch abwiegen, da dadurch beurteilt werden kann, wie viel Feuchtigkeit er gegen Ende des Trocknens verloren hat.

Die Darmhöhle mit Salz füllen.

Den Bauch des Fisches öffnen, um die Gedärme zu entfernen.

Den ganzen Fisch mit Salz bedecken.

Mit kaltem, fließendem Wasser abspülen.

Nach drei Stunden das Salz entfernen.

TROCKENGEPÖKELTE UND LUFTGETROCKNETE MAKRELE

SCHRITT-FÜR-SCHRITT-ANLEITUNGEN

Jede Technik in diesem Buch wird in leicht nachvollziehbaren Schritten, samt den dazugehörigen Fotos und Illustrationen, beschrieben. Wo immer es nötig ist, gibt es Querverweise zu anderen Stellen des Buchs, in welchen spezifische Aspekte der Arbeitsabläufe näher beschrieben werden.

Hilfreiche Listen von Zutaten, die Sie benötigen werden, und Infotafeln mit nützlichen Tipps sind ebenfalls inkludiert, um mehr Details zu einzelnen Aspekten der Arbeitsabläufe zu bieten.

TIPPS UND TECHNIKEN

Durch dieses Buch sollen Sie mit dem entsprechenden Rüstzeug sowie mit Ratschlägen ausgestattet werden, um zu verstehen, wie Sie die Techniken kreativ, unter Verwendung einer Vielzahl von Zutaten, anwenden können.

Darüber hinaus gibt es im gesamten Buch nützliche Tipps, wie Sie bei der Ausführung Ihrer Projekte erfolgreich sind.

174

Räuchern

1 Den Heißräucherofen auf 85 °C einstellen und bis zu dieser Temperatur vorheizen.

2 Den Lachs auf einem offenen Rost in den Räucherofen legen und so lange räuchern, bis die Kerntemperatur 75 °C erreicht hat. Die Wärme abdrehen und 15 Minuten weiter räuchern. Den Lachs aus dem Räucherofen nehmen und ruhen lassen, bis er vollständig abgekühlt ist. Der Lachs kann nun verzehrt werden.

OBERLIPPENTEST

Wenn Sie sich hinsichtlich der Temperatur des Fisches nicht sicher sind und auch kein Fleischthermometer haben, einfach einen Metallspieß ein paar Sekunden lang in den dicksten Teil des Fisches stecken. Den Spieß herausziehen und vorsichtig damit die Haut über der Oberlippe berühren. Wenn er sich heiß anfühlt, dann ist der Fisch fertig. Das ist ein alter Trick von Chefköchen.

Den Heißräucherofen vorheizen.

Die Temperatur des Fisches kontrollieren.

Heißgeräucherter Lachs Niçoise

Ein klassischer Salat nach Nizza-Art, der im Allgemeinen aus Thunfisch zubereitet wird. Wird er aus heißgeräuchertem Lachs gemacht, ist er ein origineller und geschmacklich intensiver Leckerbissen für den Sommer.

ZUTATEN

- 2 heißgeräucherte Lachssteaks (ohne Haut)
- 50 g grüne Bohnen
- 4 Frühlingszwiebeln
- eine 5 cm lange Gurke
- 100 g Salatblätter
- 4 mittelgroße reife Kirschtomaten (halbiert)
- 220 g Frühkartoffeln
- 2 hartgekochte Eier (gekühlt, gepellt und geviertelt)
- 50 g Anschovis
- 50 g schwarze Oliven (entkernt, falls sie verwendet werden)

Für zwei Personen

ZUBEREITUNG

1 Die grünen Bohnen in 5 cm lange Stücke schneiden und blanchieren. Die Frühlingszwiebeln in Scheiben schneiden, die Gurke würfeln.

2 Vor dem Servieren Salatblätter, Tomaten, Gurken, Frühkartoffeln, Bohnen und Frühlingszwiebeln in eine große Salatschüssel legen. Die heißgeräucherten Lachsstücke und geviertelten Eier auf den Salat legen, danach die Anschovis und die schwarzen Oliven, falls verwendet, darauflegen.

3 Den Salat mit einer einfachen Vinaigrette anrichten. Mit warmem, knusprigem Brot servieren.

REZEPTE IN HÜLLE UND FÜLLE

Wenn Sie erst einmal gelernt haben, wie Sie verschiedene Fleischstücke und Fischarten richtig zubereiten und konservieren, benötigen Sie Ideen dazu, wie Sie diese Delikatessen Ihren Freunden und Ihrer Familie servieren. Im gesamten Buch finden Sie spannende Rezeptideen und Serviervorschläge.

ZUSÄTZLICHE INFORMATIONEN

Die letzten Seiten enthalten nützliche Quellenangaben, in welchen Hersteller einer entsprechenden Ausrüstung und spezieller Küchenutensilien, die Sie eventuell benötigen werden, aufgeführt sind. Es gibt auch ein Glossar mit Fachbegriffen sowie ein umfassendes Sachregister, was Ihnen bei der Orientierung helfen soll.

Einführung in die Kunst des Konservierens

Warum müssen Fleisch und Fisch konserviert werden? Natürlich helfen diese Techniken dabei, unseren Nahrungsmitteln eine längere Haltbarkeitsdauer zu verleihen, aber bei der Konservierung geht es um mehr als das.

Wir konservieren Fleisch und Fisch, weil wir die durch die Verarbeitung geschaffenen, einzigartigen Aromen und Konsistenzen lieben, wobei einfache, natürliche Zusatzstoffe wie Salz und Kräuter Verwendung finden. Durch den Prozess der Konservierung mithilfe von Salz, Trocknen und Räuchern wird gutes in hervorragendes Essen umgewandelt. Es verschafft Ihnen auch ein tiefes Gefühl der Zufriedenheit und Genugtuung, wenn Sie Ihre eigenen haltbar gemachten Nahrungsmittel für Ihre Platte mit Fleischwaren herstellen.

Bandbreite dieses Buchs

In diesem Buch werden die drei wichtigen Bereiche der Konservierung von Fleisch und Fisch behandelt: Konservieren mit Salz (Pökeln), Trocknen und Räuchern. Es handelt sich um uralte Verarbeitungsprozesse und Techniken, denen mein besonderes Interesse gilt. Diese Prozesse ergänzen einander und wenngleich es sich um verschiedene Methoden handelt, die jeweils ihre eigene Berechtigung haben, werden sie oft in Kombination verwendet. Das Pökeln, also das Einlegen in Salzlake oder das Salzen von Nahrungsmitteln, stellt, auch bei den Methoden des Trocknens und Räucherns, eine entscheidende Phase dar, wobei dem Fleisch entweder überschüssige Feuchtigkeit entzogen wird oder aber das Fleisch im Grunde genommen, während Prozessen wie der Heißräucherung, feucht und saftig bleibt. Pökeln, Trocknen und Räuchern tragen alle gemeinsam dazu bei, Ihre Nahrungsmittel in viele verschiedene Delikatessen umzuwandeln.

In den Ablaufdiagrammen auf den folgenden Seiten wird erklärt, wie sich verschiedene Methoden des Salzens in die unterschiedlichen, in diesem Buch behandelten Konservierungsprozesse einfügen.

Salz wird verwendet, um Schweinefleisch oder Speck haltbar zu machen. Salz hilft dabei, dem Fleisch Feuchtigkeit zu entziehen.

SALZ: DIE GEMEINSAME ZUTAT

Salz oder, um mit seinem chemischen Namen zu sprechen, Natriumchlorid (NaCl) ist ein entscheidendes Element bei allen in diesem Buch beschriebenen Prozessen. Salz erfüllt zwei Hauptfunktionen: Erstens wird durch Salz die Vermehrung von Bakterien begrenzt und zweitens entzieht Salz Fleisch und Fisch Feuchtigkeit, wodurch ein noch feindlicheres Milieu für Bakterien und andere Keime geschaffen wird. Mehr über die Wirkungen von Salz erfahren Sie auf S. 18.

Sämtliche Fleischsorten und Fischarten müssen mit Salz behandelt werden. Dieser als Pökeln bezeichnete Prozess ist Teil des Konservierungsverfahrens. Das Pökeln erfolgt entweder durch das Einlegen in Salzlake, wobei das Fleisch oder der Fisch in einer Salzwasserlösung (Salzlake) ruht oder aber durch die sog. Trockenpökelung, bei welcher das Fleisch oder der Fisch von außen mit trockenem Salz behandelt wird.

Die Ablaufdiagramme auf diesen Seiten zeigen, wie das Pökeln mit trockenem Salz bzw. das Nasspökeln zur Reihenfolge der Prozesse für jede in diesem Buch beschriebene Konservierungsmethode passt: Pökeln, Trocknen und Räuchern.

METHODEN DES SALZENS

WAS VERSTEHT MAN UNTER SALZEN BZW. PÖKELN?

DIE TECHNIK
Salz oder Salzlake wird für die Behandlung von Fleisch- oder Fischstücken verwendet, die dann geräuchert werden.

DER PROZESS
Durch das Salz wird dem Fleisch oder Fisch Feuchtigkeit entzogen. Das Ziel besteht in einem Gewichtsverlust von 5–15 %. Salz hemmt die Vermehrung von Bakterien.

DAS ERGEBNIS
Die Konsistenz wird fester und die Farbe intensiver. Aromen werden verstärkt und die Haltbarkeitsdauer verlängert.

BEGINNEN SIE MIT

DAS EINLEGEN IN SALZLAKE	PÖKELN	TROCKENSALZEN
KRÄUTER, GEWÜRZE und SÜSSSTOFFE hinzufügen		KRÄUTER, GEWÜRZE und SÜSSSTOFFE hinzufügen
In Wasser und eine Salzlösung einlegen (Salzlake)		Das Fleisch trocken einsalzen
Minimaler Flüssigkeitsverlust: Die Konsistenz wird fester.		Bedeutender Flüssigkeitsverlust: Die Konsistenz wird fester.
		Weiterer Flüssigkeitsverlust: Ein anhaftender Film bzw. eine Haut (Pellicula) bildet sich an der Oberfläche.

ENDBEARBEITUNG

DAS EINLEGEN IN SALZLAKE	TROCKENSALZEN
Abspülen, trocknen und für ein weiteres Verfahren verwenden oder langsam braten	Abspülen, trocknen und servieren oder für ein weiteres Verfahren verwenden.

PÖKELN/DAS EINLEGEN IN SALZLAKE

Das Einlegen in Salzlake ist eine entscheidende Phase bei der Zubereitung von Pökelfleisch vom Rind (s. S. 38) und Pastrami (s. S. 42).

TROCKNEN

Trocknen ist die wichtigste Art des Haltbarmachens bei der Zubereitung von Pancetta (s. S. 106).

RÄUCHERN

Das Räuchern wird eingesetzt, um beliebte Gerichte, wie kaltgeräucherten Lachs nach schottischer Art, zu kreieren (s. S. 158).

METHODEN DES TROCKNENS

WAS VERSTEHT MAN UNTER TROCKNEN?

DIE TECHNIK
Fleisch oder Fisch wird in Gewürzen mariniert oder mit trockenem Salz behandelt. Dann wird das Fleisch oder der Fisch getrocknet oder noch einmal gepökelt und erneut getrocknet.

DER PROZESS
Fleisch und Fisch können auf natürliche Weise oder mechanisch getrocknet werden, wobei zusätzliche Wärme verwendet wird. Durch das Trocknen wird das Gewicht um 50 % oder mehr wird verringert.

DAS ERGEBNIS
Die Konsistenz wird fester und die Farbe intensiver. Die Aromen werden verstärkt und die Haltbarkeitsdauer wird verlängert.

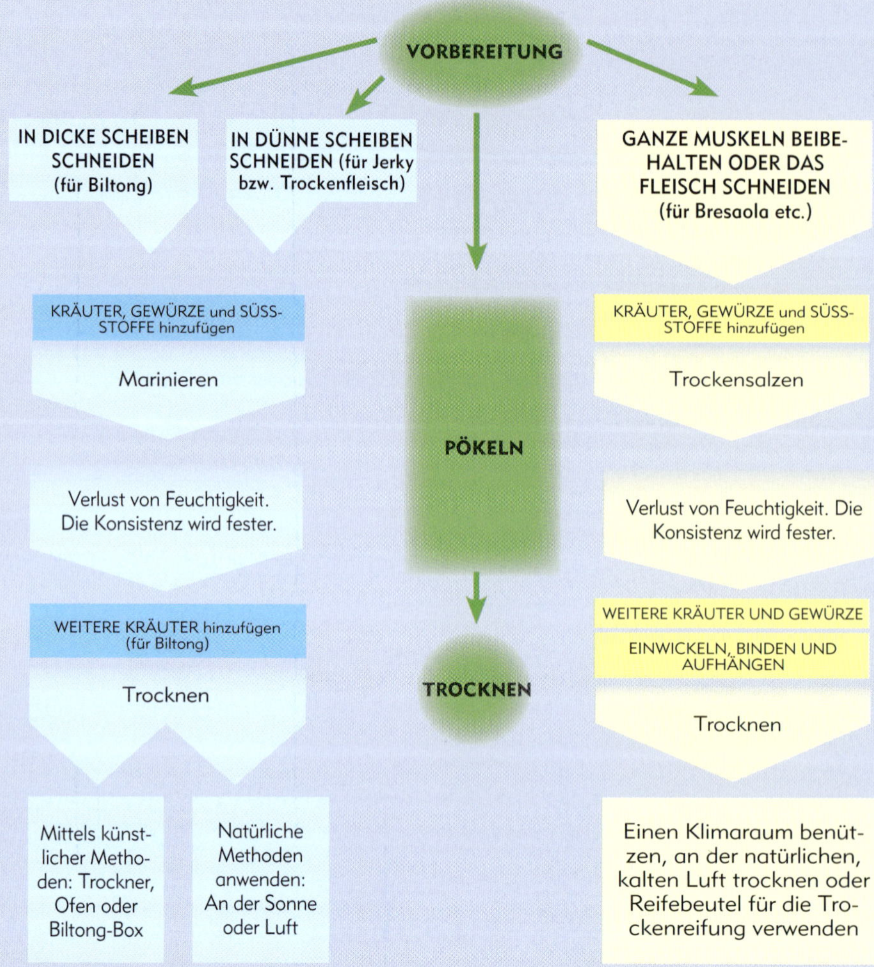

Die Terminologie verstehen – Begriffserklärungen

SALZEN (auch Vorsalzen)

Hierbei geht es um die Behandlung von Fleisch oder Fisch mit Salz als erste Phase im Konservierungsprozess. Auf das Salzen kann entweder der Verarbeitungsprozess des Trocknens oder des Räucherns folgen. Salzen unterscheidet sich vom Würzen im Wesentlichen durch die größere Menge an Salz, das beim Verarbeitungsprozess verwendet wird. Siehe auch Einlegen in Salzlake und Trockensalzen (rechts).

TROCKNEN

Trocknen bedeutet eine Reduzierung des Wassergehaltes von Nahrungsmitteln, was manchmal auch als Dörren bzw. Trocknung bezeichnet wird. Das kann entweder im Freien unter direkter Sonneneinstrahlung oder im Schatten, unter Verwendung einer Kombination aus Wind und Sonne oder in besonderen Trockenräumen bzw. Trocknern erfolgen.

TROCKENSALZEN

Hierbei handelt es sich um einen Prozess des Salzens, bei welchem Fleisch oder Fisch, u. a. für die Dauer von Stunden oder Tagen, in Salz eingelegt wird, um viele verschiedene Sorten von geräuchertem Fleisch und Fisch herzustellen, wie z. B. Speck, Bresaola, Prosciutto und gesalzenen Kabeljau. Er wird i. d. R. als „Einreiben" von Fleisch bezeichnet.

PÖKELLAKE

Es handelt sich um eine Mischung, die v. a. aus Salz besteht und mit der Fleisch und Fisch behandelt werden. Sie kann auch weitere Geschmacksstoffe wie Kräuter und Gewürze sowie geringe

RÄUCHERMETHODEN

WAS VERSTEHT MAN UNTER RÄUCHERN?

DIE TECHNIK
Fleisch oder Fisch wird zunächst entweder mit trockenem Salz behandelt oder in eine Salzlake eingelegt und dann dem Rauch ausgesetzt. Beim Heißräuchern wird das Salz hauptsächlich zum Würzen verwendet; beim Kalträuchern geht es um die Konservierung.

DER PROZESS
Holzrauch wird zur Behandlung von Fleisch oder Fisch verwendet. Beim Heißräuchern wird die Hitze genutzt, um zugleich das Fleisch zu garen und seine Struktur zu verändern.

DAS ERGEBNIS
Die Konsistenz wird fester und die Farbe intensiver. Die Aromen werden verstärkt und, im Fall des Kalträucherns, die Haltbarkeitsdauer wird verlängert.

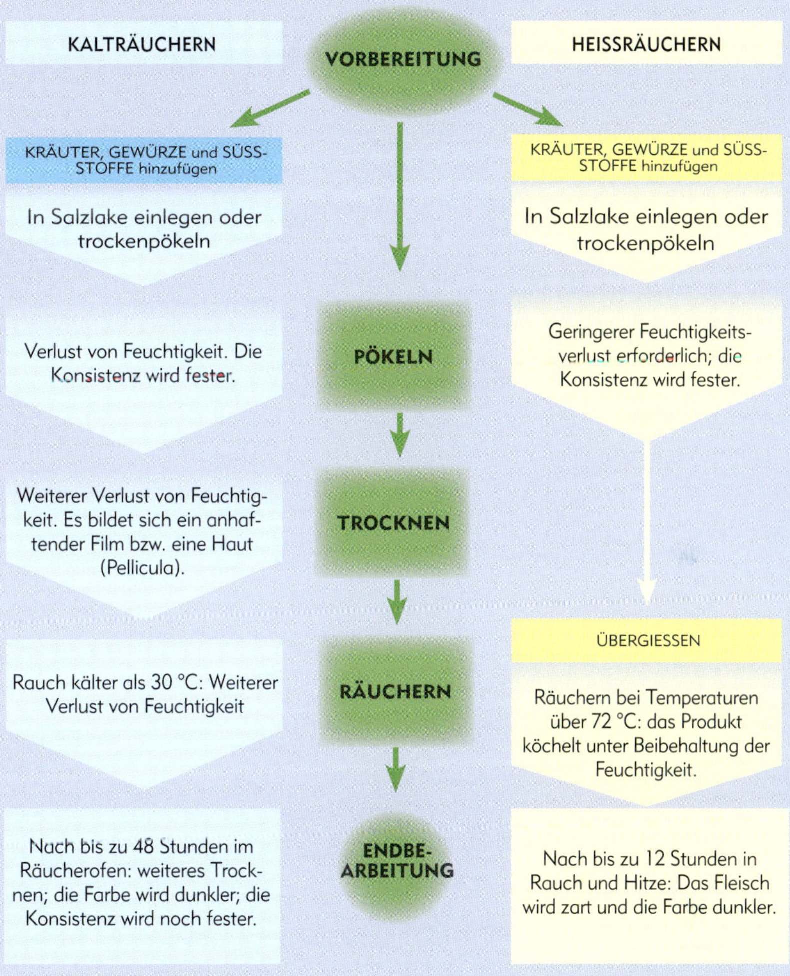

Mengen von chemischen Konservierungsstoffen wie Nitraten und Nitriten beinhalten, die als Salpeter (Nitrat) oder fertiges Nitritpökelsalz erhältlich sind (s. „Konservierungsstoffe", S. 25).

PÖKELN

Hierbei handelt es sich um einen allgemeinen Begriff, der benutzt wird, um verschiedene Konservierungsprozesse zu beschreiben, bei denen Salz verwendet wird. Ein geräuchertes Fleisch- oder Fischprodukt wird hergestellt, indem Techniken des Salzens, Trocknens oder Räucherns bzw. eine Kombination dieser Techniken angewendet werden.

EINLEGEN IN SALZLAKE

Das ist der Prozess des Einlegens von Fleisch oder Fisch in eine Salzlösung zur Konservierung von Nahrungsmitteln, d. h. eine Form der Nasspökelung. Die Salzlake kann auch Kräuter, Gewürze, verschiedene Sorten von Essig und Süßstoffe enthalten.

MARINIEREN

Bei der Marinade handelt es sich um eine Mischung aus verschiedenen Kräutern bzw. Gewürzen, durch die den Gerichten auf sanfte Weise Geschmack verliehen werden soll.

RÄUCHERN

Die Erzeugung und Anwendung von Rauch bei der Verarbeitung von Nahrungsmitteln in einem begrenzten Raum, um Aromen hinzuzufügen und/oder als Konservierungsstoff zu dienen. Es gibt zwei Arten des Räucherns: Von Heißräuchern spricht man, wenn der Garvorgang unter der Einwirkung von Rauch, zwecks Hinzufügung von Aromen, vor sich geht. Kalträuchern ist ein Prozess, bei dem bei niedrigen Temperaturen gearbeitet wird, um Nahrungsmittel zu konservieren und mit Geschmacksstoffen zu versehen, ohne sie dabei zu garen. In weiterer Folge kann das Kochen erforderlich sein.

Pökeln: Konservierung mit Salz

EINFÜHRUNG IN DIE KONSERVIERUNG MIT SALZ

Trockensalzen und das Einlegen in Salzlake sind wichtige Verarbeitungsschritte bei der Herstellung verschiedener Arten von geräuchertem Fleisch. Das Verständnis für diese Techniken und ihre Anwendung, um Ihre Nahrungsmittel mit Aromen und einer besseren Konsistenz zu versehen, wird Ihnen neue kulinarische Welten eröffnen.

Die Verwendung von Salz beim Pökeln, sowohl von Fleisch als auch von Fisch, ist ein wesentlicher Bestandteil vieler der hier vorgestellten Techniken. Dieses Kapitel ermöglicht es Ihnen, die Beschreibungen vieler Techniken und Verarbeitungsprozesse nachzuschlagen, die Bestandteil vieler Rezepte sind. Wahrscheinlich werden Sie daher bei der Lektüre immer wieder auf diesen Teil des Buchs zurückkommen.

Trocken- und Nasspökeln

Salz wird als Konservierungsstoff für Fleisch und Fisch verwendet, und zwar entweder in Form einer sog. „Nasspökelung" – Einlegen in Salzlake – oder in Form des Trockensalzens, wobei Fleisch und Fisch mit Salz eingerieben oder bedeckt werden. Das Einlegen in Salzlake und das Trockensalzen sind in vielerlei Hinsicht unterschiedliche Prozesse. Bei beiden Techniken jedoch ist Salz der gemeinsame Faktor. In diesem Abschnitt finden Sie Informationen zu den allgemeinen Prinzipien, die sich auf beide Techniken beziehen. Es gibt keine schnelle Antwort auf die Frage, ob die Konservierung durch Trocken- oder Nasspökelung erfolgen soll. Ob Sie Fleisch und Fisch in einer Salzlake ruhen lassen, das Fleisch bzw. den Fisch mit Trockensalz einreiben oder zwecks Konservierung in Trockensalz im Beutel reifen lassen, hängt davon ab, was Sie genau zubereiten wollen. Weitere Informationen zur Auswahl der richtigen Methode s. unter „Trocken- oder Nasspökelung?" (S. 20).

Trockensalzen und Feuchtigkeitsverlust

Die wesentliche Wirkung des Salzes bei der Trockenpökelung besteht darin, dem Fleisch Feuchtigkeit zu entziehen. Ohne Wasser können sich die meisten Bakterien nicht vermehren, wodurch das Essen für den Verzehr geeignet bleibt (s. auch „Über Botulismus", S. 30). Fleisch (und Fisch) besteht aus Muskelgewebe, welches aus Muskelfasern aufgebaut ist, die sich wiederum aus hunderten Millionen einzelner Muskelzellen zusammensetzen. In diesen Zellen ist Flüssigkeit innerhalb von semipermeablen (halbdurchlässigen) Membranen enthalten. Sobald die Fleischoberfläche mit Salz behandelt wird, versuchen die Zellen über diese Membrane die Salzkonzentrationen auf beiden Seiten derselben auszugleichen. Das geschieht, indem Flüssigkeit durch die Zellwände dringt, um die höhere Salzkonzentration an jenen Stellen zu verringern, die vorher mit Salz behandelt wurden.

Der Flüssigkeitsaustausch kann zu einem Verlust von mehr als 15 % des anfänglichen Gewichts führen. Die Beachtung von äußerlich sichtbaren Zeichen des Abfließens von Flüssigkeit (Ansammlung von Flüssigkeit in einem Behälter) und die Messung des Gewichtsverlusts sind die effektivsten Methoden, um festzustellen, dass während der Trockenpökelung das Fleisch bzw. der Fisch haltbar gemacht wurde.

Feuchtigkeitsverlust im Zuge des Einlegens

Das in einer Salzlake vorhandene Salz hat einen ähnlichen Effekt. Da aber hier das Salz in einer Lösung enthalten ist, können die Zellzwischenräume beim Schrumpfen der Zellen von der Salzlake durchdrungen und aufgefüllt werden, so dass das Fleisch tendenziell

Salz wird bei einigen der in diesem Buch beschriebenen Prozesse aus Sicherheitsgründen in Kombination mit Konservierungsstoffen verwendet.

saftiger bleibt als beim Trockensalzen. Deshalb wird es vor dem Heißräuchern, bei dem ja hohe Temperaturen herrschen, auch häufig nassgepökelt.

Festere Konsistenz
Ein weiterer Effekt des Feuchtigkeitsverlusts beim Pökeln besteht in der Erhöhung der Festigkeit des Fleisches. Diese Verbesserung von Dichte und Festigkeit ist eine der wichtigsten Eigenschaften von einigen geräucherten Fleischsorten, wie z. B. von luftgetrocknetem Schinken oder Bresaola. Feste Konsistenz ist auch ein wesentliches Element von Räucherlachs nach schottischer Art. Das gilt auch für andere mithilfe von Salz haltbar gemachte fette Fischarten wie Hering und Makrele.

Veränderte Konzentrationen bei Ölen (flüssige Fette)
Eine dritte Wirkung des Salzes, die ebenfalls mit dem Flüssigkeitsverlust zusammenhängt, besteht in der Erhöhung des Fettanteils von Fleisch und Fisch, der eine bedeutende Wirkung auf den Geschmack des Fisches hat, wobei häufig eine wundervolle Intensität entsteht.

Zur Intensivierung des Geschmacks des Trockensalzes oder der Salzlake können Zutaten wie Kräuter oder Zitronenschalen verwendet werden.

GESUNDHEITLICHE BEDENKEN

Salz wird mit gesundheitlichen Problemen in Verbindung gebracht, weshalb es klare Richtlinien in Bezug auf die empfohlene maximale Tagesdosis (max. 6 g/1 TL Salz für Erwachsene) gibt. Die empfohlene Tagesdosis ist aber im Fall der Zugehörigkeit zu einer über ein hohes Risiko verfügenden Gruppe (Herz-Kreislauf-Erkrankungen oder Diabetes) noch viel geringer. Es ist wichtig, den Salzgehalt der konservierten Nahrungsmittel bei der Berechnung des durchschnittlichen täglichen Konsums zu berücksichtigen; zu viel ist schlecht für die Gesundheit.

Auf der anderen Seite jedoch hat die Verwendung von Salz im Laufe der Jahrhunderte wohl vielfach Krankheiten verhindert bzw. einem schlechten Gesundheitszustand vorgebeugt, indem es die Vermehrung schädlicher Bakterien und anderer Krankheitserreger verhinderte und dabei half, für eine gute und gesunde Ernährung der Menschheit zu sorgen.

TROCKEN- ODER NASSPÖKELUNG?

Bei beiden Verarbeitungsprozessen wird das Produkt mit Salz behandelt, jedoch gibt es wesentliche Unterschiede bei ihrer jeweiligen Wirkung und Verwendung. Die adäquaten Anwendungen werden hier erklärt.

Die Entscheidung, ob eine Nass- oder Trockenpökelung erfolgen soll, hängt vom angestrebten Produkt ab. In der gegenüberliegenden Tabelle werden verschiedene Produkte und die jeweils erforderliche Methode angeführt.

Salzen vor dem Räuchern

Als allgemeine Regel gilt: Sofern Sie ein Produkt heißräuchern wollen, müssen Sie es vor dem eigentlichen Räuchern wahrscheinlich nasspökeln. Heißgeräucherte Produkte sind i. d. R. zum sofortigen Verzehr geeignet, da es sich beim Heißräuchern gleichzeitig auch um einen Garvorgang handelt. Das Einlegen in Salzlake kommt deshalb zur Anwendung, weil es zum Erhalt der Saftigkeit von Fleisch und Fisch beiträgt.

Die meisten kaltgeräucherten Nahrungsmittel werden trocken eingesalzen. Manche kaltgeräucherten Produkte sind aber so empfindlich, dass sie nicht durch die Methode des Trockensalzens haltbar gemacht werden können, weil ihnen dadurch viel zu viel Feuchtigkeit entzogen und das Endprodukt für den Verzehr ungeeignet werden würde.

Praktische Anwendung

Ein gutes Beispiel dafür, wie die Entscheidung erfolgt, ist Räucherfisch. Dabei handelt es sich um einen kaltgeräucherten Hering, der nach dem Räuchern gegart werden muss. Räucherfische sind schmal. Würde man sie trockenpökeln, würden sie aufgrund des viel zu großen Wasserverlusts zu trocken und ungenießbar werden. Durch das Nasspökeln bleibt ihr Flüssigkeitsgehalt bestehen. (Weitere Informationen über Räucherfische auf S. 50.)

Einige Fleischsorten, wie z. B. Landschinken, können entweder in einer Salzlake haltbar gemacht oder trockengesalzen werden. Damit vergleichbar können Pastrami (s. S. 42) und Pökelfleisch vom Rind (s. S. 38) nass- oder trockengepökelt werden. Das Nasspökeln erfordert ein vollständiges Eintauchen der Nahrungsmittel in die Pökellake, weshalb dazu ein größeres Behältnis notwendig ist: ein Problem bei begrenztem Platz. Es ist manchmal auch sehr viel schwieriger, große Wasserbehälter in Kühlschränke zu legen und von dort wieder herauszunehmen. Darüber hinaus finde ich, dass das Trockenpökeln nicht nur weniger Zeit in Anspruch nimmt, sondern i. d. R. auch zu einem intensiveren Geschmack führt.

Makrelen werden i. d. R. vor dem Räuchern trockengepökelt (s. „Trockengepökelte und luftgetrocknete Makrele“, S. 52).

Produkte wie Truthahn oder Huhn, welche beim Heißräuchern gegart werden, werden für gewöhnlich in einer Salzlake haltbar gemacht (s. „Heißgeräucherte Hühnchenstücke“, S. 188).

DIE AUSWAHL DER RICHTIGEN PÖKELLAKE

In der folgenden Tabelle wird die jeweils im Allgemeinen angewendete Methode des Haltbarmachens im Fall von ausgewählten gepökelten, getrockneten oder geräucherten Nahrungsmitteln genauer erklärt.

NAHRUNGSMITTEL	IM ALLGEMEINEN VERWENDETE PÖKELLAKE
Kaltgeräucherter Lachs	Trockensalz
Heißgeräucherter Lachs	Salzlake
Räucherfische (kaltgeräucherter Hering)	Salzlake
Heißgeräucherter Schellfisch	Salzlake
Landschinken	Salzlake
Geräuchertes Eisbein	Salzlake
Pökelfleisch vom Rind	Salzlake/Trockensalz
Pastrami	Salzlake/Trockensalz
Luftgetrocknete Makrele	Trockensalz
Gesalzener Kabeljau	Trockensalz
Luftgetrocknete Ente	Trockensalz
Luftgetrocknetes Lamm	Trockensalz
Pancetta	Trockensalz
Coppa/Capicola	Trockensalz
Speck	Trockensalz
Trockengereifter süßer Speck	Trockensalz
Heißgeräucherte Forelle	Salzlake
Heißgeräucherte Rippen	Salzlake/Trockensalz
Heißgeräuchertes Huhn	Salzlake
Heißgeräucherter Truthahn	Salzlake
Heißgeräucherte Gans	Salzlake
Heißgeräucherte Ente	Salzlake
Heißgeräucherter Fasan	Salzlake
Heißgeräuchertes Kaninchen	Salzlake
Heißgeräuchertes Wildfleisch	Salzlake

BENÖTIGTE AUSRÜSTUNG

Nass- und Trockenpökeln sind küchentechnische Verfahren, die Sie zu Hause in Ihrer eigenen Küche durchführen können. Damit Sie dabei erfolgreich sind, benötigen Sie eine einfache Ausrüstung. Die hier aufgelisteten Geräte und Kochutensilien gehören zur Grundausstattung.

Nichtreaktive Teller und Schüsseln
Während Salz bei unseren Nahrungsmitteln wahre Wunder vollbringt, wird es zugleich bei Geräten und Kochutensilien, die Eisen, Kupfer oder Aluminium enthalten, Korrosion bewirken, was bedeutet, dass es mit der Zeit zur Auflösung dieser Materialien führt. Achten Sie darauf, dass die Nahrungsmittel nicht durch das korrodierte Material verunreinigt werden.

Es ist viel besser, Behältnisse aus hochwertigem, rostfreiem Edelstahl, Glas oder Plastik zu verwenden, die nicht mit dem Salz reagieren und nicht den Geschmack der Salzlake und somit letztlich des von Ihnen zubereiteten Gerichts beeinträchtigen.

Behälter zum Nasspökeln
Für das vollständige Eintauchen von Fleisch und Fisch bei der Nasspökelung ist ein großer, lebensmittelechter Behälter aus nichtreaktivem Material (üblicherweise aus Plastik) notwendig. Die Größe des Behälters hängt von der Größe des Fleisches bzw. Fisches ab.

Nichtreaktive Kochutensilien
Sie werden viel umrühren müssen, um das Salz für die Salzlake aufzulösen. Auch die Löffel sowie andere Utensilien müssen aus einem Material, wie z. B. Plastik, bestehen, das nicht mit dem Salz reagieren wird.

Nichtreaktiver Messbecher
Um den Anteil an Flüssigkeiten sowie diversen flüssigen Bestandteilen genau messen zu können, benötigen Sie einen großen Messbecher aus Plastik oder hochwertigem, rostfreiem Edelstahl.

Waage
Lebensmittelwaagen sind von essentieller Bedeutung für das Abwiegen der Zutaten für Ihr Trockensalz oder Ihre Salzlake, vor allem die benötigte Menge an Pökelsalz sollte stets sehr genau abgewogen werden.

Ich habe zwei Sorten von Lebensmittelwaagen. Die eine ist für geringe Mengen geeignet, während die andere zum Abwiegen größerer, bis zu 6 kg schwerer Lebensmittel verwendet werden kann. Wenn Sie Fleisch und Fisch genau abwiegen können, werden Sie auch in der Lage sein, die benötigten Mengen von Zutaten genau zu berechnen.

Lebensmittelwaagen sind auch zum Abwiegen von Fleisch und Fisch vor und nach dem Trocknen notwendig, um zu erfahren, ob der Prozess des Trocknens abgeschlossen ist. Messlöffel können zum Ausmessen geringer Mengen verwendet werden.

SAUBER ARBEITEN

Die Verwendung von Salz und das Hantieren mit Fleisch und Fisch können mit Problemen einhergehen, sofern Sie Ihre Arbeitsutensilien nicht sauber halten und ordentlich aufbewahren. Stellen Sie sicher, dass nach dem Gebrauch alle Utensilien abgewaschen und sorgfältig getrocknet werden. Wenn Sie Metallgegenstände verwendet haben, die mit Salz in Kontakt gekommen sind, achten Sie besonders darauf, jegliche Salzrückstände mit Seifenwasser abzuwaschen.

MASSEINHEITEN IN DIESEM BUCH

In diesem Buch wird das metrische Maßsystem verwendet. Bitte, seien Sie konsequent und halten Sie sich an die Angaben.

Als allgemeine Faustregel gilt, je kleiner die Größe einer Zutat, desto präziser müssen Ihre Waagen und die von Ihnen vorgenommenen Gewichtsmessungen sein. Um Pulver und Salze, Kräuter und Gewürze abzuwiegen, müssen Sie sehr genaue Waagen bzw. Messlöffel benutzen.

BEGRIFFSERKLÄRUNGEN

1 Reibe
2 Knoblauchpresse
3 Nichtreaktive Teller und Schüsseln
4 Stößel und Mörser
5 Waage
6 Nichtreaktive Messbecher
7 Etiketten und Schreibstift
8 Nichtreaktive Kochutensilien
9 Scharfes Messer
10 Messlöffel

IST ES EDELSTAHL?

Obwohl die meisten Kochutensilien aus Metall nicht mit Gemischen aus Pökelsalz oder Salzlaken in Kontakt kommen sollten, bildet hochwertiger, rostfreier Edelstahl eine Ausnahme. Eine Möglichkeit, um zu testen, ob Ihre Kochutensilien aus hochwertigem, rostfreiem Edelstahl bestehen oder nicht, ist die Verwendung eines Magneten. Hochwertiger, rostfreier Edelstahl ist nicht magnetisch. Geringerwertige Edelmetalle sind magnetisch und sollten weder für das Pökeln noch für das Einlegen in Salzlake verwendet werden.

LEBENSMITTEL KÜHL LAGERN

Obwohl die meisten modernen Haushalte über einen Kühlschrank verfügen, ist es wichtig, dass Sie einen haben, in welchem für die von Ihnen gepökelten Nahrungsmittel genügend Platz ist. Für viele gepökelte Gerichte benötigen Sie mehr als 4,5 l gekühlter Salzlake.

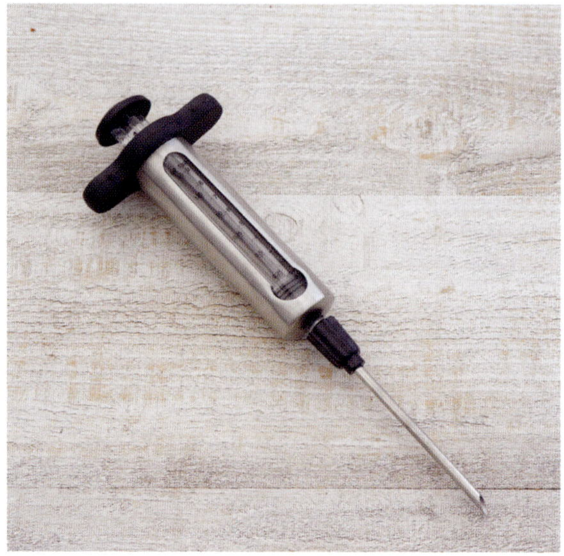

Eine Marinadenspritze ist vor allem bei dicken Fleischstücken praktisch.

Etiketten
Etiketten sind wirklich nützlich, um sich Details wie Art des Produkts, Dauer des Pökelns und Datum zu notieren. Auf ihnen kann auch das Gewicht vor dem Pökeln vermerkt werden, damit Sie eine Vergleichsgrundlage für das Gewicht nach dem Pökeln haben.

Marinadenspritze
Hierbei handelt es sich um eine Spritze, mit der Salzlake in das Fleisch eingebracht wird. Man kann diese Spritze verwenden, um die Salzlake in dickere Fleischstücke zu injizieren, bei denen die benötigte Trockenzeit ansonsten zu lange dauern würde. Dadurch kann die für das Pökeln benötigte Gesamtdauer um 50–60 % reduziert werden.

Eine gute Marinadenspritze sollte eine robuste Konstruktion aufweisen und aus möglichst wenigen Einzelteilen bestehen. Ich verwende eine, die aus Polycarbonat und rostfreiem Stahl besteht. Sie verfügt über ein Druckstück innerhalb des Hauptteils und zwei abmontierbare Nadeln. Suchen Sie sich eine aus, die lebensmittelecht und sehr robust ist.

Aräometer
Das ist ein Messgerät zur Bestimmung des Salzgehaltes der Salzlake (Salzschärfe). Das Aräometer schwimmt in der Salzlake und da Flüssigkeiten mit einem hohen Salzgehalt über eine größere Dichte verfügen als schwächere Lösungen, gilt: Je salziger eine Lösung, desto höher steigt das Aräometer.

Das Aräometer verfügt über eine Skala entlang seiner Hauptachse. Hier wird registriert, wo die Skala und das Niveau der Salzlake sich kreuzen. Dieses Messgerät ist sehr präzise in Bezug auf die Bestimmung der Salzschärfe der Lake, vorausgesetzt die Temperatur derselben bleibt konstant.

SALZGEHALT BESTIMMEN

Zur Bestimmung des Salzgehalts einer Lake (Salzschärfe) kommen zwei Skalen zum Einsatz:

- SAL-Skala: Auf dieser Skala wird die Salzkonzentration im Wasser in Prozent gemessen. Die Skala reicht von 0 für Frischwasser bis 100 für eine vollständig gesättigte Salzlake. Diese Skala wird auch in diesem Buch verwendet (s. auch „Salzlösungen", S. 28).

- Grad Baumé oder Baumé-Grad (B°): Auf dieser Skala wird der Prozentsatz von Salz auf Basis seines Gewichts in einer bestimmten Wassermenge gemessen. Sie reicht von 0 B° für Frischwasser bis zu 26,4 B° für eine vollständig gesättigte Salzlösung.

ZUTATEN FÜR DAS TROCKEN-SALZEN UND FÜR SALZLAKEN

In Ihrer Speisekammer gibt es wahrscheinlich eine Unmenge von Zutaten, die Salzlaken und Gemischen zum Einreiben mit Trockensalz hinzugefügt werden können. Süßstoffe, Gewürze, Kräuter, diverse Essigsorten u. v. m. können verwendet werden, um Ihren gepökelten Gerichten einzigartige und unvergessliche Aromen zu verleihen.

Salze
Es gibt viele verschiedene Arten von Salz mit unterschiedlichen Eigenschaften, die zur Herstellung von Salzlaken und Gemischen aus Trockensalz verwendet werden können.

Beim **koscheren Salz** handelt es sich, gemessen an einem bestimmten Volumen, um ein leichtes Salz, und zwar aufgrund der Form einzelner Kristalle. Diese haben scharfe Kanten und eignen sich insbesondere zur Herstellung von Trockensalz und Pökelsalz für Speck. Sie können es durch Tafelsalz ersetzen, müssen aber damit rechnen, dass Sie das Fleisch länger damit einreiben müssen.

Meersalz ist in gröberer, kristalliner Form sowie in Flocken erhältlich. Die gröberen Kristalle können für das Trockensalzen von Lachs bei der Herstellung von kaltgeräuchertem Lachs verwendet werden. Meersalzflocken werden im Allgemeinen zum Würzen von Fertigprodukten verwendet. Da Meersalz ziemlich teuer ist, wird es nicht als Zutat für die Herstellung von Salzlaken empfohlen.

DAS ABWIEGEN VON SALZ

Koscheres Salz und Meersalz weisen eine grobkörnige und größere kristalline Struktur auf, was bedeutet, dass ein Löffel davon nicht das gleiche Gewicht hat wie ein Löffel von einer feineren Salzsorte. Messungen des Volumens sind daher u. U. nicht genau genug. Ich empfehle daher, das Salz bei der Herstellung von Salzlaken und Gemischen aus Trockensalzen stets mit einer Waage abzuwiegen.

Reines getrocknetes Vakuumsalz (PDV) oder Siedesalz ist vielerorts in großen Beuteln erhältlich. Es wird verwendet, um Salzgemische für das Trockensalzen herzustellen, und ist billig sowie effektiv. Es kann auch als Ersatz für gängiges Tafelsalz verwendet werden.

Konservierungsstoffe
Außer Salz sind in der Pökellake, insbesondere in jener für Fleisch, häufig auch chemische Konservierungsstoffe, in erster Linie Nitrate und Nitrite (weitere Informationen s. S. 26), enthalten. Sie sind bekannt unter den Bezeichnungen Nitritpökelsalz und Salpeter. Nitrate (NO_3), entweder in Form von Natriumnitrat ($NaNO_3$) oder Kaliumnitrat (KNO_3), auch als Salpeter bezeichnet, werden durch die natürlich vorkommenden Bakterien bei der Pökelung zu Nitrit umgewandelt, welches die Umrötung des Fleisches bewirkt. Nitrit bindet an den Muskelfarbstoff Myoglobin und bewirkt eine ansprechende dunkelrote Färbung des Fleisches. Nitrit verhindert darüber hinaus die Vermehrung des Bakteriums *Clostridium botulinum* (s. „Über Botulismus", S. 30).

Bei der Reaktion von Nitraten und Nitriten mit Fleisch können auch weitere Stoffe, nämlich die sog. Nitrosamine, entstehen, von denen viele potentiell karzinogen (krebserregend) sind. Nitrosamine kommen i. d. R. auch in saurem Milieu wie in fermentierten Würsten vor, wenn geräuchertes Fleisch bei sehr hohen Temperaturen gegart wird. Produkte wie Speck können hohe Werte dieser Bestandteile aufweisen. Aus diesem Grund unterliegt die Einhaltung der Grenzwerte von Nitraten und Nitriten in Handelsprodukten strengen Kontrollen. Die Mengen dieser in den Rezepten des Buchs angegebenen Zusatzstoffe liegen im Rahmen der für die Lebensmittelsicherheit geltenden Richtlinien. Achten Sie darauf, die empfohlenen Mengen niemals zu überschreiten.

WAS SIND NITRATE UND NITRITE?

Diese Verbindungen werden primär verwendet, um Fleisch vor bakteriellem Befall zu schützen. Nitrite sind insbesondere wirksam gegen *Clostridium botulinum*, ein Bakterium, das Giftstoffe produziert, die Botulismus, eine potentiell tödliche Erkrankung, hervorrufen können. Nitrate und Nitrite sind beim Pökeln nützlich, weil die damit einhergehenden Prozesse es erforderlich machen, dass Fleisch über längere Zeit hindurch bei Raumtemperaturen aufbewahrt und verarbeitet wird. Sie bieten geräucherten Fleischprodukten einen langfristigen Schutz. Da Nitratsalz auf natürliche Weise oxidiert, verliert dieser chemische Stoff ein Sauerstoffatom und wird zu Nitrit (NO_2). Diese Stoffe sind hochwirksam bei der Verhinderung von Botulismus: Die Bakterien können sich in sauerstoffreicher Umgebung nicht ausbreiten.

Regierungen in der ganzen Welt erlassen Gesetze in Bezug auf die erlaubten Grenzwerte dieser Verbindungen, um die sich aus der Verwendung von Nitraten und Nitriten ergebenden potentiellen Gesundheitsrisiken, unter der gleichzeitigen Aufrechterhaltung der mikrobiologischen Sicherheit, zu minimieren. Die in diesem Buch beschriebenen Salzlösungen und Gemische zum Trockensalzen weisen Konzentrationen auf, die sich bei Weitem innerhalb der legalen Grenzwerte bewegen, es ist jedoch wichtig, sich an die in den Rezepten angegebenen Mengen zu halten.

Nitritpökelsalz: Hierbei handelt es sich um ein Salzgemisch, welches mindestens 0,4 bis höchstens 0,6 % Nitrit und 99,4 bis 99,6 % Speisesalz enthält. Feines Nitritpökelsalz wird vor allem bei der Nasspökelung, grobes Nitritpökelsalz bei der Trockenpökelung verwendet.

Salpeter kann in einer Mischung mit Kochsalz zum Pökeln von länger gereiften Produkten verwendet werden. Er wird entweder direkt bei der Verarbeitung zum Salz gemischt oder kann auch als fertige Mischung im Handel bezogen werden. Salpeter kann bis zu einer Konzentration von 300 mg/kg Produkt zugesetzt werden. Das in dieser Mischung enthaltene Kaliumnitrat wird im Laufe der Zeit in Kaliumnitrit umgewandelt, welches jene antibakterielle Breitenwirkung entfaltet, die notwendig ist, wenn das Pökeln über einen längeren Zeitraum stattfinden soll.

ARTEN DER AROMATISIERUNG

Die unten angegebene Tabelle enthält eine Kategorisierung einiger Zutaten, die Sie verwenden können, um Ihre Salzlaken und Trockensalzgemische zu aromatisieren.

GEWÜRZE UND KRÄUTER

- Rosmarin ✚
- Thymian
- Salbei
- Wacholder ✚
- Lorbeer
- Koriander
- Sternanis
- Gewürznelke
- Zimt
- Kreuzkümmel
- Chilipulver ✿ ★
- Paprika ✿ ★
- Petersilie
- Basilikum
- Majoran
- Cayennepfeffer ★
- Ingwer (gemahlen oder frisch) ★
- Schwarzer Pfeffer ★
- Knoblauchpulver
- Zwiebelpulver
- Senfkörner ★
- Senfpulver ★
- Fenchelsamen
- Kümmelkörner
- Minze (getrocknet oder frisch)
- Oregano

SÜSSSTOFFE

- Zucker
- Melasse ✿
- Fruktose
- Honig
- Ahornsirup

FRÜCHTE

- Zitronensaft ♦
- Zitronenschale ♦

ALKOHOLE

- Ale und Bier
- Cider (Apfelwein) ♦
- Wein ♦
- Spirituosen (alkoholische Getränke)
- Sake (japanischer Reiswein)

ESSIGSORTEN UND SAUCEN

- Weißweinessig und Rotweinessig ♦
- Apfelessig ♦
- Malzessig ♦
- Worcestershire-Sauce ♦ ★
- Sojasauce (dunkel und hell) ♦
- Reisweinessig ♦

BEGRIFFSERKLÄRUNGEN

Durch diese Symbole werden besonders dominante Eigenschaften hervorgehoben:

- ✿ sorgt für mehr Farbe
- ♦ sorgt für mehr Säure
- ★ sorgt für mehr Wärme
- ✚ aromatischer, stechend scharfer Geruch

EINWIRKZEITEN BEIM NASS- UND TROCKENPÖKELN

Erfolgreiches Pökeln erfordert vor allem ein gutes Timing. Da vieles davon abhängt, um welche Fleischsorte oder Fischart es sich handelt und wie groß das bearbeitete Stück ist, sind die auf diesen Seiten angegebenen Zeiten nur als grobe Richtlinien zu verstehen. Befolgen Sie die empfohlenen Zeitangaben besonders bei speziellen Produkten, die an anderer Stelle beschrieben werden.

Salzschärfe der Lake und Einwirkzeiten
Der Erfolg beim Nasspökeln beruht darauf zu wissen, welche Salzschärfe Ihre Pökellake aufweisen soll. Kennen Sie die erforderliche Salzschärfe, sind Sie in der Lage, die dazugehörigen Einwirkzeiten nachzuvollziehen und als Referenzwerte für zukünftiges Nasspökeln zu verwenden.

Die Einwirkzeiten sind, innerhalb bestimmter Parameter, Geschmackssache. In der Tabelle auf S. 28 werden die Relationen zwischen Salz und Wasser im Zusammenhang mit unterschiedlichen Salzschärfen von Pökellaken dargestellt.

Richtlinien für das Trockensalzen
Die Zeiten für das Trockensalzen hängen sowohl von der Dicke des Stückes als auch von der jeweiligen Fleischsorte bzw. Fischart ab.

Denken Sie beim Pökeln daran, dass Sie für die dünneren Bereiche im Durchschnitt weniger Salz benötigen werden, um ein optimales Ergebnis zu erzielen. Das Pökeln von rotem Fleisch dauert länger als das Pökeln von Fisch, da ersteres kompaktere Muskelfasern und eine höhere Gewebedichte aufweist als Fisch, wodurch es für das Salz schwieriger wird, das Fleisch zu durchdringen.

Darüber hinaus machen verschiedene Sorten Salz in geringfügigem Maße unterschiedliche Einwirkzeiten erforderlich. Es wird diesbezüglich auch Unterschiede geben, je nachdem, ob das Salz mit Süßstoffen und anderen flüssigen Bestandteilen vermischt wird. Befolgen Sie die Ratschläge in Bezug auf die benötigten Einwirkzeiten, die an späterer Stelle hinsichtlich bestimmter Produkte gegeben werden.

Besonderheiten bei Fisch
Die Verfahren zur Herstellung von Produkten wie kaltgeräuchertem Lachs nach schottischer Art beginnen alle mit dem Trockensalzen, wodurch dem Fisch Feuchtigkeit entzogen wird, um seine Konsistenz zu verbessern und seinen Geschmack zu intensivieren. Die ungefähren Zeiten sind in der unteren Tabelle angegeben. Diese Einwirkzeiten beziehen sich nicht auf stark gesalzene Produkte. Die unten angeführten Zeiten basieren auf der Annahme, dass reines getrocknetes Vakuumsalz verwendet wird (PDV) (s. S. 25). Wenn Sie ein grobkörnigeres Salz verwenden, müssen Sie die Einwirkzeiten für das Pökeln dementsprechend anpassen. Größere Salzkristalle benötigen mehr Zeit, bis sie in kleinere Teile zerlegt werden, weshalb auch die Einwirkzeiten länger sein werden.

FÜR DAS TROCKENSALZEN VON FISCH BENÖTIGTE ZEITEN

In dieser Tabelle sind grobe Richtlinien für das Salzen von Fisch enthalten. Die für die Behandlung des gesamten Fisches erforderliche Menge an Salz wird wie folgt klassifiziert:
Leicht – eine weniger als 1 mm dicke Salzkruste
Mittel – eine 1–2 mm dicke Kruste
Dick – eine 2–3 mm dicke Kruste

FISCHFILET DICKE	SALZ-MENGE	PÖKELLAKE EINWIRKZEIT	ZEIT FÜRS TROCKNEN UND RUHEN
Dick (50 mm)	Dick	8 Stunden	36 Stunden
Mittel (25 mm)	Mittel	4 Stunden	24 Stunden
Dünn (13 mm)	Leicht	2 Stunden	18 Stunden

SALZLÖSUNGEN

Befolgen Sie, im Interesse der Genauigkeit bei der Zubereitung einer Salzlake, die Angaben!

STÄRKE DER SALZLAKE (SALZSCHÄRFE)	PROZENTUALER ANTEIL DES SALZES (SAL-Skala)	GEWICHT DES SALZES PRO VOLUMSEINHEIT VON WASSER (Gramm pro Liter)
Schwach	10	27
	20	55
	30	86
	40	118
Mittel	50	152
	55	170
	60	188
	70	226
Schwer	80	267
	90	311
	100	358

TIPPS FÜR DAS EINLEGEN IN SALZLAKE

- Fisch muss nicht lange in einer Salzlake ruhen; ganze Muskelstücke von Fleisch benötigen viel länger, bis sie von der Salzlake vollständig durchdrungen werden.
- Eine schwache Salzlake geht für gewöhnlich mit viel längeren Einwirkzeiten einher als eine starke Salzlake.
- Durch das Einlegen in eine schwache Salzlake zwecks Aromatisierung wird das Fleisch nicht konserviert. Es handelt sich einfach um eine Möglichkeit, weitere Aromen einzubringen.
- Schaffen Sie nach dem Einlegen in Salzlake einen Ausgleich bei der Verteilung des Salzes, indem Sie das Fleisch bzw. den Fisch vor dem Garen oder Räuchern im Kühlschrank ruhen lassen.

Der Hering wird zunächst in eine Salzlake eingelegt und dann getrocknet, bevor er geräuchert wird, um Räucherfisch herzustellen.

EINWIRKZEITEN DER SALZLAKE – RICHTLINIEN

Bei den meisten Fischen und Meeresfrüchten reicht es, sie für weniger als eine Stunde in einer Salzlake ruhen zu lassen. Bei Fleisch und Geflügel hingegen braucht das Salz viel länger, um tief in das Gewebe einzudringen. Es ist erforderlich, dass Sie genügend Zeit für den Ausgleich der Salzkonzentrationen im Gewebe einplanen. Die Einwirkzeiten beziehen sich auf rohe Produkte, die auch alle nach dem Ruhen in der Salzlake mit kaltem Wasser abgespült werden sollten.

PRODUKT	EINWIRKZEIT FÜR DAS EINLEGEN	STÄRKE DER SALZLAKE (SAL-SKALA)
Garnelen	15–20 Minuten	60 %
Jakobsmuscheln	10–15 Minuten	60 %
Weißer Fisch (Kabeljau, Schellfisch etc.)	10–15 Minuten	80 %
Fetter Fisch (Hering, Lachs etc.)	20–25 Minuten	80 %
Huhn (ganz, 2–3 kg)	2–2½ Stunden	80 %
Huhn (in Stücken)	30–40 Minuten	80 %
Truthahn (ganz, 5–6 kg)	4–5 Stunden	80 %
Schweinebauch (mit Haut)	4–5 Stunden	60 %
Schweinerippen (ohne innere Membran)	1–2 Stunden	60 %
Schweinefilet (zartes Lendenstück)	10–12 Stunden	25 %
Schweinskotelett (25–35 mm dick)	1–2 Stunden	60 %
Rind (Bratenstück)	12–24 Stunden	25 %

Die Reduzierung der Salzschärfe der Salzlake um 10 % geht mit einer Verlängerung der Einwirkzeit um den gleichen Prozentsatz einher. Das kann nützlich sein, wenn Sie weitere Aromen hinzufügen wollen, die das Fleisch durchdringen sollen, ohne es aber gleichzeitig zu versalzen.

SICHERHEIT UND HYGIENE

Bei jeder Form von Essenszubereitung ist es von entscheidender Bedeutung sicherzustellen, dass das, was Sie produzieren, ohne Bedenken gegessen werden kann. Das Pökeln ist eine Technik, die ein Verderben von Essen verhindern soll. Es gibt aber einige Vorkehrungen, die Sie treffen müssen, um zu garantieren, dass kein Risiko einer Kontamination besteht.

Eines der wichtigsten Ziele der Konservierung von Nahrungsmitteln besteht darin, die Wahrscheinlichkeit für die Entstehung von Krankheiten aufgrund von bakteriellem Befall von Nahrungsmitteln zu verhindern. Für die große Mehrheit von Bakterien schafft Salz ein feindliches Milieu.

Es besteht jedoch immer das Risiko einer Kreuzkontamination und Verbreitung von Krankheitserregern in der Küche. Hohe Standards in puncto Sauberkeit in der Küche und persönlicher Hygiene sind daher wesentlich. Bakterien – einschließlich *Escherichia coli* (*E. Coli*), Salmonellen, *Listeria monocytogenes* und *Clostridium botulinum* (s. unten „Über Botulismus") – können durch schlechte hygienische Praktiken sowie durch ein Unterlassen der Reinigung von Arbeitsflächen zwischen zwei verschiedenen Verarbeitungsschritten verbreitet werden.

Persönliche Hygiene
Waschen Sie Ihre Hände vor und nach dem Hantieren mit und Zubereiten von Essen sowie nach den Pausen. Es ist auch wichtig, während der Zubereitung von Essen adäquate Kleidung zu tragen, um sowohl sich selbst als auch das Essen vor Kreuzkontamination zu schützen. Setzen Sie ein striktes Rauchverbot in allen der Essenszubereitung dienenden Bereichen durch.

Oberflächen und Ausrüstung
Sämtliche Arbeitsflächen, einschließlich Küchenbretter, sollten nach jedem Vorgang der Essenszubereitung mit einem antibakteriellen Desinfektions- oder Bleichmittel gewaschen und vor dem Trocknen mit klarem Wasser abgespült werden. Auch alle Küchenutensilien, Behälter und anderen Ausrüstungsgegenstände sollten nach ihrem Gebrauch sorgfältig mit heißem Seifenwasser gewaschen, abgespült und getrocknet werden.

ÜBER BOTULISMUS

Clostridium botulinum (*C. botulinum*) ist das Bakterium, welches den für Botulismus verantwortlichen Giftstoff produziert. *C. botulinum* kommt natürlich in der Umwelt und insbesondere in Böden vor. Das Bakterium selbst ist nicht gefährlich. Der Giftstoff jedoch kann ernste – potentiell tödliche – Konsequenzen haben.

C. botulinum fühlt sich in einem einen hohen Salz- oder Säuregehalt aufweisenden Milieu nicht wohl und lässt sich durch eine saubere Umgebung zur Zubereitung und Aufbewahrung von Nahrungsmitteln sowie eine gute Kühlung (unter 3 °C) in Schach halten. Da es ohne Sauerstoff am besten gedeiht, kommt es seltener in ganzen Stücken Räucherfleisch vor, bei welchen nur eine oberflächliche Verschmutzung wahrscheinlich ist. Auch kann es durch Kochen abgetötet werden. Nitrate und Nitrite werden geräucherten und/oder gepökelten Produkten häufig hinzugefügt, um die von *C. botulinum* ausgehenden Gefahren zu bekämpfen.

Vergessen Sie nicht, nach jeder Phase der Essenszubereitung die Oberflächen zu reinigen.

Trennung
Bewahren Sie rohe und gepökelte Lebensmittel voneinander getrennt im Kühlschrank auf. Verwenden Sie verschiedene Schneidebretter für Fleisch und Fisch, je nachdem, ob der Fisch bzw. das Fleisch roh oder gepökelt ist.

Waschen Sie kein rohes Fleisch!
Es besteht keine Notwendigkeit, rohes Fleisch zu waschen bzw. abzuspülen, es sei denn, es ist durch Blut stark verunreinigt oder weist sichtbaren Schmutz an der Oberfläche auf. Das Waschen ist völlig überflüssig, sofern Sie das Fleisch in Salzlake einlegen und hat auch keine Vorteile. Es besteht vielmehr die Gefahr, dass durch das Waschen von Fleisch in Ihrer Küche Krankheitserreger auf die umliegenden Oberflächen übertragen werden, wodurch sich ein hohes Risiko für eine Kreuzkontamination ergibt.

Kochen
Im Allgemeinen gilt Kochen bzw. Garen als gute Methode, um Bakterien abzutöten. Vorausgesetzt die Kerntemperatur des jeweiligen Lebensmittels erreicht ein ausreichend hohes Niveau (zumindest 74 °C für die Dauer von zwei Minuten), kann es bedenkenlos verzehrt werden.

Sofern Räucherfleisch heißgeräuchert wird, ist es wahrscheinlich, dass solche Temperaturen erreicht werden. Um ganz sicher zu gehen, zahlt es sich aus, die Temperatur mit einem Fleischthermometer zu messen.

LEBENSMITTELSICHERHEIT

Stellen Sie sicher, dass Sie diese einfachen, die Lebensmittelsicherheit betreffenden Regeln befolgen:

- Vermeiden Sie, dass gekochtes Essen und Arbeitsflächen durch rohe Zutaten kontaminiert werden.
- Stellen Sie sicher, dass die persönliche Hygiene betreffende Maßnahmen befolgt und rigoros eingehalten werden.
- Stellen Sie sicher, dass rohe Zutaten bei niedriger Temperatur aufbewahrt und adäquat gelagert werden.
- Sorgen Sie dafür, dass gekochtes Essen bis zu einer ausreichend sicheren Temperatur erwärmt wird.

Kühlen
Bei der Zubereitung einer Salzlake ist es sehr wichtig, eine ausreichend niedrige Temperatur aufrechtzuerhalten. Bei der Zubereitung einer Salzlake besteht auch die Möglichkeit, Eis zu verwenden, wodurch sichergestellt wird, dass die Temperatur der fertigen Lösung niedrig ist. Im Allgemeinen jedoch ist sogar eine weitere Abkühlung erforderlich, um die Temperatur der Salzlake auf ein ideales Niveau unter 5 °C zu senken.

Um die Temperatur zu reduzieren, fügen Sie der Salzlake Eis anstelle von Wasser hinzu.

DAS EINFRIEREN VON FISCH

Fisch, der in der freien Wildbahn gefangen wurde, kann bisweilen Parasiten wie Anisakiasis verursachende Fadenwürmer enthalten, die manchmal das Einlegen in eine einen geringen Salzgehalt aufweisende Salzlake sowie das Räuchern bei niedrigen Temperaturen überleben können. Diese Parasiten können durch das Kochen bei Temperaturen von über 60 °C zerstört werden.

Sie können Fisch auch dadurch für den Verzehr geeignet machen, indem Sie ihn bei einer Temperatur von −20 °C oder weniger für sieben Tage einfrieren oder, sofern Sie einen auf bis −35 °C abkühlbaren Tiefkühlschrank haben, indem Sie den Fisch für lediglich fünf Stunden einfrieren. Fisch, der zwecks Verarbeitung zu Sushi gefangen wird, wird für gewöhnlich so behandelt. Einige Küchenchefs meinen sogar, dass durch das Einfrieren seine Konsistenz verbessert wird.

ENTBEINEN UND BINDEN VON SCHINKEN

Bei der Herstellung einiger Schinkensorten ist es am besten, wenn die Knochen entfernt werden und der Schinken mit einer Schnur zusammengebunden wird, damit seine Form erhalten bleibt. Und so geht's:

Entbeinen

1 Ein scharfes Messer (Ausbeinmesser) verwenden, an der Innenseite des Beines einen Einschnitt zwischen den beiden Gelenken entlang des Knochens machen, den Spalt mit den Fingern öffnen und die beiden Muskeln so weit wie möglich voneinander trennen.

2 Mit einem Messer das Fleisch von beiden Seiten vom Knochen lösen. Langsam vorarbeiten und den Knochen erst entfernen, wenn er von allem Bindegewebe befreit ist. Mit demselben Messer etwas von den Sehnen und von dem Fett an der Innenseite des Fleisches entfernen. Das Fleisch sollte jetzt ausgebreitet auf dem Schneidebrett liegen. Drehen Sie es so um, dass die Hautseite nach oben zeigt.

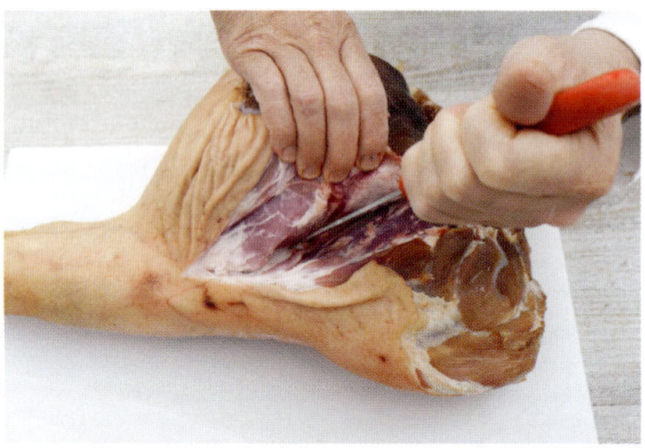

Einen Einschnitt zwischen den Muskeln machen.

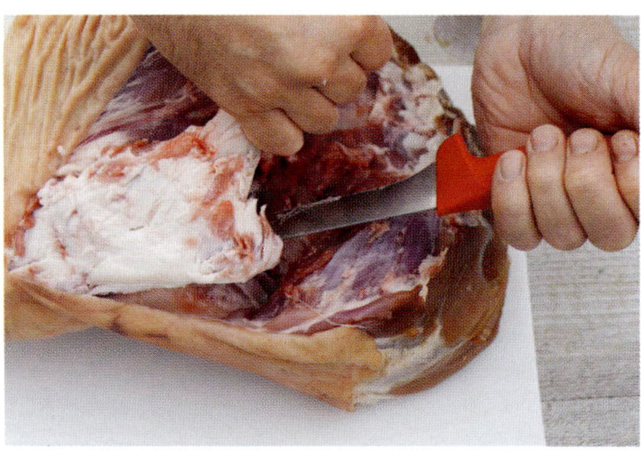

Das Fleisch vom Knochen trennen.

Binden

1 In der Mitte des Fleisches einen Metzgerknoten binden, damit das Fleisch seine Form beibehält (S. 68).

2 Auf jeder Seite dieses zentralen Knotens weitere machen, einen Zwischenraum von ca. 50 mm zwischen den einzelnen Knoten lassen. Diesen Vorgang wiederholen, bis ungefähr fünf, gleich weit voneinander entfernt liegende, um das Fleisch verteilte Knoten gebunden sind. Der Schinken ist nun bereit für das Einlegen.

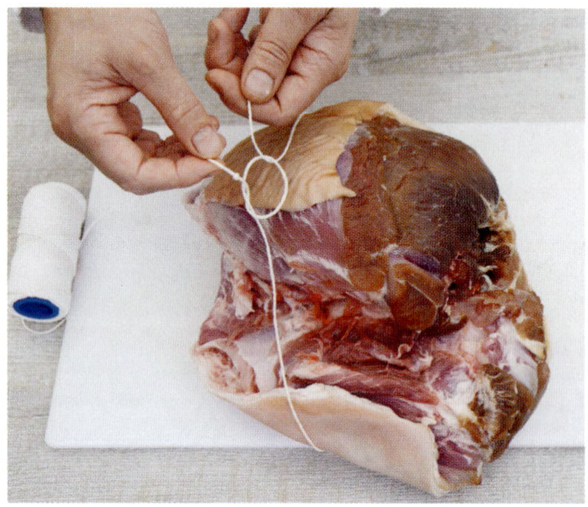

Mit einem Metzgerfaden einen Knoten binden, um die Form des Fleisches zu bewahren.

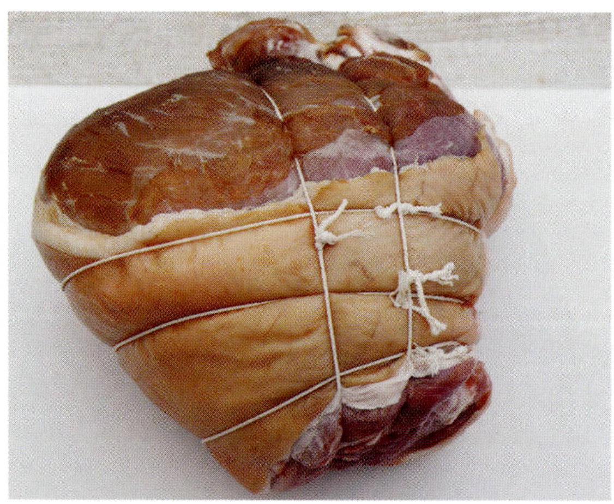

Das Fleisch zusammenrollen und binden.

DAS EINLEGEN IN SALZLAKE: LANDSCHINKEN

ENTSCHEIDENDE PHASEN

1 Entbeinen und Binden (optional)

2 Vorbereitung

3 Einlegen in Salzlake

4 Kochen

Die Technik zur Herstellung dieses Produkts beinhaltet viele der grundlegenden Verarbeitungsprozesse für das Pökeln, die später in diesem Buch beschrieben werden. Für diesen schmackhaften Schinken wird beim Nasspökeln eine Verarbeitungsmethode gewählt, die es dem Fleisch erlaubt, einen süßlicheren und weniger salzigen Geschmack zu entwickeln, als das bei der Trockenpökelung der Fall wäre.

Diese Form des nassgepökelten Schinkens ist auch unter der Bezeichnung Wiltshire Ham bekannt, die von der gleichnamigen englischen Grafschaft abgeleitet wird. Während des 19. Jh.s galt letztere als Zentrum der Schinken- und Speckproduktion in England. Die Methode wurde von John Harris, einem Dorfmetzger, entwickelt, der ein Geschäft zur Nasspökelung von Schinken und Speck für den Londoner Markt gründete. Die Familie Harris übernahm die modernsten Innovationen und hatte eines der ersten Unternehmen dieser Art in England, das Eis zu Regelung der Temperatur einsetzte. Man konnte dadurch den Salzgehalt in der Pökellake reduzieren und somit einen süßlicheren Geschmack erzeugen. Es war gerade diese leichtere, süßlichere Pökellake, die für die Herstellung des Landschinkens verwendet wurde, der mittlerweile in so vielen Ländern populär geworden ist.

Mit oder ohne Knochen pökeln?
Entscheiden Sie sich, ob Sie das Fleisch mit oder ohne Knochen pökeln wollen. Manche meinen, das Pökeln ohne Knochen sei weniger traditionell. Nichtsdestoweniger hat es einige Vorteile. Pökeln ohne Knochen macht es leichter, den Schinken in Scheiben zu schneiden, sobald er erst einmal fertig ist. Auf diese Weise ist es auch möglich, beeindruckend große, für das Abendessen geeignete, tellergroße Scheiben vom Schinken abzuschneiden.

In Fleisch ohne Knochen kann beim Pökeln Salz eingebracht werden, wodurch es eventuell schneller und gleichmäßiger gepökelt wird. Ein geringfügiger Nachteil des Auslösens liegt in der Tendenz, dass das

Landschinken kann in eindrucksvollen tellergroßen Scheiben serviert werden.

Fleisch in der Folge seine Form verliert. Eine moderne Lösung für dieses Problem ist die Verwendung eines Metzgernetzes, wobei es sich um eine Art elastischen „Strumpf" handelt, der aufgeschnittenes Fleisch ohne Knochen während des Pökelns in Form hält. Falls ein solches Netz nicht erhältlich sein sollte, können Sie mithilfe eines mehrfach um das Fleisch gewickelten Metzgerfadens ebenfalls bewirken, dass selbiges seine Form beibehält. Die Anleitungen auf der folgenden Seite basieren auf der Annahme, dass Sie den Schinken ohne Knochen zubereiten werden.

Die Salzlake

Das Pökeln großer Teile einer Schweinskeule zur Schinkenherstellung ist ein einfacher Prozess: Die Salzlake zubereiten, das Schweinefleisch darin eintauchen und eine Zeit lang warten, dann das Fleisch kochen oder braten. Das Endergebnis ist ein herrlich schmeckender Schinken.

Die Salzlake ist in ihrer einfachsten Form eine Mischung aus Wasser, Salz und Gewürzen, Kräutern, Spezereien sowie Süßstoffen. Die Verwendung von Nitratsalzen beim Pökeln wird auf den Seiten 25–26 beschrieben. Diese Pökelsalze müssen u. U. der Salzlake hinzugefügt werden, um den Prozess der Konservierung zu unterstützen und einen Beitrag zu Geschmack und Farbe zu leisten. Befolgen Sie bei jedem Produkt die besonderen Hinweise, die im Zusammenhang mit der Verwendung von zusätzlichen Konservierungsstoffen gegeben werden.

Ein ganzes Stück Schinken ist häufig einfacher zu handhaben, wenn es vor dem Einlegen in Salzlake entbeint wird.

Zubereitung der Salzlake

Um herauszufinden, wie viel Salzlake Sie benötigen, legen Sie einfach das Fleisch in die Pökelwanne und füllen Sie diese mit Wasser. Nehmen Sie das Fleisch heraus und messen Sie das Wasservolumen. Um die erforderliche Menge Salz der Lösung beizumengen, verwenden Sie die Berechnungen für eine 80%ige Salzlake auf S. 28.

Heißes Wasser hilft beim schnelleren Auflösen des Salzes, allerdings müssen Sie danach warten, bis die Salzlake abkühlt, um sie zum Pökeln weiterverwenden zu können. Alternativ können Sie für die Salzlake 500 ml weniger Wasser verwenden. Fügen Sie, nach dem Auflösen des Salzes, ungefähr 450 g Eiswürfel hinzu. Dadurch lässt sich die Temperatur viel schneller reduzieren, als wenn die Abkühlung auf natürliche Weise erfolgen würde. Egal wie Sie verfahren, verwenden Sie die Salzlake nicht, bevor die Temperatur der Flüssigkeit nicht unter 5 °C gesunken ist. Unabhängig davon, ob Sie Eis hinzugefügt haben oder nicht, ist es wahrscheinlich, dass Sie die Salzlake vor dem Gebrauch abkühlen müssen.

Gleichmäßiges Pökeln – Wie geht das?

Um eine möglichst gleichmäßige Pökelung zu erreichen, ohne dass das Fleisch bis zu einem Monat in der Salzlake ruhen muss, können Sie etwas von der Salzlake in den dicksten Teil des Muskels injizieren. Dadurch wird der Prozess des Pökelns beschleunigt und gleichzeitig verhindert, dass nur Teile des Fleisches gepökelt werden, was dann der Fall sein kann, wenn die inneren Teile des dicksten Muskels nicht mit der Salzlake in Berührung kommen und daher ungepökelt bleiben. Das nicht gepökelte Fleisch nimmt auch nicht die Farbe des gepökelten Schinkens an, weshalb Teile des fertigen Schinkens in der Mitte grau bleiben, wodurch wiederum der erwünschte Effekt zunichte gemacht wird.

Die Salzlake wird mithilfe einer Marinadenspritze injiziert (s. S. 24). Messen Sie die Menge der von Ihnen injizierten Salzlake, um sicherzugehen, dass Sie das Gewicht des Schinkens um nicht mehr als 10 % erhöhen. Nehmen Sie zunächst die dicksten Teile des Muskels ins Visier und kreieren Sie ein Muster von Einstichen um den Schinken herum. Beachten Sie dabei insbesondere jene Teile des Muskels, die sich unmittelbar unter der Schweineschwarte befinden.

Das Einlegen von Schinken in Salzlake

1 Den Schinken in eine Pökelwanne legen, so viel Wasser hinzufügen, dass es den Schinken vollständig bedeckt. Den Schinken herausnehmen, die Wassermenge messen. Die benötigte Salzlake berechnen, zubereiten und durch die Hinzufügung von Eis, wie auf S. 31 beschrieben, abkühlen.

2 Den Schinken zurück in die Pökelwanne legen und mit der Salzlösung übergießen. Ein Gewicht wie einen kleinen Teller auf die Oberseite des Schinkens legen, um das Fleisch in eingetauchtem Zustand zu belassen. Die Entstehung von Luftbläschen vermeiden. Einen Deckel auf die Pökelwanne legen und den Vorgang jeden Tag kontrollieren.

3 Die Pökeldauer hängt von der Fleischgröße ab. Um die Dauer zu bestimmen, die Dicke des Fleisches messen, und zwar von den Rändern ausgehend bis hin zur Mitte, und pro 25 mm mit drei Tagen plus/minus zwei Tagen Einwirkzeit rechnen. Ist der Schinken groß, eventuell die Salzlake in den dicksten Teil des Fleisches injizieren (s. gegenüberliegende Seite). Den Schinken die vorgegebene Zeit im Kühlschrank aufbewahren und alle paar Tage wenden, um sicherzustellen, dass das Fleisch gleichmäßig auf allen Seiten gepökelt wird.

Kochen und Servieren

Den gepökelten Schinken in frischem Wasser kochen und dann lang genug braten, damit die Kerntemperatur des Fleisches 71 °C (mit einem Fleischthermometer überprüfen) erreicht. Der Schinken kann heiß oder kalt serviert werden.

WAS SIE DAFÜR BRAUCHEN

- **4,5–5 kg Schinken vom Schwein (Keule ohne Lendenknochenstück und Sprunggelenk)**

ZUTATEN FÜR 6 L SALZLAKE

- **5 l Wasser**
- **1 kg Eis**
- **1,2 kg Nitritpökelsalz**
- **4 Stk. Sternanis (grob gemahlen)**
- **2 Zimtstangen (grob gemahlen)**
- **5 Lorbeerblätter (zerkleinert)**
- **2 EL schwarze Pfefferkörner (gerieben)**
- **20 Wacholderbeeren (zerstoßen)**
- **5 EL Weißweinessig**

Der vorbereiteten Salzlake Eis beimengen.

Den Schinken in Salzlake einlegen.

GERÄUCHERTES EISBEIN

Dieses Eisbein ist ein in Salzlake gepökeltes und kalt geräuchertes Stück Schweinefleisch, welches dem Unterschenkel (vom Hinterteil) des Tieres entnommen wurde.

ENTSCHEIDENDE PHASEN

1 Entbeinen

2 Einlegen in Salzlake

3 Abspülen

4 Trocknen

5 Kalträuchern

Gebratenes Eisbein ist der geschmackliche Höhepunkt eines warmen Hauptgerichts oder eines kalten Buffets.

Geräuchertes Eisbein kann entweder mit Knochen oder aber, wie allgemein üblich, entbeint und gebunden zubereitet werden. Gewöhnlich wird es vor dem Servieren gebraten. Die Technik des Pökelns von geräuchertem Eisbein (Haxe/Stelze) ähnelt jener des Einlegens von Landschinken in Salzlake. Der Unterschied besteht aus meiner Sicht im Rezept für die Pökellake. Gewöhnlich verwende ich eine Pökellake aus Salz und braunem Zucker, damit das geräucherte Eisbein sein klassisches Aroma entfalten kann. Ich füge der Mischung auch ein wenig grob gemahlenen Wacholder hinzu, um den Gesamteffekt noch durch das „gewisse Etwas" zu steigern. Wenn Sie noch weitere Geschmacksnoten hinzufügen wollen, dann am besten beim Braten.

Dazu müssen Sie den Unterschenkelknochen entfernen und das Bein vor oder nach dem Pökeln und Räuchern wieder neu formen. Am einfachsten geht das vor dem Pökeln mithilfe eines Metzgernetzes bzw. Fleischnetzes, das wie ein offenmaschiger Stützverband aussieht, der das gesamte Bein umhüllt. Das Fleisch umformen und in eine vom Netz zusammengehaltene Röhre schieben. Das Fleisch durch die Röhre drücken, so dass es letztendlich vom Netz umgeben ist. Eine traditionellere Art entbeintes, geräuchertes Eisbein anzurichten, besteht darin, es mithilfe eines Metzgerfadens wieder zu einem wohlgeformten Stück Fleisch zusammenzubinden (s. S. 32).

TIPP

Sofern Sie kein Geschirr haben, das groß genug ist, um das geräucherte Fleisch darin zu pökeln, können Sie auch einen versiegelbaren Frischhaltebeutel verwenden, um das Fleisch und die Salzlake darin aufzubewahren.

WAS SIE DAFÜR BRAUCHEN

- **4,5–5 kg Schweinshaxe (ohne Oberschenkelknochenstück und Sprunggelenk)**

ZUTATEN FÜR DIE SALZLAKE

- **4,5 l Wasser**
- **750 g Nitritpökelsalz**
- **200 g brauner Zucker**
- **25 g Wacholderbeeren (zerstoßen)**

1 Das Wasser in einem Gefäß aus rostfreiem Stahl zum Kochen bringen, vom Feuer nehmen. Die trockenen Zutaten hinzufügen und umrühren, bis sich Salz und Zucker vollständig aufgelöst haben. Die Salzlake auf Zimmertemperatur abkühlen lassen und dann im Kühlschrank weiter abkühlen, bis sie eine Temperatur von 3–5 °C erreicht.

2 Das Eisbein in die Salzlake legen und für je 25 mm der Dicke des Fleisches drei Tage im Kühlschrank stehen lassen. Sicherstellen, dass das Eisbein vollständig eingetaucht ist. Falls notwendig, einen Teller auf das Fleisch legen, um es vollständig einzutauchen. Sofern nicht klar ist, ob das Fleisch vollständig eingetaucht ist, das Fleisch täglich wenden.

3 Nach dem Pökeln das Fleisch aus der Pökellake nehmen und mit kaltem, fließendem Wasser abspülen, trocknen und im Kühlschrank auf ein Regal legen, um es zwei weitere Tage an der Luft trocknen zu lassen.

4 Das geräucherte Eisbein kann nun, je nach Geschmack, für 24–28 Stunden geräuchert werden. Für die besten Resultate Eichen-, Apfel-, Kirsch- oder Buchenholz verwenden. (Für vollständige Anleitungen zum Räuchern s. S. 132–157.)

Das geräucherte Fleisch mit kaltem Wasser abspülen.

KOCHEN UND SERVIEREN

Um die besten Ergebnisse zu erzielen, das geräucherte Eisbein in einem Ofenbeutel so lange in den Ofen legen, bis die Kerntemperatur des Fleisches 71 °C erreicht hat. Das Fleisch von alleine abkühlen lassen und dann in den Kühlschrank legen.

Das geräucherte Eisbein aus dem Ofenbeutel nehmen und den Kochsaft wegschütten, da letzterer ziemlich viel Salz enthält. Mit einem scharfen Messer die Metzgerfäden entfernen, die das Fleisch fixieren.

Mit den Fingern langsam die Haut vom Fett abziehen, wobei das Fett auf dem Fleisch unversehrt bleiben sollte. Nach dem Entfernen der gesamten Haut kann das Eisbein aufgeschnitten und serviert werden.

PÖKELFLEISCH VOM RIND

Pökelfleisch vom Rind ist weltweit beliebt. Es ist auch kein Wunder, warum das so ist. Diese gepökelte Delikatesse aus Rinderbrust gehört zu den am ehesten unterschätzten Sorten von zerlegtem Fleisch auf dem Markt.

ENTSCHEIDENDE PHASEN

1 Einlegen in Salzlake

2 Einweichen

3 Kochen

Rinderbrust erfordert einen gewissen Zeitaufwand, bevor sie genossen werden kann. Unbehandelt kann Rindfleisch sehr zäh sein. Nachdem es aber eine Woche lang gepökelt und dann drei Stunden lang vorsichtig in Gemüsebrühe gekocht wurde, ist das Ergebnis ein ausgesprochen delikates und schmackhaftes Gericht, das man von da an immer wieder zubereiten möchte. Rinderbrust weist eine Marmorierung auf. Dank diesen wunderbaren Fettschichten erhält das fertige Pökelfleisch eine noch intensivere Geschmacksnote. Es ist auch möglich, durch Trockenpökelung in einem Reifebeutel ähnliche Ergebnisse zu erzielen, wobei eine Technik zur Anwendung kommt, die jener bei der Herstellung von Pastrami ähnelt (s. S. 42).

Pökelfleisch vom Rind ist auch hervorragend als Füllung für Sandwiches geeignet und wird häufig mit Roggenbrot und eingelegtem Gemüse oder als Hauptgericht mit Kartoffeln und Gemüse serviert.

WAS SIE DAFÜR BRAUCHEN

- **2,5 kg Rinderbrust**

ZUTATEN FÜR DIE SALZLAKE

- **4 l Wasser**
- **750 g Nitritpökelsalz**
- **4 Knoblauchzehen (gepresst)**
- **1 EL Thymian**
- **5 Lorbeerblätter**
- **1 EL geriebener schwarzer Pfeffer**
- **1 Stk. Sternanis (grob gemahlen)**
- **3 Knoblauchzehen (gepresst)**

Einlegen des Fleisches in Salzlake

1 Ein Kochgeschirr aus rostfreiem Stahl mit dem Wasser füllen. Das Wasser erhitzen und kurz vor dem Kochen vom Herd nehmen, alle Zutaten für die Salzlake beimengen und umrühren, bis sich das gesamte Salz aufgelöst hat. Die Salzlake abkühlen lassen, dann in den Kühlschrank stellen und weiter auf 3–5 °C abkühlen lassen.

2 Währenddessen die Rinderbrust auf das Schneidebrett legen. Besonders große Fettstücke wegschneiden, so dass nur eine Fettschicht von maximal 10 mm Dicke übrig bleibt. Die Oberfläche in Abständen von jeweils 25 mm mit einem Messer einstechen. Dadurch kann die Salzlake das Fleisch besser durchdringen, vor allem bei einer Fettschicht. Das Fleisch in die Salzlake eintauchen und eine Woche lang im Kühlschrank reifen lassen. Jeden Tag wenden, um ein gleichmäßiges Pökeln zu gewährleisten.

Die Zutaten für die Salzlake warmem Wasser hinzufügen.

Das sichtbare Fett vom Fleisch abtrennen.

Das Fleisch in der Salzlake eine Woche reifen lassen.

ZUTATEN FÜR DIE GEMÜSEBRÜHE
- **2 Zwiebeln**
- **2 Karotten**
- **2 Stk. Stangensellerie**
- **3 Knoblauchzehen**
- **1 Thymianzweig**
- **2 Lorbeerblätter**
- **Salbeiblätter**

Kochen und Servieren

1 Die Rinderbrust aus der Salzlake nehmen, in ein Kochgeschirr legen, in kaltem, frischem Wasser acht Stunden lang einweichen. Das Wasser abtropfen lassen und erneut Wasser nachfüllen, bis das Fleisch vollständig eingetaucht ist und 50 mm unter der Wasseroberfläche liegt. Zwiebeln und Gemüse grob hacken. Die leicht zerdrückten Knoblauchzehen in den Topf geben sowie Thymian, Lorbeerblätter und ein paar Salbeiblätter hinzufügen. Zum Kochen bringen, die Hitze reduzieren und zwei Stunden lang leicht köcheln lassen. Mit Backpapier zudecken und abkühlen lassen. Wenn die Rinderbrust kühl genug für die Weiterverarbeitung ist, aus dem Topf nehmen!

2 Das Pökelfleisch mit einem scharfen Messer quer zur Maserung in Scheiben schneiden. Gemeinsam mit dem gekochten Gemüse heiß servieren oder als Füllung für ein kaltes Sandwich aus Roggenbrot verwenden, das traditionell mit Sauerkraut und eingelegtem Chili oder Dill sowie Meerrettich serviert wird.

Fleisch mit Wasser bedecken, Gemüse beigeben.

Mit Backpapier bedecken und abkühlen lassen.

Das gekochte Pökelfleisch vom Rind abtropfen lassen und in Scheiben schneiden. Es kann heiß oder kalt serviert werden.

Pökelhackfleisch vom Rind

Perfekt geeignet für ein leichtes und schnelles Gericht. Hierbei handelt es sich um eines jener den Gaumen zufriedenstellenden und das Herz erwärmenden Gerichte, die Ihre Familie und Sie, besonders an einem kalten Tag, wertschätzen werden.

ZUTATEN

- **500 g neue Kartoffeln**
- **450 g gekochtes Pökelfleisch vom Rind**
- **1 große Zwiebel (grob gehackt)**
- **1 Knoblauchzehe**
- **2 EL Olivenöl oder Butter**
- **2 EL Tomatenpüree**
- **2 EL Worcestershire-Sauce**
- **Salz und Pfeffer je nach Geschmack**

Für vier Personen

ZUBEREITUNG

1 Die neuen Kartoffeln in einer Pfanne mit Salzwasser zehn bis zwölf Minuten lang kochen. In der Zwischenzeit das gekochte Pökelfleisch vom Rind vorbereiten und quer zur Maserung in dünne Scheiben und weiter in kleine Stücke schneiden.

2 Zwiebel und Knoblauch in einer heißen Pfanne in Olivenöl oder Butter ein paar Minuten rösten, bis der Knoblauch angebraten und die Zwiebel glasig ist. Die Zwiebel herausnehmen und zur Seite stellen.

3 Die Kartoffeln abtropfen, halbieren, in die Pfanne legen und goldbraun braten. Die gebratene Zwiebel, das Pökelfleisch vom Rind, das Tomatenpüree sowie die Worcestershire-Sauce hinzufügen. Die Hitze reduzieren und fünf bis zehn Minuten lang kochen. Sanft mit einem Löffel umrühren, bis alle Zutaten gut durchmischt sind. Die Hitze reduzieren und fünf bis zehn Minuten lang kochen. Mit Krustenbrot und viel Butter servieren.

PASTRAMI

Pastrami ist ein in Salzlake gereiftes und geräuchertes Stück Rinderbrust. Es handelte sich ursprünglich um eine Form von geräuchertem Fleisch, das traditionell in Rumänien hergestellt wurde. Später wurde es als Fleischeinlage für Sandwiches sehr beliebt.

ENTSCHEIDENDE PHASEN

1 Vorbereitung

2 Pökeln

3 Räuchern

Das ist ein wirklich einfach zuzubereitendes, geräuchertes Fleisch. Pastrami wird zunächst in Salzlake mit Gewürzen eingelegt und dann mit weiteren Gewürzen geräuchert. Die wichtigsten mit Pastrami assoziierbaren Aromen sind Pfeffer, Koriander, Knoblauch und Paprika. Die folgenden Anleitungen beziehen sich auf eine 2,5 kg schwere Rinderbrust, passen Sie die Zutatenmengen bei Bedarf an.

WAS SIE DAFÜR BRAUCHEN

- **2,5 kg Rinderbrust**

ZUTATEN FÜR DIE PÖKELLAKE

- **250 g Nitritpökelsalz**
- **50 g Zucker (wahlweise, je nach Geschmack)**
- **1 l gekühltes Wasser**
- **2 EL gemahlener Koriander**
- **2 EL geriebener schwarzer Pfeffer**
- **2 EL geräucherter Paprika**
- **2 EL Knoblauchpulver**

ZUTATEN FÜR DIE WÜRZE

- **2 EL gemahlener Koriander**
- **2 EL geriebener schwarzer Pfeffer**
- **2 EL geräucherter Paprika**
- **2 EL Knoblauchpulver**

Überschüssiges Fett und überschüssige Sehnen entfernen.

Vorbereiten und Pökeln des Fleisches

1 Überschüssiges Fett sowie überschüssige Haut und Sehnen vom Fleisch trennen, das Fleisch trocken tupfen, mit einem kleinen Messer die obere und untere Außenseite einstechen. Das Fleisch in eine nichtreaktive Schüssel legen. Nitritpökelsalz und Zucker im Wasser auflösen.

2 Die übrigen Zutaten für die Pökellake miteinander vermischen, das Fleisch mit der entstandenen Masse einreiben, mit der Salzlake übergießen, die Schüssel zudecken und alles eine Woche lang im Kühlschrank reifen lassen. Das Fleisch täglich wenden.

Das Fleisch gut mit der Pökelmischung einreiben.

3 Nach dem vollständigen Pökeln das Fleisch aus der Salzlake nehmen und mit kaltem, fließendem Wasser abspülen, um alle Spuren des Pökelns zu beseitigen, in eine ausreichende Menge von kaltem Wasser eintauchen und eine Stunde lang darin aufquellen lassen. Abtropfen lassen und mit Küchenpapier trocken tupfen.

4 Die Rinderbrust auf ein nichtreaktives Tablett legen. Die Oberfläche des Fleisches mit der Gewürzmischung behandeln, um eine Kräuterkruste herzustellen. Ein Drittel dieser Mischung für die Unterseite und die Seiten, und die restlichen zwei Drittel für die Oberseite des Fleisches verwenden.

Pastrami wird in Form von dünnen, quer zur Maserung geschnittenen Scheiben serviert.

Das Fleisch mit der Salzlake übergießen und eine Woche lang im Kühlschrank reifen lassen.

Räuchern

Pastrami kann heiß- oder kaltgeräuchert werden. Wichtig: Pastrami während des Räucherns nicht zerkochen, da das Fleisch ansonsten zäh und trocken wird. Langsam und bei niedrigen Temperaturen arbeiten, heißt die Zauberformel. Dadurch wird sichergestellt, dass das Fleisch die richtige Konsistenz erhält. Rinderbrust kann sehr zäh sein, wenn sie zu kurz oder bei zu hohen Temperaturen gekocht wurde. Lesen Sie die Anleitungen zum Heiß- und Kalträuchern, bevor Sie mit dieser Arbeitsphase beginnen (s. S. 132–157).

Zubereitung mittels Heißräuchern

Das Fleisch ungefähr sechs Stunden lang bei 80 °C räuchern (Kerntemperatur: 72 °C – mit einem Fleischthermometer überprüfen). Beim Räuchern Eichen- oder Obstbaumholz verwenden, damit das Pastrami einen aromatischen, rauchigen Geschmack sowie eine schöne Farbe erhält.

Zubereitung mittels Kalträuchern

Wer keinen Räucherofen zum Heißräuchern besitzt, kann die Rinderbrust vor dem Räuchern im Ofen garen. Wichtig: Selbst Temperaturen von 140 °C sind noch zu hoch. Die Rinderbrust sollte selbst an ihrer dicksten Stelle eine Kerntemperatur von 72 °C aufweisen. Dazu den Ofen auf eine Temperatur einstellen, die nur leicht über der angestrebten Kerntemperatur des Fleisches liegt, da sich die Temperatur im Inneren des Fleisches nur nach und nach der Außentemperatur angleicht. Die Kerntemperatur soll langsam erreicht werden, ohne die Rinderbrust zu garen, die Außentemperatur soll also 80 °C nicht übersteigen. Nach dem Abkühlen kann die Rinderbrust, je nach Geschmack, zwei Stunden lang in einen Kalträucherofen gelegt werden.

Pastrami auf Roggen-Sandwich

Pastrami ist eine klassische Füllung für Sandwiches. Auf frischem Roggenbrot serviert, gilt es als eine der wichtigsten New Yorker Delikatessen.
Es gibt viele Variationen für diese traditionelle Art Pastrami zu servieren. Die folgende ist meine Lieblingsvariation:

ZUBEREITUNG

1 Zwei Scheiben Roggenbrot dünn mit Butter bestreichen. Eine großzügige Portion von in Scheiben geschnittenem Pastrami auf eine der Brotscheiben legen.

2 Das Fleisch dünn mit Senf bestreichen und dünn geschnittene, sauer eingelegte Essiggurken darauflegen. Das Pastrami auf Roggenbrot-Sandwich kann nun serviert werden.

EINLEGEN EINES GANZEN HUHNS IN SALZLAKE

Die Salzlake spielt eine entscheidende Rolle bei der Vorbereitung des Huhns (oder anderer Fleischsorten) für das Räuchern. Dadurch werden auch Konsistenz und Geschmack des Fleisches verbessert.

Das Einlegen in Salzlake kann auch dann nützlich sein, wenn Sie das Huhn nur auf herkömmliche Art und Weise braten, ihm aber einen besonderen Geschmack verleihen wollen. Beim Kalträuchern hilft das vorbereitende Einlegen in Salzlake dabei, das Fleisch während des Räucherns vor Bakterien zu schützen. Anders als beim Trockensalzen hilft das Einlegen in Salzlake auch dabei, etwas von der Feuchtigkeit im Hühnerfleisch während des Kochens oder Heißräucherns zu bewahren.

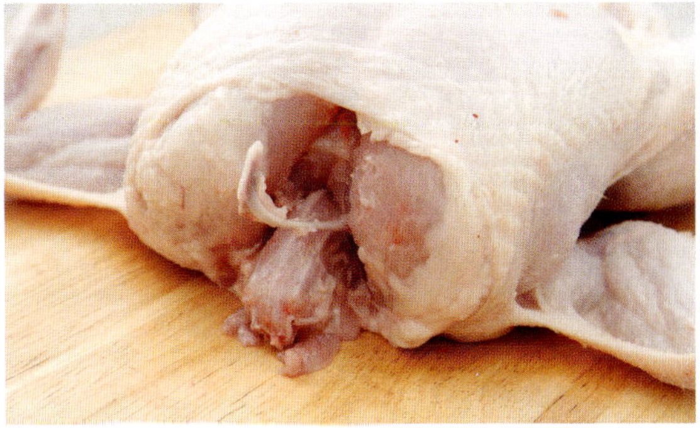

Das Gabelbein entfernen.

Vorbereitung des Huhns und Zubereitung der Salzlake

1 Fett und Haut zur Gänze entfernen. Mithilfe eines Ausbeinmessers das aus den paarigen Schlüsselbeinen bestehende Gabelbein entfernen. Es liegt unter dem Brustbeinkamm, dort, wo der Hals in den Rumpf mündet. Dadurch ist es einfacher, das Huhn nach dem Garen zu zerlegen.

2 Das Huhn auf den Boden eines ausreichend großen, nichtreaktiven Geschirrs legen. Die für das vollständige Eintauchen des Huhns benötigte Wassermenge bestimmen und auf die nächstgelegene Zahl in Litern aufrunden. Das Huhn aus der Schüssel nehmen, abtropfen lassen und beiseitelegen.

Das Huhn zwei Stunden lang in Salzlake einlegen.

3 Für jeden Liter Wasser 250 g Salz hinzufügen. Somit entsteht eine zu 80 % gesättigte Salzlake. So lang umrühren, bis sich das gesamte Salz auflöst. 2 Lorbeerblätter, 1 TL gehackten schwarzen Pfeffer, 1 Thymianzweig, 1 zerdrückte Knoblauchzehe sowie den Saft und die Schale von 1 Zitrone hinzufügen. Gut umrühren und die Salzlake im Kühlschrank abkühlen lassen. Danach das Huhn darin eintauchen und zwei Stunden ruhen lassen.

4 Das Huhn aus der Salzlake nehmen und innen wie außen mit kaltem, fließendem Wasser abspülen, trocken tupfen, auf einen Rost geben und für zwei weitere Stunden in den Kühlschrank legen. Das Huhn nun heiß- oder kalträuchern.

Das Huhn auf einem Rost im Kühlschrank trocknen lassen.

ZERTEILEN VON GEFLÜGEL

Das Zerteilen von Geflügel bietet mehrere Möglichkeiten. Einzelne Fleischstücke können für den späteren Gebrauch eingefroren oder aber auf vielfältige Weise anders verwendet werden. Ein ganzes Huhn zu kaufen kann sehr ökonomisch sein und das Zerteilen ist sehr einfach, wenn Sie die folgenden, einfachen Schritte einhalten.

Ich habe diese einfache Art des Zerteilens von Hühnerfleisch bei einem sehr erfahrenen Chefkoch gelernt. Ich behaupte nicht, dass das die einzige Möglichkeit ist, ein Huhn zu tranchieren, zumal es eine Reihe von verschiedenen Möglichkeiten dazu gibt. Die Methode, die ich anwende, funktioniert aber sehr gut und mit ein bisschen Übung und Geduld werden Sie diese Aufgabe hervorragend meistern. Sie benötigen dafür ein großes Schneidebrett und ein scharfes Tranchiermesser.

Bei dieser Methode des Tranchierens erhalten Sie als Ergebnis sechs größere Fleischstücke und die beiden Flügel. Wenn Sie am Ende acht Fleischstücke haben wollen, teilen Sie zunächst die Brust in zwei Teile.

Durch diese Methode hat man am Ende acht Stücke.

Die Keulen entfernen

1 Das Huhn mit der Brust nach oben bzw. mit dem Rücken nach unten auf das Schneidebrett legen. Die Keulen leicht auseinanderziehen und einen Einschnitt in die Haut zwischen der Keule und der Brust machen, so dass das Fleisch zum Vorschein kommt.

2 Die Keule nach hinten biegen, um das Hüftgelenk auszurenken. Am Gelenksspalt einen Einschnitt machen, um die Keule vom Rumpf zu trennen. Die gleiche Methode beim anderen Bein anwenden.

3 An der Innenseite der Keule weiterschneiden, um den Ober- vom Unterschenkel zu trennen. Suchen Sie nach dem ursprünglichen Kniegelenk. Manchmal ist es einfach, das zu sehen, weil es eine Linie aus Fett gibt, die durch das Gelenk hindurch verläuft. Verwenden Sie ein Messer, um Oberschenkel und Unterschenkel voneinander zu trennen.

4 Um die Keule zu säubern, einen um die Keule herum verlaufenden Schnitt bis zum Ende des Fußknöchels machen und dabei sämtliche Sehnen durchtrennen. Das Gelenk so weit wie möglich aus dem Knöchel ausrenken und entfernen.

Einen Einschnitt in die Haut zwischen den Keulen und der Brust machen.

Den Unterschenkel vom Oberschenkel trennen.

Entfernen der Brust

1 Das Gabelbein ggf. entnehmen. Den Klingenrücken gegen den Knochen drücken, um ihn beidseitig freizulegen. Verwenden Sie Ihre Finger, um hinter den Knochen zu gelangen und ihn von jeglichem Brustfleisch zu befreien.

2 Nahe dem Brustbein auf der einen Seite einen Einschnitt machen. Entlang des Brustbeins schneiden. Das Fleisch sollte sich ziemlich einfach ablösen lassen. Zum vollständigen Entfernen des Fleisches vom Rumpf die Flügelknochen aus ihren Gelenken nahe des Nackens ausrenken. Schließlich diese Gelenke durchtrennen, um das Fleisch vom Rumpf zu lösen. Diesen Prozess wiederholen, um noch verbleibende Teile der Brust zu entfernen.

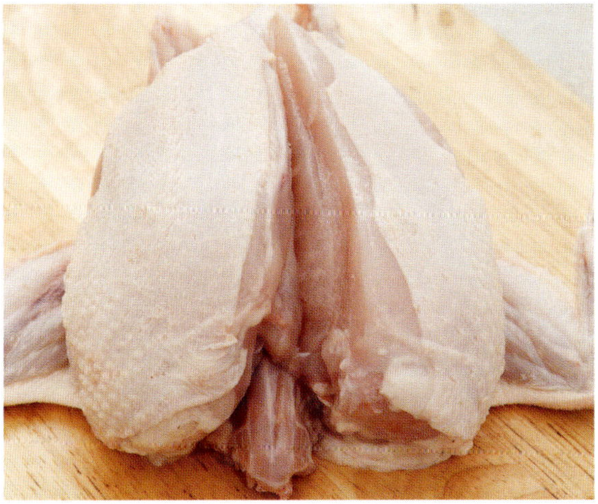

Entlang des Brustbeins und des Brustkorbs schneiden.

Das Brustfleisch vom Brustkorb wegziehen.

Entfernen und Teilen der Flügel

1 Die Flügel am Ansatz der Flügelknochen von der Brust trennen, um sicherzustellen, dass möglichst viel Fleisch auf der Brust bleibt.

2 Zum Teilen der Flügel das Gelenk zwischen der Spitze und dem mittleren Teil der Flügel finden und in der Mitte des Gelenks einen Einschnitt machen. Das Gewebe sollte hier leicht nachgeben. Fett und ausgefranste Teile um die Gelenke entfernen.

Flügel von der Brust trennen.

Flügelspitzen entfernen.

TIPPS

- Das Huhn vor dem Tranchieren abkühlen lassen. Wie Sie unschwer erkennen werden, wird das Fett am Huhn haften bleiben und weniger glitschig beim Tranchieren sein, wenn das Huhn vorher sehr gut abgekühlt wurde.

- Die durch das Kürzen entstandenen Überbleibsel sowie die Knochen nicht entsorgen, da diese als Zutaten für eine köstliche Brühe verwendet werden können, welche wiederum zur künftigen Verwendung für Suppen und Eintöpfe eingefroren werden kann.

HERING ZUR HERSTELLUNG VON RÄUCHERFISCH

Um einen echten Räucherfisch aus Hering zuzubereiten, ist es notwendig, den Fisch auf das Pökeln und Räuchern vorzubereiten. Die Technik heißt „back cutting" und ist leicht zu erlernen.

Wenn Sie Räucherfische in einer traditionellen Räucherei sehen, hängen diese an Haken (Spannhaken), die wiederum an einer Reihe von hölzernen Stangen angebracht sind. Die Heringe werden hoch oben unter dem Dach des Räucherofens dicht aneinander gereiht aufgehängt, um den vorhandenen Platz bestmöglich auszunutzen. Um jeden Räucherfisch genügend Rauch auszusetzen, muss der frische Hering abgeflacht werden. Traditionell wurde das über ein als „back cutting" bezeichnetes Verfahren erreicht. In modernen Handelsunternehmen wird diese Aufgabe von Maschinen erledigt. Die traditionelle Methode ist jedoch auch gut für Räucheröfen zu Hause geeignet. Im Wesentlichen wird bei diesem Verfahren der Fisch über den Rücken ausgeweidet, anstatt seine Bauchhöhle aufzuschneiden und die Gedärme auf herkömmliche Weise zu entfernen.

TIPPS

- Lassen Sie sich Zeit beim ersten Schnitt und drücken Sie das Messer nicht zu tief in die Bauchhöhle.
- Achten Sie darauf, dass der Hinterleib intakt bleibt. Verlängern Sie den Schnitt nicht bis zur Schwanzflosse.
- Hering ist ein fetter Fisch, der bei manchen Menschen Hautirritationen auslösen kann. Bei der Zubereitung von Fisch ist es empfehlenswert, Einmalhandschuhe zu tragen. Diese sind in vielen Geschäften und auch im Internet erhältlich.

Den Rücken entlang schneiden

1 Bevor Sie den Einschnitt am Rücken machen, lohnt es sich darüber nachzudenken, welches Ergebnis Sie eigentlich erzielen wollen. Das wichtigste Ziel dieser Technik besteht darin, den Fisch abzuflachen, ihn aber gleichzeitig in einem Stück zu erhalten. Der erste Einschnitt erfolgt entlang des Rückens des Herings, vom Hinterhaupt Richtung Schwanzflosse, aber nur bis zu einer Seite der Rückenflosse und der Wirbelsäule. Um dieses Ziel zu erreichen, den Fisch aufrichten, so dass die Rückenflosse sich ganz oben befindet. Achten Sie darauf, nicht zu tief zu schneiden, da ansonsten das Risiko besteht, dass Sie den Bauch aufschneiden und den Fisch halbieren. Beginnen Sie damit, das Messer durch die Rippen in die Bauchhöhle zu drücken und sich Richtung Hinterleib vorzuarbeiten.

2 Den Fisch umdrehen und denselben Schnitt Richtung Kopf fortsetzen. Zwischen den Augen des Herings einen Einschnitt machen und das Messer durch den Kopf Richtung Unterseite des Kiefers drücken. Der Kopf ist an dieser Stelle ziemlich robust. Ein bisschen Druck ist notwendig, um den Knochen zu durchdringen. Achten Sie darauf, nicht den Unterkiefer zu durchtrennen.

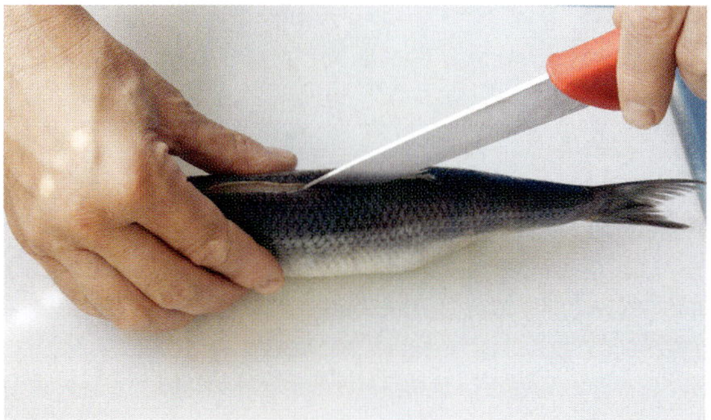

Den Rücken des Fisches durchtrennen.

Zwischen den Augen weiterschneiden.

Säubern und abflachen

1 Nachdem der Einschnitt entlang der Längsseite des Fisches erfolgt ist, ohne ihn jedoch zu durchtrennen, den Rücken öffnen, die Eingeweide entfernen und entsorgen. Den Fisch mit kaltem Wasser abspülen, um jegliches restliche Blut zu entfernen. Den Fisch mit der Hautseite auf das Schneidebrett legen.

2 Mithilfe der Finger die Kiemen entfernen und entsorgen. Sofern der Fisch nicht flach daliegen sollte, ihn einfach umdrehen, so dass die Hautseite nach oben zeigt. Mit dem Handballen leicht auf den Kopf drücken, damit der Fisch flach daliegt. Der Hering kann nun in Salzlake eingelegt werden. Falls Sie die Salzlake noch nicht zubereitet haben sollten, die Fischfilets auf ein Regal im Kühlschrank legen und so lange gekühlt halten, bis die Salzlake fertig ist.

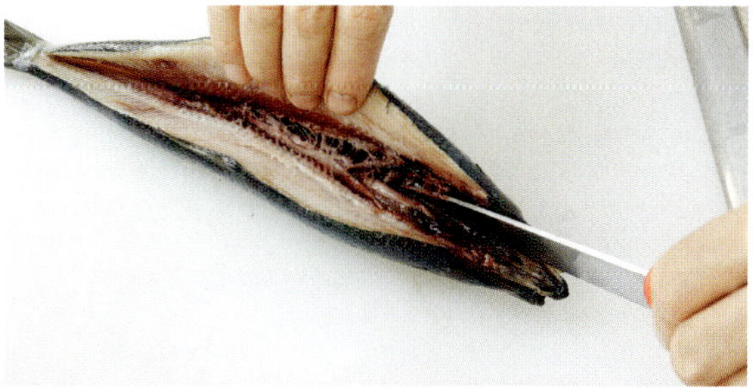

Den Rücken des Fisches öffnen.

Das Einschneiden des Rückens ist die erste Phase bei der Herstellung von Räucherfisch.

Die Kiemen entfernen und entsorgen.

PÖKELN VON HERING FÜR RÄUCHERFISCH

Selbst gemachter Räucherfisch ist eine Einbahnstraße: Wenn Sie diese Delikatesse erst einmal zubereitet haben, gibt es kein Zurück mehr zu gekauften Produkten. Sie können gar nicht anders, als dieses leicht zuzubereitende Gericht, d. h. den traditionell gepökelten und kaltgeräucherten Hering, zu genießen.

ENTSCHEIDENDE PHASEN

1 Vorbereitung

2 Einlegen in Salzlake

3 Trocknen

4 Räuchern

Kaltgeräucherte Heringe haben einen besonderen Geschmack und kamen im Laufe der Jahre immer wieder in Mode. Obwohl für den Kommerz produzierte Versionen unterschiedlicher Qualität erhältlich sind, kann meiner Meinung nach kein Zweifel daran bestehen, dass nichts mit einem Räucherfisch vergleichbar ist, den Sie liebevoll selbst zubereitet, gepökelt und geräuchert haben. Wenn Sie Räucherfisch noch niemals zuvor selbst zubereitet haben, werden Ihnen die Anleitungen auf den folgenden Seiten dabei helfen, damit zu beginnen. Die Grundlagen des Räucherns werden auf den Seiten 132–157 beschrieben.

Die Wahl des Fisches

Traditionell werden für die Herstellung von Räucherfisch Heringe aus dem Nordatlantik verwendet. Diese Fische sind in vielen Supermärkten oder bei guten Fischhändlern erhältlich. Beim Kauf sollte man auf die Frische des Fisches achten. Sehen Sie sich die Augen an! Sie sollten dunkel, aber nicht völlig undurchsichtig oder milchig sein. Sehen Sie sich auch die Kiemen an! So wie die Fische verderben, treten bräunliche Verfärbungen an ihren Kiemen auf. Frische Fische haben tendenziell rote Kiemen: je röter, desto besser.

In Salzlake einlegen und pökeln

Nach dem Kauf des Fisches bereiten Sie ihn auf das Pökeln vor, indem Sie am Rücken einen Einschnitt machen. Das muss deshalb getan werden, damit eine möglichst große Oberfläche des Fisches gepökelt und geräuchert werden kann (s. S. 48).

Nachdem der Schnitt entlang des Rückens erfolgt ist, kann der Fisch zum Pökeln in Salzlake eingelegt werden. Der Grund für das Pökeln in Salzlake statt der Verwendung von Trockensalz ist einfach: Da Fisch relativ dünn ist, würde der Wassergehalt des Fleisches durch die Hinzufügung von Trockensalz zu stark reduziert und infolgedessen der Räucherfisch zu trocken werden.

AUF DEN SPANNHAKEN

In kommerziell betriebenen Räuchereien werden die Räucherfische an kleinen Metallstiften, den sog. Spannhaken, in hölzernen Rahmen befestigt, um sie flach zu halten. Die Ursprünge dieses traditionellen Systems reichen weit bis ins 14. Jh. zurück.

Räucherfische werden mithilfe einer einfachen Lösung aus Salz und Wasser haltbar gemacht.

Zubereitung der Salzlake

1 Den Fisch in eine nichtreaktive Schüssel legen. Genügend Wasser einfüllen, um den Fisch vollständig einzutauchen. Nehmen Sie den Fisch heraus und messen Sie das Wasservolumen. Das Ergebnis ist die von Ihnen benötigte Menge an Salzlake. Für jeden Liter kalten Wassers 250 g Salz hinzufügen. Somit entsteht eine 80%ige (SAL-Skala) Lösung (s. S. 28). Gut umrühren und die Salzlake ruhen lassen, bis sie klar wird.

2 Den Hering in die Salzlake einlegen und mit einem Teller oder einer Schüssel beschweren, um das vollständige Eintauchen des Fisches sicherzustellen. Die Schüssel mit der Salzlake in den Kühlschrank stellen und 20 Minuten reifen lassen.

3 Danach den Hering aus der Salzlake herausnehmen und unter kaltem, fließendem Wasser abspülen. Den Fisch trocken tupfen und auf einem Regal im Kühlschrank ungefähr zwei Stunden lang trocknen lassen. An der Oberfläche des Fisches wird eine anhaftende Haut, Pellicula genannt, entstehen, die dabei hilft, den Rauch noch dauerhafter aufzunehmen. Aufgrund dieser Ruhephase im Kühlschrank kann sich das Salz gleichmäßig verteilen. Dieser Prozess schreitet selbst dann voran, wenn der Fisch geräuchert wird und selbst nachdem er gelagert wurde.

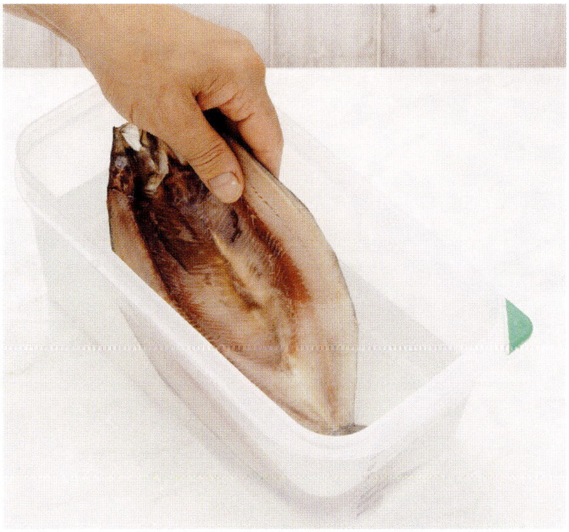

Den Hering in Salzlake einlegen.

Ein Gewicht auf den Fisch legen, damit er eingetaucht bleibt.

Räuchern

Nach dem Pökeln und Ruhen den Hering aus dem Kühlschrank nehmen. Er kann nunmehr kaltgeräuchert werden. Vollständige Anleitungen zu dieser Phase der Zubereitung finden Sie auf Seite 164.

SÜSSE SALZLAKE

Traditionell werden Räucherfische lediglich in einer nur aus Salz bestehenden Salzlake gepökelt. Einige Menschen empfinden das als für ihren Geschmack etwas zu rau. Versuchen Sie eventuell 50 g Zucker pro 500 ml Salzlake hinzuzufügen, um einen süßer schmeckenden Räucherfisch zu erhalten. Seien Sie sich bewusst, dass es ein wenig Zeit in Anspruch nimmt, bis sich die Salzlake aufgelöst hat.

Den Fisch zum Reifen auf ein Regal im Kühlschrank legen.

TROCKENGEPÖKELTE UND LUFTGETROCKNETE MAKRELE

Luftgetrocknete Makrele bietet ein außergewöhnliches Geschmackserlebnis. Mithilfe der folgenden Methode lassen sich die verschiedenen Aromen dieses in weiten Teilen der Welt erhältlichen Fisches bewahren. Dabei entsteht eine Delikatesse, die pur oder auch als Basis für eine schmackhafte Pastete genossen wird.

ENTSCHEIDENDE PHASEN

1. Säubern und Pökeln
2. Trocknen

Bei der Makrele handelt es sich um einen fetten Fisch mit gestreifter Haut. In den Ozeanen ist sie in großen Schwärmen unterwegs, weshalb sie in großer Zahl mit Fischernetzen gefangen wird. Es gibt viele verschiedene Arten von Makrelen. Meiner Meinung nach ist für das Lufttrocknen die Atlantische Makrele (*Scomber scombrus*) am besten geeignet.

Der Fang einer Vielzahl von Fischen ist nur dann gut, wenn Sie diese weiterverarbeiten können. Vor der Erfindung des Kühlschranks wurde Fisch u. a. mit Salz konserviert. Überschüssige Feuchtigkeit wurde entfernt und die Vermehrung von Bakterien verhindert.

Zubereitung unter freiem Himmel
In wärmeren Klimazonen, in denen es viel Sonnenschein gibt, können Makrelen unter freiem Himmel getrocknet werden. Für gewöhnlich erfolgt dies auf Matten oder aber, indem der Fisch an Schnüren aufgehängt wird. Letztere ist auch die bevorzugte Methode, da somit ein Luftstrom über den gesamten Fisch dahinziehen kann. Makrele wird i. d. R. luftgetrocknet, wobei der Kopf dranbleibt und die Därme entfernt werden.

Zubereitung in Innenräumen
Nicht alle von uns haben den Vorteil eines warmen, trockenen, sonnigen Klimas, das uns bei der Zubereitung dieser kleinen Delikatesse hilft, aber das sollte kein Problem sein. Wenn Sie über einen Trockner bzw. ein Dörrgerät (Dehydrator) oder einen Backofen mit Umluftfunktion verfügen, können Sie die Makrele trocknen, ohne auf die richtigen Wetterbedingungen warten zu müssen.

Die Zubereitung von luftgetrockneter Makrele kann idealerweise, sofern es die Wetterbedingungen erlauben, im Freien erfolgen. Alternativ eignen sich auch Dörrautomaten oder ein Backofen.

Säubern und Pökeln

1 Den Fisch ausnehmen und säubern. Die sog. „Blutlinie", d. h. das dunklere Fleisch, über welches die Blutversorgung erfolgte, mit dem Finger entfernen. Den Fisch unter kaltem, fließendem Wasser abspülen, mit Küchenpapier trocken tupfen, die Kiemen nach Wunsch entfernen.

2 Den Boden eines nichtreaktiven Geschirrs mit einer 3 mm dicken Salzschicht bestreuen und den Fisch darauflegen. Die Darmhöhle des Fisches mit Salz füllen, danach den Fisch mit Salz bedecken. Das Geschirr mit Frischhaltefolie zudecken und den Fisch drei Stunden lang im Kühlschrank in der Pökellake ruhen lassen.

3 Die Makrele aus dem Salz herausnehmen und unter kaltem, fließendem Wasser abspülen, mit Küchenpapier trocken tupfen – auch die Darmhöhle. Den Fisch abwiegen, da dadurch beurteilt werden kann, wie viel Feuchtigkeit er gegen Ende des Trocknens verloren hat.

Die Darmhöhle mit Salz füllen.

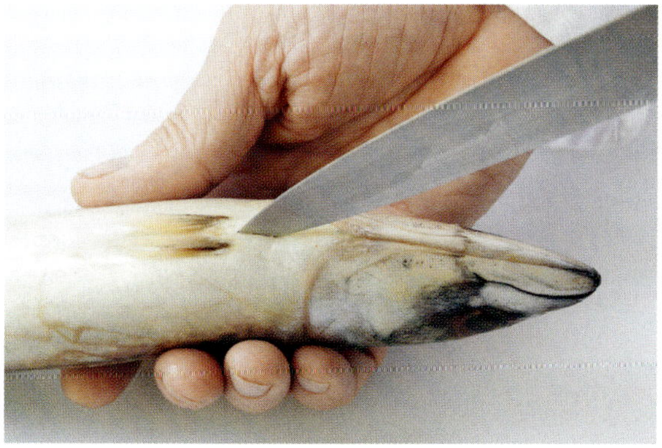

Den Bauch des Fisches öffnen, um die Gedärme zu entfernen.

Den ganzen Fisch mit Salz bedecken.

Mit kaltem, fließendem Wasser abspülen.

Nach drei Stunden das Salz entfernen.

Trocknen

1 Sofern das Klima nicht für das Trocknen im Freien geeignet sein sollte, den gepökelten Fisch mit aufgeklapptem Bauch und der Darmhöhle nach unten auf einen Ofenrost legen. Zwei Fische auf jeweils einen Rost legen und im Heißluftofen bei sehr niedriger Hitze erwärmen, der Fisch soll ja nicht gebraten werden. Ist die Temperatur zu hoch, verändert die Hitze die Proteine im Fisch, wodurch er die gewünschte Konsistenz verlieren könnte.

2 Die Ofentemperatur auf einen Wert zwischen 40 und 50 °C bzw. die niedrigst mögliche Temperatur einstellen. Die Backofentür ein wenig offen lassen. Dadurch wird der Vorgang des Trocknens unterstützt. Unter diesen Bedingungen wird die Temperatur des Fisches selten 40 °C erreichen. Außerdem werden beim Trocknen solche Bedingungen simuliert, als ob der Fisch direkter Sonneneinstrahlung ausgesetzt worden wäre.

3 Der Fisch ist fertig zubereitet, wenn die Haut faltig ist und das Fleisch bei sanftem Druck fest bleibt. Er enthält für gewöhnlich 60–74 % Wasser. Somit sind in jedem Kilogramm Fisch zwischen 600 und 740 ml Wasser enthalten. Nach dem dreistündigen Trocknen im Backofen den Fisch herausnehmen und abwiegen. Der Gewichtsverlust sollte ungefähr 30 % verglichen mit dem Gewicht vor dem Trocknen betragen.

TIPPS

- Stellen Sie gleich zu Beginn sicher, dass der von Ihnen verwendete Rost gut in den Backofen passt.

- Viele Backofentüren haben einen abgefederten Mechanismus. Unter Umständen müssen Sie die Backofentür mithilfe eines Keils offen halten.

- Sofern die Makrele an ihrer Schwanzflosse aufgehängt wird, schließt sich die Darmhöhle von selbst. Um das Trocknen zu beschleunigen, die Darmhöhle mithilfe von hölzernen Spießen offen halten (s. Abb. auf S. 52).

Trocknen an der frischen Luft

Wer in einer warmen Klimazone lebt, kann die Makrele an ihrem Hinterleib auf der Wäscheleine im Freien aufhängen. Damit sie gut trocknet, sollte die Temperatur zumindest bei 30 °C bei einer relativen Luftfeuchtigkeit von 50–70 % liegen. Der andere wichtige Faktor für effizientes Lufttrocknen ist eine schöne Brise.

Luftgetrocknete Makrelenpastete

Diese Pastete ist leicht zuzubereiten und einfach köstlich.

ZUTATEN

- **1 ganze trockengesalzene und luftgetrocknete Makrele**
- **4 EL Mayonnaise**
- **1 EL Meerrettichsauce**
- **1 EL Cayennepfeffer**
- **1 kleiner Bund (fein gehackter) Schnittlauch**
- **Saft von ½ Zitrone**
- **weißer Pfeffer und Salz**

Servieren mit:

- **Knäckebrot**
- **5 cm lange, in Scheiben geschnittene Gurke**
- **1 kleiner Thymianzweig**

ZUBEREITUNG

1 Die Makrele in einer Pfanne mit kochendem (ungesalzenem) Wasser eintauchen. Den Herd ausschalten und die Makrele im Sud weitere zehn Minuten köcheln lassen.

2 Das Fischfleisch in Flocken von Haut und Gräten befreien und zum Abkühlen beiseitestellen. Mayonnaise, Meerrettich, Cayennepfeffer, Schnittlauch und Zitronensaft miteinander vermischen und je nach Geschmack mit Salz und Pfeffer würzen.

3 Auf Knäckebrot garniert mit einer Gurkenscheibe und einem Thymianzweig servieren.

AUSNEHMEN UND FILETIEREN VON LACHS

Obwohl das Filetieren von Lachs für Sie von den Fischhändlern übernommen wird, kann das Wissen darüber, wie aus einem ganzen Lachs ein grätenfreies Filet gemacht wird, eine nützliche Fähigkeit in Ihrem Repertoire sein.

Lachs ist ein sehr schmackhafter Fisch. Eine grobe Handhabung kann dazu führen, dass das Fischfleisch zerfällt. Darauf sollten Sie achten, sofern Sie kein Filet pökeln wollen (s. S. 62). Wenn das Filet zerfällt und der Fisch trockengesalzen wird, kann u. U. zu viel Salz in die Zwischenräume der entgräteten Teile eindringen, wodurch der Fisch an einigen Stellen zu viel von der Pökelmischung abbekommen könnte.

1 Den Lachs so auf eine Seite legen, dass sein Bauch in Ihre Richtung zeigt. Einen langen Einschnitt vom After den Bauch entlang bis zu den Kiemen machen. Eingeweide entfernen. Den Finger verwenden, um die Blutlinie auf der Rückseite der Darmhöhle zu unterbrechen. Darmhöhle unter fließendem Wasser ausspülen.

2 Den Lachs so ausrichten, dass die Rückenflosse in Ihre Richtung zeigt. Einen vertikalen Schnitt hinter den Kiemenblättchen Richtung Wirbelsäule machen. Vor der Wirbelsäule das Messer so umdrehen, dass die Schneide auf die Längsseite Richtung Hinterleib zeigt und das Messer am oberen Ende der Wirbelsäule ruht.

3 Einen horizontalen Schnitt entlang der Wirbelsäule, waagrecht und nahe am Knochen, Richtung Hinterleib machen. Die Rippenknochen an jenen Stellen durchtrennen, an denen sie mit der Wirbelsäule verbunden sind. Den Schnitt fortsetzen, bis das Filet freigelegt ist. Den Fisch auf die andere Seite drehen und dieselben Arbeitsschritte wiederholen.

Durch das Filetieren von Lachs bekommt man zwei große Stücke entgrätetes Fischfleisch, das perfekt für die Zubereitung vieler verschiedener Gerichte geeignet ist.

LACHS – SICHERHEITSTIPPS

Wenn Sie einen ganzen Lachs verwenden, haben Sie ihn wahrscheinlich bei einem Fischhändler oder in einem Supermarkt gekauft, es sei denn, Sie gehören zu jenen Glücklichen, die die Möglichkeit zum Lachsfischen haben. Falls Sie den Lachs selbst gefangen haben, müssen Sie den Fisch 24 Stunden lang bei –20 °C einfrieren, um sämtliche eventuell vorhandene Parasiten abzutöten. Wenn Ihr Tiefkühlregal bzw. Ihre Tiefkühltruhe nicht auf solch niedrige Temperaturen eingestellt werden kann, verlängern Sie einfach die Einfrierzeit auf sieben bis zehn Tage. Der im Geschäft erhältliche Lachs ist bereits vor dem Verkauf so behandelt worden.

4 Zum Entfernen der Rippenknochen das Filet mit der Fleischseite nach oben auf das Schneidebrett legen. Von der Mitte des Filets ausgehend ein Filetiermesser genau unter den Rippenknochen ansetzen und Richtung Bauch schneiden. Das Messer leicht nach oben ausrichten, wobei der Rand des Messers genau unter den Rippen liegen sollte. Nach dem Entfernen der Rippenknochen die Seiten des Filets abschneiden, um Bauchfett und Flossengräten zu entfernen. Dieselben Arbeitsschritte beim zweiten Filet wiederholen.

5 Kleine Gräten unmittelbar oberhalb der Wirbelsäule mit einer Fischpinzette bzw. Grätenzange entfernen. Mit dem Finger vom Kopfende des Filets aus darüberstreichen, um diese Gräten (22 oder 23) zu spüren und sanft zu entfernen. Die oben beschriebenen Arbeitsschritte beim zweiten Filet wiederholen.

TIPPS

- Falls Sie Probleme damit haben, beim Filetieren mit dem Messer dicht an der Wirbelsäule zu schneiden, belassen Sie etwas von dem Fischfleisch am Knochen. Zum Entfernen des restlichen Fleisches einen Löffel verwenden. Dieses restliche Fleisch für den späteren Gebrauch, z. B. für die Zubereitung einer Fischpaste, einfrieren.
- Das Entfernen der Rippenknochen ist einfacher, wenn Sie ein aufgerolltes Küchentuch unter die Bauchklappe legen, um diese ein bisschen zu glätten.
- Probieren Sie es stattdessen auch mit Lachsforelle oder Saibling.

Den ersten Einschnitt hinter den Kiemen machen.

Die Schneide des Messers entlang der Wirbelsäule Richtung Hinterleib führen.

Die Rippenknochen entfernen.

Zum Entfernen kleinerer Gräten eine Fischpinzette verwenden.

TROCKENGEREIFTER LACHS (GRAVLAX)

Gravlax ist der Name eines trockengepökelten Lachses aus Skandinavien. Wortwörtlich bedeutet Gravlax „eingegrabener Lachs" – der für Gravlax verwendete Fisch wurde an der Küste unterhalb des Wasserspiegels eingegraben. Dieses exquisite Gericht ist sehr einfach zuzubereiten.

ENTSCHEIDENDE PHASEN

1 Vorbereitung

2 Pökeln

3 Marinieren

Um Lachs Gravlax bzw. schwedisch „gravad lax" herzustellen, vergruben in der Vergangenheit die Fischer ihren Lachs im Sand an der Küste, bis er fermentiert war. Die Fermentierung wird aber nicht mehr angewendet, um dieses Gericht zuzubereiten. Heute wird Gravlax durch Trockenpökelung von Lachsfilets in Salz und Zucker, unter Zugabe von Dill, hergestellt. Der Lachs wird in einer Schüssel aufgeschichtet und mit einem Gewicht beschwert, um den Flüssigkeitsverlust zu erhöhen. Danach erfolgt das Pökeln im Kühlschrank.

Eine Vielfalt anderer intensiver Geschmacksstoffe und Aromen werden bei der Vorbereitung dieser Delikatesse verwendet. Außerdem werden Zutaten wie Rote Bete für die Farbe oder Meerrettich für den extra Kick verwendet.

Für die Zubereitung von Lachs Gravlax benötigen Sie zwei filetierte und mit der Fischpinzette entgrätete Lachshälften, wobei die Haut aber nicht abgezogen wird. (Für Anleitungen zur Filetierung von Lachs s. S. 56.) Es ist auch möglich, Gravlax aus gehäutetem Lachs zuzubereiten. Ich persönlich bevorzuge ihn aber mit Haut, da in diesem Fall die Handhabung und das Tranchieren um so vieles leichter sind. Auch ist es weniger wahrscheinlich, dass der Fisch Schaden nimmt, wenn die Haut nicht abgezogen wird. Das Entfernen der Haut nach dem Pökeln ist ein einfacher Prozess. Sie können auch Lachsforelle oder Saibling zu Gravlax verarbeiten.

Die im Folgenden beschriebene Technik und angeführten Mengenangaben beziehen sich auf zwei nicht gehäutete, filetierte und mit der Fischpinzette entgrätete Lachshälften.

Lachs Gravlax mit Roter Bete, Zitrone und Kapern garniert und mit etwas Dill bestreut ist die perfekte Vorspeise oder ein einfacher Snack zum Mittagessen.

In Salzlake einlegen und pökeln

1 Ein nichtreaktives Tablett verwenden, das groß genug ist, um beide Lachshälften nebeneinander zu legen. Den Boden mit Frischhaltefolie bedecken. Es sollte ausreichend Folie vorhanden sein, um den Fisch einzuwickeln.

2 Den Boden gleichmäßig mit einer dünnen Schicht Salz bestreuen. Beide Lachsfilets mit der Hautseite nach unten auf das Tablett legen, so dass sie sich leicht berühren. Darauf achten, dass Kopf und Hinterleib der beiden Hälften in dieselbe Richtung zeigen, d. h. Kopf an Kopf, Hinterleib an Hinterleib.

3 Salz und Zucker vermischen, auf die Filets streuen. Darauf achten, dass der Fisch gleichmäßig gepökelt wird. Den gemahlenen schwarzen Pfeffer gleichmäßig über die Filets streuen, danach die Hälfte des Dills gleichmäßig verteilen. Nach Belieben beide Filets mit etwas Wodka beträufeln.

4 Ein Filet auf das andere legen. Die Frischhaltefolie eng um den Lachs wickeln. Falls notwendig, mehr Frischhaltefolie verwenden.

5 Die eingewickelten Lachsfilets in ein nichtreaktives Geschirr legen und mit einem Gewicht beschweren. Alles in den Kühlschrank legen und drei Tage lang pökeln. Die Pakete alle zwölf Stunden wenden.

WAS SIE DAFÜR BRAUCHEN
- **2 Stk. 1–2 kg schwere Lachshälften (filetiert und entgrätet, mit Haut; wahlweise Filets von der Lachsforelle oder vom Saibling)**

ZUTATEN FÜR DIE PÖKELLAKE
- **50 g Salz**
- **30 g brauner Zucker**
- **1 EL gemahlener schwarzer Pfeffer**
- **1 Bund Dill**
- **1 EL Wodka (fakultativ)**

ZUTATEN FÜR DIE MARINADE UND DIE GARNIERUNG
- **1 Rote Bete**
- **25 mm Meerrettichwurzel (geschält und gerieben)**
- **Olivenöl**

Die Lachsfilets mit der Pökelmischung bestreuen.

Mit Dill bestreuen und, falls verwendet, mit Wodka beträufeln.

Den eingewickelten Lachs auf der Oberseite mit einem Gewicht beschweren.

Marinieren und Servieren

1 Nach dem Pökeln den Lachs aus dem Kühlschrank nehmen und die restliche Pökellake aus Salz bzw. Zucker mit fließendem, kaltem Wasser abspülen. Den Lachs in dieser Phase noch nicht einreiben, da in diesem Fall zu viel von dem Dill verloren geht. Beide Filets mit Küchenpapier trocken tupfen und auf eine neue Frischhaltefolie nebeneinander legen.

2 Die frische Rote Bete raspeln und die Lachshälften gleichmäßig damit bestreuen. Geriebenen Meerrettich und den restlichen Dill hinzufügen. Die Filets mit einem guten Schuss Olivenöl beträufeln. Ein Filet auf das andere legen und zum Pökeln in Frischhaltefolie wickeln. In den Kühlschrank legen und sechs Stunden marinieren. Das Päckchen nach drei Stunden einmal wenden.

3 Beim Servieren das Päckchen vorsichtig öffnen und die Rote Bete, den Meerrettich sowie den Dill entfernen. Den Lachs in Richtung Hinterleib und wieder zurück bis zum dicksten Teil in dünne Scheiben schneiden. Diese Art des Schneidens wird im Englischen auch als „D slicing" bezeichnet, da die Form der Scheiben dem Buchstaben D ähnelt. Die Oberseite des Lachses wird etwas von der Farbe der Roten Bete abbekommen und sollte auch viel vom wunderbaren Dillaroma annehmen.

Die überschüssige Pökellake abspülen.

Mit frischem Dill, Roter Bete und Meerrettich bestreuen.

Vom Hinterleib ausgehend in Scheiben schneiden.

TIPPS

- Achten Sie darauf, den Fisch während des Pökelns im Salz jeweils einmal in zwölf Stunden zu wenden. Dazu ist es nicht notwendig, den Fisch auszuwickeln.

- Sie müssen keinen Alkohol verwenden, um Lachs Gravlax zuzubereiten. Alkohol wird nur verwendet, um dem Gericht eine weitere Note zu verleihen, aber es gelingt auch ohne Alkohol perfekt.

- Falls Sie keine Frischhaltefolie haben, sind Backpapier oder Butterbrotpapier sehr gute Alternativen. Sie können auch einen versiegelbaren Gefrierbeutel verwenden, falls Sie einen haben, der wirklich groß genug ist.

APPETITHÄPPCHEN

Lachs Gravlax mit Sauce Hollandaise und Dill auf russischen Pfannkuchen (Blini) ist ein großartiges Appetithäppchen bzw. eine tolle Vorspeise.

Lachs Gravlax mit Honig, Senf und Dillsauce

Lachs Gravlax ist ideal als Vorspeise geeignet und kann ohne Beilagen oder aber traditionell mit Honig, Senf und Dillsauce serviert werden. Durch diese Sauce wird der Geschmack des gepökelten Fisches sehr gut ergänzt, und es lohnt sich, sie auszuprobieren.

ZUTATEN

- **5 EL Rapsöl**
- **2 EL Weißweinessig**
- **2 EL Vollkornsenf**
- **2 EL klarer, flüssiger Honig**
- **¼ einer Knoblauchzehe (zerdrückt)**
- **2 EL gehackter Dill**

ZUBEREITUNG

1 Öl, Essig, Senf und Honig in einer Schüssel vermischen.

2 Den gepressten Knoblauch sowie den gehackten Dill hinzufügen.
So einfach geht's.

TROCKENPÖKELUNG VON LACHS FÜR DIE HEISSRÄUCHERUNG

Die meisten geräucherten Speisen schmecken besser, wenn sie vor dem Räuchern in einer Salzlake gereift sind. Daher liegt der Fokus hier auf dem Einlegen in Salzlake. Hier finden Sie eine etwas andere Art der Zubereitung als für den Räucherlachs nach schottischer Art (s. S. 158).

ENTSCHEIDENDE PHASEN

1 Einlegen in Salzlake

2 Abspülen

3 Trocknen

Methoden des Pökelns
Für die Salzlake wird einfach Salz in frischem Wasser aufgelöst. Zusätzliche Konservierungsstoffe wie Nitritpökelsalz oder Salpeter sind nicht notwendig, da der Fisch später bei einer Temperatur gegart wird, die hoch genug ist, um die Bakterien zu vernichten. Zwei Methoden werden hier beschrieben. Die Wahl der jeweiligen Technik ist eine Frage der persönlichen Präferenz.

Das sog. „equalization brining" ist eine Technik, die von vielen Chefköchen verwendet wird, um ihren gekochten Fleischsorten (funktioniert auch beim heißgeräucherten Lachs) zusätzliche Aromen zu verleihen. Bei dieser Methode findet ein Ausgleich zwischen dem Salzgehalt der Salzlake und jenem des haltbar gemachten Fisches bzw. Fleisches statt. Diese Technik kommt typischerweise bei sehr leichten Salzlaken zum Einsatz, bei denen die Salzkonzentration in der Nahrung sehr fein austariert werden muss. Bei Verwendung dieser Methode ist es ausgeschlossen, dass der Fisch zu lange eingelegt wird. Nach dem Pökeln des Lachses (wahlweise auch der Lachsforelle) nach einer dieser Methoden können Sie ihn heißräuchern, wie auf S. 172 beschrieben.

Das Einlegen in Salzlake ist ein entscheidender vorbereitender Schritt bei der Zubereitung von exquisitem, heißgeräuchertem Lachs.

Einlegen in Salzlake – herkömmliche Methode

1 Eine ausreichende Menge hochkonzentrierter Salzlake zum Eintauchen des Fisches herstellen, wobei für 4 l Wasser 1 kg Salz verwendet wird. Das Salz im Wasser auflösen. Vor Gebrauch die Salzlake auf 3 °C oder weniger herunterkühlen. Zur Beschleunigung des Abkühlvorgangs wahlweise dem Wasser anteilsmäßig entsprechend Eis hinzufügen. Das Salz bringt das Eis zum Schmelzen, sobald letzteres der Salzlake hinzugefügt wird. Dank den niedrigen Temperaturen wird die Vermehrung der Bakterien gedrosselt und die Aufnahme des Salzes durch den Lachs gefördert.

2 Den Fisch, in Abhängigkeit vom gewünschten Geschmack, 15 bis 20 Minuten in Salzlake einlegen. Während der Fisch in der Salzlake ruht, sollte er im Kühlschrank gelagert werden, damit die Temperaturen, denen er ausgesetzt ist, so niedrig wie möglich sind.

3 Nach dem Ende der Einlegezeit den Fisch sorgfältig mit kaltem Wasser abspülen, um seine Oberfläche von überschüssigem Salz zu befreien.

4 Den Fisch mit Küchenpapier trocken tupfen. Dem Heißräuchern steht nunmehr nichts im Wege.

Einlegen in Salzlake – „equalization method"

1 Bei Anwendung dieser Technik sollten das Gewicht des Fisches und jenes des Wassers stets annähernd gleich sein. Sie benötigen keine 4,5 l Salzlake für 500 g Fisch. Die Anleitungen an dieser Stelle beziehen sich auf das Einlegen eines 500 g schweren Lachsstückes in eine Salzlake mit 2%igem Salzgehalt, was wiederum eine Salzlake von geringer Konzentration ist.

2 Die Schüssel für die Salzlake abwiegen. Die Waage auf null stellen. Dann den zu pökelnden Lachs in diese Schüssel legen. Schließlich so lange Wasser hinzufügen, bis das gemeinsame Gesamtgewicht von Fisch und Wasser 1 kg ausmacht. Nunmehr ist mit 2 % dieses Gewichtes, d. h. also in diesem Fall mit 20 g, zu rechnen.

3 Den Lachs aus der Schüssel nehmen und das Salz dem Wasser hinzufügen. Das Wasser umrühren, damit sich das Salz darin auflöst. Den Lachs wieder in die Schüssel legen. Die Schüssel zudecken und in den Kühlschrank stellen. 24 Stunden ruhen lassen. Den Fisch aus der Salzlake nehmen und mit Küchenpapier trocken tupfen. Der Fisch kann nun geräuchert werden.

Die Salzlake zubereiten.

Den Fisch die vorgesehene Zeit lang in der Salzlake ruhen lassen.

TIPPS

- Die Salzlake immer im Kühlschrank aufbewahren, damit ihre Temperatur bei Gebrauch um die 4 °C beträgt.
- Von der Salzlake eine Menge herstellen, die mit der Menge des Lachses vergleichbar ist, der eingelegt werden soll. Was immer Sie auch pökeln, immer Salzlake in einer ausreichenden Menge herstellen. Salz ist eine billige Zutat. Ein bisschen mehr Salzlake herzustellen ist viel besser, als nicht genug davon zu haben.
- Bei Anwendung der sog. „equalization method" die Mengen sorgfältig berechnen, um schmackhafte Resultate zu erzielen.

SCHINKEN NACH WESTFÄLISCHER ART

Hierbei handelt es sich um einen trockengepökelten Schinken, der aus dem deutschen Westfalen stammt, wo köstlicher Schinken dieser Sorte schon seit Jahrhunderten produziert wird.

ENTSCHEIDENDE PHASEN

1 Pökeln

2 Einweichen

3 Räuchern und Reifen

Beim Kauf des Fleisches den kurz geschnittenen Schinken bevorzugen. Das ist jener, bei dem der Anteil der Hüfte entfernt wurde, wodurch der Querschnitt des Beines an der Hüfte eher einem Quadrat zu ähneln scheint. Ich würde die Verwendung eines Schinkens von ca. 6,5 kg Gewicht, aber mit Sicherheit von nicht mehr als 8 kg Gewicht vorschlagen.

WAS SIE DAFÜR BRAUCHEN

- **1 ganze Schweinskeule (ohne Haxe – Eisbein – und Lendenknochen)**

ZUTATEN FÜR DIE PÖKELMISCHUNG

- **525 g Nitritpökelsalz**
- **125 g Zucker**

Pökeln des Schinkens

1 Alle Zutaten miteinander vermischen, die Hälfte beiseitegeben. Den Schinken in eine nichtreaktive Schüssel legen und mit der Hälfte der Pökelmischung einreiben. Vier Fünftel davon für die Oberfläche verwenden und mit dem Rest Fett und Haut einreiben. Sichergehen, dass auch das untere Ende der Keule und die Gelenkspfanne für das Hüftgelenk gut mit der Pökelmischung eingerieben werden.

2 Die Pökeldauer berechnen, indem pro Kilogramm Gewicht jeweils drei Tage sowie zwei weitere Tage für das Pökeln einkalkuliert werden. Somit muss ein 6,5 kg schwerer Schinken ungefähr drei Wochen lang gepökelt werden.

3 Nach der ersten Woche den Schinken aus dem Kühlschrank nehmen und mit dem Rest der Pökelmischung in denselben Verhältnissen wie zuvor einreiben. Den Schinken zurück in den Kühlschrank legen und für die restliche Zeit weiter pökeln.

4 Gegen Ende der Pökeldauer den Schinken aus dem Kühlschrank nehmen, das Salz abbürsten, den Schinken in ein Gefäß mit kühlem Wasser legen und ca. zwei Stunden einweichen, mit Küchenpapier trocknen und einen Tag lang im Kühlschrank ruhen lassen.

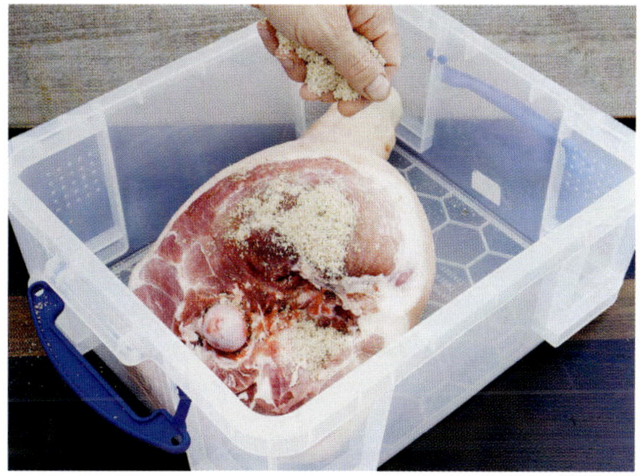

Den Schinken mit der Pökelmischung behandeln.

Nach einer Woche das Fleisch mit dem Rest der Pökelmischung behandeln.

Räuchern und Reifen

1 Den Schinken nun kalträuchern. Wer nicht räuchert, sollte die Oberfläche mit einem Gemisch aus Kräutern behandeln (s. unten), wodurch er mit einer Art Schutzschicht versehen wird. Den Schinken weitere zwei Tage im Kühlschrank trocknen.

2 Den Schinken in ein nichtgefärbtes Mulltuch wickeln, mit einer Schnur absichern und an einem trockenen Ort aufhängen, wo der Prozess des Trocknens und Reifens bis zu zwei weitere Tage fortgesetzt werden kann. Den Schinken bei einer maximalen Temperatur von 15 °C und bei einer relativen Luftfeuchtigkeit von 60–70 % lagern.

KRÄUTERMISCHUNG FÜR UNGERÄUCHERTEN SCHINKEN

125 g geriebener schwarzer Pfeffer
450 g Melasse
50 g brauner Zucker
2 EL Cayennepfeffer

KALTRÄUCHERN DES SCHINKENS

Für den Fall, dass Sie sich für das Kalträuchern entscheiden sollten, vorher die Seiten 132–157 durchlesen. Den Schinken, unter Verwendung von Eichen- oder Obstholz, im Räucherofen aufhängen. Während der Schinken durch das Räuchern eine schöne goldene Farbe annimmt, beginnt er allmählich auszutrocknen. Darauf achten, dass die Temperatur des Räucherofens für die Dauer des Räucherns bei unter 30 °C bleibt. Nach dem Ende des Räucherns den Schinken in ein ungefärbtes Tuch aus Musselin wickeln und, wie bei der nichtgeräucherten Variante beschrieben, reifen lassen.

TROCKENGEREIFTER SPECK

Trockengereifter Speck unterscheidet sich erheblich von den meisten im Supermarkt vorhandenen Specksorten, welchen zur Beschleunigung des Pökelprozesses Pökellake injiziert wurde. Die Intensität des Geschmacks, die durch das Trockenpökeln erreicht wird, ist einzigartig und ohnegleichen.

ENTSCHEIDENDE PHASEN

1 Pökeln

2 Trocknen

Selbst gemachter trockengepökelter Speck kann gut und ohne Wasserverlust in der Pfanne gebraten werden. Im Gegensatz dazu sammelt sich beim Braten billiger Massenware viel Wasser am Boden der Pfanne, das den Speck praktisch pochiert. Durch die Trockenpökelung bleibt der Speck auch ein bisschen länger im Kühlschrank haltbar.

Trockengepökelter Speck ist hervorragend zum Frühstück oder als schmackhafte Beilage für Suppen und Eintöpfe geeignet.

Behandlung mit der Pökelmischung
Als allgemeine Regel gilt, dass bei der Behandlung jeder Form von Fleisch mit Salz zwecks Haltbarmachung sichergestellt werden muss, dass die Pökelmischung gleichmäßig über die Oberfläche verteilt wird. Wenn Sie aber den Speck zusammen mit der Schwarte pökeln wollen, dann verwenden Sie den Großteil der Pökelmischung, um damit das Fleisch zu behandeln, und nur ein wenig von dieser Mischung, um die Hautseite damit einzureiben, welche nur einen kleinen Teil der Pökelmischung aufnehmen wird. Wenn Sie den Speck ohne Schwarte pökeln wollen, dann können Sie ein wenig mehr von der Pökelmischung für die fette Seite des Specks verwenden.

WAS SIE DAFÜR BRAUCHEN

- **1 kg Bauchfleisch oder Lende**

ZUTATEN FÜR DIE PÖKELMISCHUNG

- **2 EL Nitritpökelsalz**

Die Haut entfernen

Falls Sie sich das Entfernen der Haut vom Schweinefleisch vor dem Pökeln nicht wirklich zutrauen, bitten Sie den Metzger, das für Sie zu tun. Falls Sie es jedoch selbst versuchen wollen, ist es besonders wichtig, dass Sie ein scharfes Messer verwenden und sicherstellen, dass das Fleisch extrem kalt ist. Ich empfehle, bevor Sie versuchen, die Haut abzuziehen, das Fleisch mit der Hautseite nach unten auf ein flaches Brett zu legen und eine kurze Zeit lang in das Tiefkühlfach zu stellen. Dadurch erhält das Fett eine festere Konsistenz, was es erleichtert, zwischen der Haut und dem Fett einen Einschnitt zu machen.

SÜSSERE AROMEN

Wenn Sie Ihren Speck gern süßer hätten, können Sie der Pökelmischung Zucker, Honig oder Melasse beifügen (s. „Kaltgeräucherter Speck", S. 168). Gewürze und Kräuter verleihen zusätzlichen Geschmack.

Trockenpökelung von Speck

1 Falls gewünscht, die Schwarte wegschneiden und das Fleisch in ein nichtreaktives Geschirr legen.

2 Wurde die Haut nicht abgezogen, 90 % der Pökelmischung für die Behandlung der mageren Oberfläche und der seitlichen Teile des Fleisches und 10 % für die Hautseite verwenden. Wurde die Haut abgezogen, 75 % der Pökelmischung für Oberfläche und seitliche Teile des Fleisches und 25 % für die Fettseite verwenden. Das Geschirr mit Frischhaltefolie zudecken.

3 Zur Berechnung der Pökeldauer einen Tag pro 13 mm Dicke sowie zwei weitere Tage einkalkulieren. Notieren, wann mit dem Pökeln begonnen wird. Während des Pökelns das Fleisch bei 2–4 °C im Kühlschrank lagern. Das Schweinefleisch verliert etwas Feuchtigkeit, welche sich mit der Pökelmischung verbindet und eine intensive Pökellake bildet. Deshalb ist es wichtig, das Fleisch täglich zu wenden, damit die Salzlake auf beiden Seiten des Fleisches ihre Wirkung entfalten kann.

4 Nach dem Ende der Pökeldauer das Fleisch abspülen und mit Küchenpapier trocken tupfen, in einem nicht zugedeckten Gefäß im Kühlschrank zwei weitere Tage trocknen lassen. Der Kühlschrank sollte während dieser Zeit frei von starken Aromen und Gerüchen sein, da diese den Geschmack des Specks beeinflussen könnten. Dank dieser zweitägigen Trockenperiode kann sich die Pökelmischung gleichmäßig im gesamten Stück Speck verteilen. Zugleich wird die Konsistenz des Fleisches fester.

Das Fleisch mit der Pökelmischung behandeln.

Das Geschirr mit Frischhaltefolie zudecken.

DAS BINDEN EINES METZGER-KNOTENS

Bei der Zubereitung von gepökelten oder geräucherten Fleischprodukten wie Bresaola (s. S. 69) oder Pancetta (s. S. 106) ist es ein Vorteil zu wissen, wie man einen Metzgerknoten bindet, durch welchen das Fleisch sicher in der gewünschten Form gehalten wird.

WIE BINDET MAN EINEN METZGERKNOTEN?

Üben Sie das Binden eines Metzgerknotens mithilfe eines aufgerollten Handtuchs, um Ihre diesbezügliche Technik zu perfektionieren.

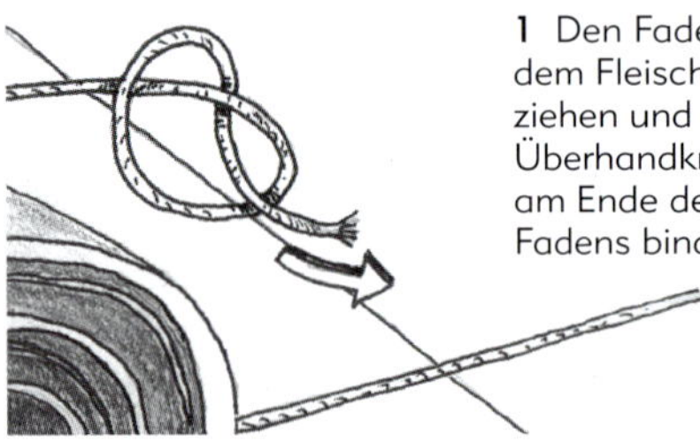

1 Den Faden unter dem Fleisch durchziehen und einen Überhandknoten am Ende des Fadens binden.

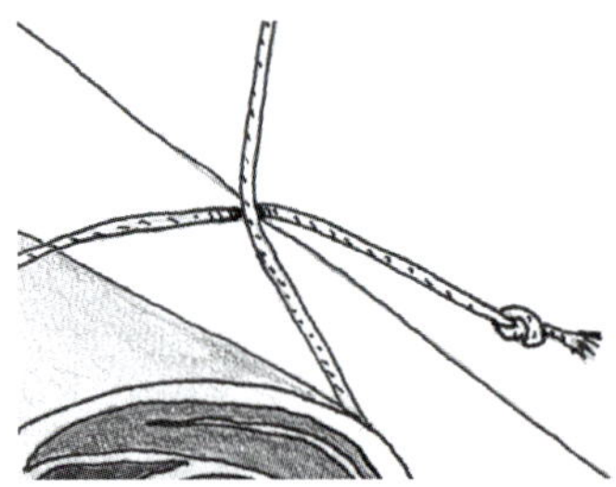

2 Das geknotete Ende um die Rückseite des anderen (freien) Endes des Fadens legen und um sich selbst zurück eine Schleife binden.

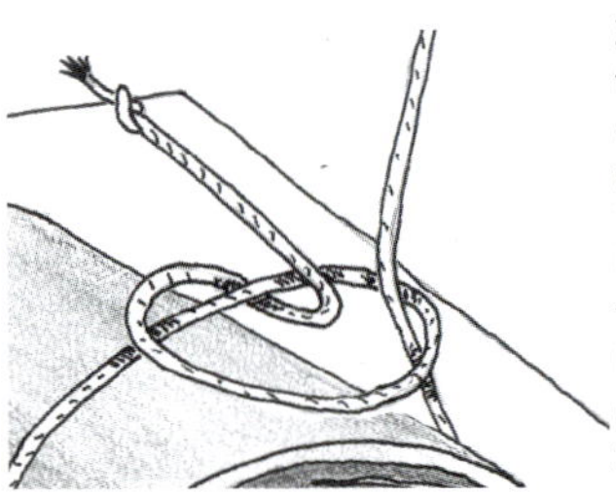

3 Mithilfe des geknoteten Endes des Fadens einen Überhandknoten um das freie Ende des Fadens herum binden. Um den Überhandknoten zusammenzubinden, leicht am Faden ziehen, aber den Knoten nicht zu eng binden.

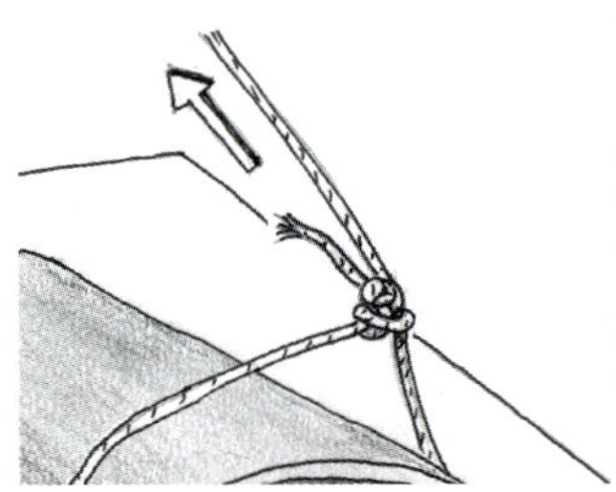

4 Am freien Ende des Fadens ziehen, um den Knoten in einen engen Kontakt mit dem Fleisch zu bringen. Zunächst nicht zu fest binden, damit der Knoten so positioniert werden kann, dass er sich an der Oberseite des Fleisches befindet.

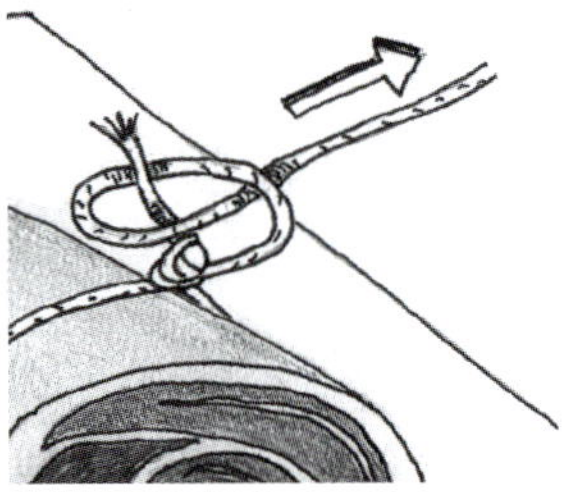

5 Sobald Sie meinen, der Knoten befindet sich an der richtigen Stelle, ziehen Sie ihn mit ruckartigen Bewegungen fester zusammen, bis er fixiert ist. Den Knoten mit einer halben Schleife darüber an seinem Platz verankern.

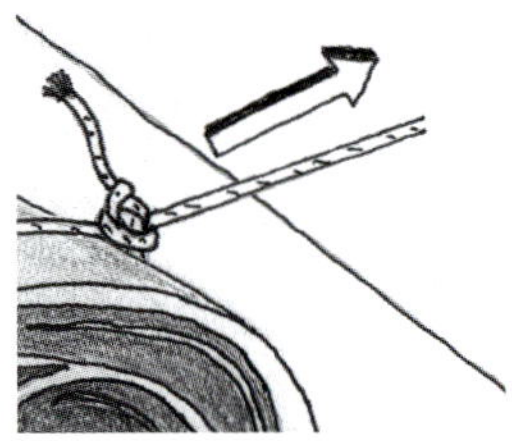

6 Die halbe Schleife festzurren und die Enden mit einer Schere abschneiden.

RINDERSCHINKEN NACH BRESAOLA-ART

Dieses dunkelfarbige und aromatische, luftgetrocknete Rindfleisch wird mithilfe von Salz und Kräutern gepökelt. Es kommt von der mageren Oberschale des Rindes. Die Zubereitung macht Spaß und der Verzehr ist ein Genuss.

ENTSCHEIDENDE PHASEN

1 Vorbereitung und Pökeln

2 Binden

3 Trocknen

Bresaola kommt ursprünglich aus Norditalien. Traditionell wird für Bresaola ein Stück Fleisch aus dem oberen Teil des Hinterbeins des Rindes, genauer gesagt ein Muskel aus der Oberschale der Kuh verwendet. Dünn und von fester Konsistenz ist dieser ganze Muskel perfekt für das Pökeln und Lufttrocknen geeignet.

Hinzufügen von Aromen
Kräuter und Gewürze werden verwendet, um dem Fleisch weitere Aromen zu verleihen, während es im Salz reift. Sie können die Aromen variieren. Ich persönlich jedoch bevorzuge die traditionelle Bresaola, die in einer Mischung aus Salz, Zucker, Wacholder, Pfeffer, Rosmarin, Thymian und leicht geriebener Muskatnuss gepökelt wird.

Grundlegende Vorbereitung
Der für die Zubereitung von Bresaola verwendete Muskel ist sehr mager, hat aber an der Außenseite ein paar Sehnen, die entfernt werden sollten. Tut man das nicht, kann dies die Vorgänge des Pökelns und Trocknens beeinträchtigen.

Traditionell wird das gepökelte Fleisch vor dem Lufttrocknen zusammengebunden, damit das Fleisch während des Trocknens eine einheitlich rundliche Form beibehält. Ich empfehle Ihnen einen traditionellen Metzgerknoten zu verwenden, der beim Ziehen an den Fäden enger wird und fest bleibt, sobald er fixiert wird. Aber jeder Knoten wird den Zweck erfüllen, sofern er fest genug gebunden wird, um fixiert zu sein. Anleitungen zum Binden eines Metzgerknotens finden Sie auf der vorigen Seite.

Dünn wie eine Oblate geschnittene Bresaola-Scheiben bilden den farbenfrohen und aromatischen Mittelpunkt einer jeden Fleischplatte.

SERVIERTIPPS

- Bresaola wird gewöhnlich sehr dünn geschnitten und mit grünem Salat, ein wenig Olivenöl und geriebenem Parmesankäse serviert.

- Bresaola kann auch als Appetithäppchen mit einer Creme aus Meerrettich und Frühingszwiebeln serviert werden. Aber am liebsten habe ich es, wenn Bresaola mit Gorgonzola und Ricotta und darüber gestreuten zerstoßenen Walnüssen serviert wird.

Vorbereiten und Pökeln des Fleisches

1 Das gesamte äußere Fett sowie Sehnen und Silberhaut von der Oberfläche des Fleisches entfernen. Das Fleisch so mager wie möglich verarbeiten.

2 Gewürze und Kräuter fein mahlen und mit Nitritpökelsalz und Zucker in einer Schüssel vermischen. Mit dieser Mischung die gesamte Oberfläche des Fleisches sanft einreiben, den Enden besondere Aufmerksamkeit schenken.

3 Das Fleisch zusammen mit der restlichen Pökelmischung in einen versiegelbaren Plastik- oder Vakuumbeutel geben und gut verschließen. Pro 25 mm Dicke drei Tage und einen zusätzlichen Tag lang in den Kühlschrank legen. Gemessen an der Größe des hier beschriebenen Fleisches beträgt die Pökeldauer etwa zehn Tage.

4 Um sicherzustellen, dass die Pökellake überall hingelangt, das Fleisch jeden Tag wenden.

WAS SIE DAFÜR BRAUCHEN

- **1,6 kg Oberschale vom Rind**

ZUTATEN FÜR DIE PÖKELMISCHUNG

- **1 EL gemahlener schwarzer Pfeffer**
- **2 EL gemahlene Muskatnuss**
- **1 mittelgroßer Zweig Rosmarin**
- **3 kleine Thymianzweige**
- **10 Wacholderbeeren (zerstoßen)**
- **40 g Nitritpökelsalz**
- **25 g Zucker**

Die Oberfläche des Fleisches mit der Pökelmischung einreiben.

Das Fleisch in einem Plastik- oder Vakuumbeutel versiegeln.

Das Binden des Fleisches

1 Nach dem Pökeln das Fleisch aus dem Beutel nehmen, mit Küchenpapier trocken tupfen.

2 Mit Metzgerfaden eine Schleife um das Fleisch machen, damit es seine Form bewahrt. Die Schleife mit einem Metzgerknoten fixieren (s. S. 68).

3 Weitere Schleifen im Abstand von jeweils 30 mm um das Fleisch herum und entlang der Längsseite wickeln. Die letzte Schleife mit einem Metzgerknoten fixieren, die Enden mit der Schere kürzen.

Das Fleisch entlang der Längsseite zusammenbinden und fixieren.

Das zusammengebundene Fleisch kann nun getrocknet werden.

Trocknen

1 Das Fleisch entweder in einen Trockenbeutel (s. S. 84) legen und diesen versiegeln oder – wenn Sie einen klimatisierten Raum besitzen – locker in ungefärbtem Musselin einwickeln, oben und unten jeweils mit einem Metzgerfaden zusammenbinden. Ungefähr einen Monat zum Lufttrocknen aufhängen. Vor dem Lufttrocknen das in ein Tuch gewickelte Fleisch abwiegen, das Gewicht notieren und während des Trocknens gelegentlich den Gewichtsverlust überprüfen.

2 Das Fleisch bei einer Temperatur von 15 °C und bei einer relativen Luftfeuchtigkeit von 60–70 % lagern. Es ist fertig, wenn es 20–25 % seines ursprünglichen Gewichts verloren hat.

Das Fleisch locker in ungefärbtem Musselin einwickeln.

SCHIMMELTEST

Keine Sorge wegen weißer Schimmelflecken und -maserungen an der Oberfläche des Fleisches. Das ist normal. Sollten Sie haarigen, grünen, orangefarbenen oder schwarzen Schimmel an der Oberfläche entdecken, entfernen Sie ihn, indem Sie das Fleisch mit einem kleinen, in Weißweinessig getränkten Tuch abwischen.

Bresaola – einfach zubereitet

Bresaola wird typischerweise als Teil einer kalten Platte, d. h. einer Auswahl von kalten Fleischwaren und/ oder Salaten verzehrt. Ein schmackhaftes, aber betont leichtes Mittagessen im Sommer.

Dieses duftende, gepökelte Rindfleisch schmückt Platten mit einer großen Auswahl von Speisen. Wo immer Schinken verwendet werden kann, kann er auch durch Bresaola ersetzt werden. Bresaola wird klassisch mit einigen grünen Salatblättern, Balsamico-Essig und Olivenöl kombiniert und mit Brot mit dicker, krustiger Rinde serviert. Je nach Geschmack eventuell ein paar oblatendünne Parmesanspäne und in dünne Scheiben geschnittene Kirschtomaten hinzufügen. Versuchen Sie die Bresaola so dünn wie möglich in Scheiben zu schneiden, so dass sie buchstäblich im Mund schmilzt.

TROCKENGEREIFTES WILDFLEISCH

Als Fleisch mit unverkennbarem Aroma gilt Wildfleisch, hier Hirschfleisch, häufig als König unter den Fleischsorten. Es ist wunderbar mager, weshalb es auch hervorragend für eine Weiterverarbeitung als luftgetrocknete Delikatesse nach italienischer Art geeignet ist.

ENTSCHEIDENDE PHASEN

1 Vorbereitung

2 Pökeln

3 Räuchern

4 Trocknen

Durch das Lufttrocknen wird das ohnehin intensive Aroma von Wildfleisch zusätzlich gesteigert. Auch die Konsistenz wird fester, um ein der Bresaola vergleichbares verdichtetes und leicht in Scheiben zu schneidendes Pökelfleisch herzustellen (s. S. 69). Beim Pökeln von Wildfleisch kommen viele derselben Techniken wie bei der Zubereitung von Bresaola zum Einsatz, jedoch werden andere Zutaten verwendet und die Form des fertigen Produktes ist flacher.

Wird dieses Fleisch quer zur Faser geschnitten, erhält es das Erscheinungsbild von fertigem Prosciutto, aber ohne die obere Fettschicht. Durch die hier beschriebene Methode wird das Wildfleisch zudem ein wenig kaltgeräuchert, ähnlich wie beim Pökeln von Speck (s. S. 169), wobei süßliches Kastanienholz verwendet wird. Lesen Sie die Anleitungen zum Räuchern, bevor Sie mit dieser Arbeitsphase beginnen (s. S. 132–157). Ich empfehle Ihnen, das Fleisch an einem Haken aus rostfreiem Stahl aufzuhängen. Sie erzielen aber auch gute Ergebnisse, wenn Sie eine Art Ofenrost verwenden.

Aromen für die Pökelmischung
Die richtige Auswahl von Kräutern und Gewürzen zum Aromatisieren von Wildfleisch ist wichtig. Wacholder, Rosmarin, Knoblauch, Pfeffer und Thymian sind besonders gut geeignet, genauso wie einige der exotischeren Gewürze, wie z. B. Gewürznelke, Zimt und Piment.

Bei einer übertriebenen Verwendung von exotischen Gewürzen besteht die Gefahr, dass der Geschmack des Wildfleisches verloren geht. In geringeren Mengen jedoch kann durch diese Gewürze der Geschmack des Fleisches hervorgehoben werden. Für die hier beschriebene Pökelmischung werden typisch italienische Aromen verwendet, die gut mit Wildfleisch harmonieren.

WAS SIE DAFÜR BRAUCHEN

- **1,5 kg Fleisch aus der Hirschkeule**

ZUTATEN FÜR DIE PÖKELMISCHUNG

- **1 EL gemahlener schwarzer Pfeffer**
- **1 mittelgroßer Zweig frischer Rosmarin**
- **5 Lorbeerblätter**
- **10 Wacholderbeeren (zerstoßen)**
- **2 kleine Thymianzweige**
- **2 Knoblauchzehen (zerdrückt)**
- **40 g Nitritpökelsalz**
- **25 g Zucker**

Auswahl des Wildfleisches

Diese Anleitungen beziehen sich auf ein 1,5 kg schweres Stück Wildfleisch von der Keule. Verwenden Sie einen Teil eines ganzen Muskels von der Rückseite des Beins. Falls Sie vorhaben sollten, eine ganze Keule eines kleineren Hirsches oder auch eines Rehs luftzutrocknen, sind Sie gut beraten, die auf S. 102 beim Lufttrocknen von Schinken beschriebene Technik Schritt für Schritt anzuwenden. Die in diesem Rezept für die Pökelmischung empfohlenen Kräuter können bei sämtlichen bei der Zubereitung von Keulen angewendeten Techniken zum Einsatz kommen. Das Fleisch von Sehnen und Silberhaut befreien. Die Zutaten für die Pökelmischung vorbereiten.

TIPPS

- Diese Technik eignet sich zum Lufttrocknen, wobei Reifebeutel für die Trockenreifung (s. S. 84) verwendet werden.
- Sofern Sie keinen verschließbaren Beutel zum Pökeln des Wildfleisches haben, können Sie das Fleisch in Frischhaltefolie wickeln und dieses Päckchen in einem Geschirr aus Glas für die besagte Zeit in den Kühlschrank stellen. Das Geschirr wird ungewollt austretende Flüssigkeit auffangen.

Vorbereitung und Pökeln

1 Sämtliche Sehnen und die gesamte Silberhaut vom Wildfleisch entfernen, so dass es völlig mager aussieht.

2 Kräuter und Knoblauch in der Mühle oder im Mörser zermahlen und eine feine Paste herstellen. Alles in eine Schüssel geben. Nitritpökelsalz und Zucker hinzufügen. Alle Zutaten vermischen und die Paste beiseitestellen.

3 Das Fleisch allseitig und gleichmäßig mit der Pökelmischung einreiben, in einen verschließbaren Beutel legen und eine Woche lang im Kühlschrank reifen lassen. Das Fleisch täglich wenden, so dass es auf allen Seiten gleichmäßig gepökelt wird.

4 Nach Ablauf der Pökeldauer das Wildfleisch aus dem Kühlschrank nehmen, unter kaltem, fließendem Wasser abspülen, mit einem Küchentuch trocken tupfen, abwiegen und das Gewicht notieren.

5 Das gepökelte Wildfleisch nicht zugedeckt erneut für 24 Stunden in den Kühlschrank stellen. Während des Trocknens entsteht eine klebrige Oberfläche (Pellicula), welche dabei hilft, dass der Rauch am Fleisch „haften" bleibt.

Das Fleisch von Sehnen und Silberhaut befreien.

Die Zutaten für die Pökelmischung vorbereiten.

Räuchern und Trocknen

1 Das Wildfleisch acht bis zwölf Stunden kalträuchern. Durch den Rauch entsteht eine dünne Schicht, die das Fleisch während des Lufttrocknens schützt.

2 Nach dem Räuchern das Wildfleisch aus dem Räucherofen nehmen, locker in ein ungefärbtes Musselintuch wickeln, mit Metzgerfaden in Form bringen und aufhängen, um es drei Monate an der Luft trocknen zu lassen bzw. das Fleisch so lange aufhängen, bis es 20–25 % seines ursprünglichen (vor dem Trocknen) Gewichts verloren hat. Das Fleisch bei einer Temperatur von ca. 15 °C und bei einer relativen Luftfeuchtigkeit von 60–70 % lagern. Alternativ bei diesem Teil der Verarbeitung Trockenreifebeutel verwenden. Weitere Informationen dazu s. S. 76–87.

3 Das Fleisch während des Pökelns regelmäßig überprüfen. Wenn es schlecht riecht, ist es wahrscheinlich verdorben und bedarf einer genaueren Begutachtung. Rechnen Sie damit, eine weiße Maserung an der Oberfläche des Fleisches zu finden. Mit einem sauberen Tuch alle schwarzen, grünen, orangen oder pelzigen Bestandteile von der Oberfläche entfernen und die Problemzone mit Weißweinessig abwischen. Dadurch wird die Vermehrung „guter" Bakterien gefördert. Sobald das Fleisch sein Zielgewicht erreicht hat, das Musselintuch entfernen und die Oberfläche begutachten. Offensichtlich trockene Teile wegschneiden und einen Schnitt quer durch die Maserung machen, um tiefrotes bis violettes Fleisch von wunderbarer Konsistenz und aromatischem Geschmack freizulegen. Zum Lagern entweder vakuumverpackt bis zu drei Monate im Kühlschrank oder eingefroren drei Monate aufbewahren. In sehr dünne Scheiben geschnitten servieren.

Die Oberfläche des Fleisches mit der Pökelmischung behandeln.

Zum Trocknen des Wildfleisches können auch Reifebeutel verwendet werden.

Servieren von trockengereiftem Wildfleisch

Trockengereiftes Wildfleisch hat einen exquisiten Geschmack, und das, obwohl sein Aussehen und seine Farbe etwas anderes vermuten lassen.

Auf grünen Salatblättern und mit Parmesanspänen serviert, ist keine weitere komplizierte Zubereitung erforderlich. Sie können jedoch diesem einfachen Wildfleischsalat eine weitere Geschmacksnote verleihen, indem Sie ihn mit einem Vinaigrette-Dressing oder Schalotten-Chutney servieren. Sie können die Vinaigrette aufpeppen, indem Sie das mit einem Löffel gemahlenem schwarzen Pfeffer und einer Zitronenschale gewürzte Öl dazugießen und bis zu einem Monat einwirken lassen. Um den vollständigen Effekt zu erzielen, sollte das Öl schon bei Beginn des Lufttrocknens des Wildfleisches beigegeben werden.

TROCKNEN VON FLEISCH UND FISCH

TROCKNEN: EINE EINFÜHRUNG

Beim Trocknen von Nahrungsmitteln handelt es sich um eine Technik, die vor Jahrtausenden angewendet wurde und noch heute angewendet wird. In warmen Klimazonen kann die Energie der Sonne nicht nur zur Konservierung von Nahrungsmitteln verwendet werden, sondern auch dazu, den Geschmack zu intensivieren.

Bakterien und Schimmel können in trockener Umgebung nicht gedeihen, und das ist der Hauptgrund, weshalb das Trocknen als Konservierungsmethode für Nahrungsmittel funktioniert. Den richtigen Trocknungsgrad zu erreichen, ist jedoch ein Balanceakt, der für gewöhnlich ein wenig Übung erfordert. Ist es zu trocken, wird das Essen ungenießbar. Ist es zu feucht, wird das Essen verderben.

Obst und Gemüse können einfach an der Sonne getrocknet werden. Darüber hinaus sind zur Konservierung keine weiteren Zutaten notwendig. Die meisten Fleisch- und Fischsorten müssen jedoch vor dem Trocknen gesalzen werden. Rohes Fleisch und rohen Fisch ohne vorherige Behandlung mit Salz in der Sonne liegen zu lassen, kann günstige Bedingungen für die Vermehrung gefährlicher Bakterien schaffen und somit ein Gesundheitsrisiko für Konsumenten darstellen. Weitere Informationen zur Verwendung von Salz finden Sie auf den Seiten 18–20.

Das Lufttrocknen kann nur unter bestimmten Bedingungen richtig funktionieren. Idealerweise sollte die relative Luftfeuchtigkeit (RH) zwischen 65 und 75 % und die Temperatur zwischen 12 und 18 °C betragen.

Wärme und Brisen
Techniken des Trocknens von Lebensmitteln scheinen in wärmeren Klimazonen weiter verbreitet zu sein, da dort durch die Sonnenenergie Nahrungsmittel unmittelbarer getrocknet werden können als in gemäßigten Zonen. Der berühmte Parma-Schinken (Prosciutto di Parma) ist eine Ausnahme von der Regel. Diese Delikatesse wird in Norditalien produziert, wo kühle, trockene Brisen, die von den Bergen wehen, die Hauptarbeit beim Trocknen dieses schmackhaften Schinkens leisten (vgl. auch Luftgetrockneter Schinken, S. 102). Luftströmungen sind ein Schlüsselelement beim Prozess des Trocknens von Nahrungsmitteln, da durch die Oberflächenverdunstung Feuchtigkeit verloren geht.

Extremes Trocknen
Das Trocknen bezieht sich auch auf einen weiteren Prozess, nämlich das „Dörren", bei dem praktisch die gesamte Feuchtigkeit von Fleisch oder Fisch entzogen wird. Ein bestens bekanntes Gericht, das durch Dörren entsteht, ist gesalzener Kabeljau (s. S. 126). Dieser Kabeljau wird getrocknet, bis er sehr kompakt und, ohne Rehydrierung, nicht mehr zum Verzehr geeignet ist. Das bedeutet auch, dass er lange Zeit hindurch, ohne zu verderben, gelagert werden kann.

Moderne Ansätze
Moderne Werkzeuge und Ausrüstung haben einen einfachen Prozess noch einfacher gemacht. Bei der traditionellen Zubereitung von Jerky beispielsweise wurden hölzerne Rahmen eingesetzt, auf denen Fleisch aufgehängt wurde, um es in der Sonne trocknen zu lassen. Heutzutage sind speziell diesem Zweck dienende Trockner für Nahrungsmittel erhältlich, die für den Einsatz zu Hause bereitstehen (Dörrautomat, Dehydrator).

Gewerbebetriebe und einige progressiv denkende Menschen, die zu Hause produzieren, haben damit begonnen, Reifebeutel zu verwenden, die das Trocknen in einer Umgebung mit kontrollierten Temperaturen wie in einem Kälteraum oder Kühlschrank ermöglichen. Das ist ein großer Schritt in die richtige Richtung, sowohl für „Heimwerker" als auch für die Lebensmittelindustrie, da somit keine Notwendigkeit für teure klimatisierte Räume und enorme Stromrechnungen besteht und Luftfeuchtigkeit und Temperatur leicht reguliert werden können. Diese Reifebeutel schützen die Nahrungsmittel auch vor Bakterien, die über die Luft übertragen werden.

Coppa, gepökelt auf italienische Art, ist eine beeindruckende und besonders aromatische Gaumenfreude unter den Fleischwaren.

WIE FUNKTIONIERT DAS TROCKNEN?

Durch das Trocknen können Nahrungsmittel länger haltbar gemacht werden als durch das Einlegen in Salzlake oder Trockensalzen allein. Um das meiste aus dieser Technik herauszuholen, müssen Sie verstehen, wie sie funktioniert.

Fleisch und Fisch lassen sich wirksam durch Lufttrocknen konservieren. Zuvor müssen diese Nahrungsmittel jedoch mit Salz behandelt werden. Dadurch wird dem Fleisch bzw. Fisch in sehr kurzer Zeit sehr viel Feuchtigkeit entzogen, wodurch dem gesamten Prozess des Trocknens und der Konservierung ein Vorsprung verpasst wird. Genauso wichtig ist, dass durch Salz die Vermehrung von Bakterien verringert wird, was einen weiteren Schutz vor dem Verderben von Nahrungsmitteln bietet.

Die Bedeutung des Marinierens

Es gibt nur wenige luftgetrocknete Produkte, bei denen das Trockensalzen nicht zur Anwendung kommt. Diese werden stattdessen i. d. R. vor dem Trocknen mit Geschmacksstoffen versehen, d. h. mariniert. Ein gutes Beispiel dafür ist Trockenfleisch bzw. Jerky. Jerky besteht aus in dünne Streifen geschnittenem Fleisch, welches fast ungenießbar werden würde, sofern man es vor dem Trocknen trockensalzen würde. Die Marinade verleiht dem Jerky Geschmack und Würze, wobei es auch ein wenig Salz abbekommt. Die wichtigsten Voraussetzungen für die Herstellung von Jerky sind das schnelle Trocknen und natürlich die Verwendung von Frischfleisch.

Das Verstehen der Variablen

Obwohl die Entziehung von Feuchtigkeit sich nach einem relativ einfachen Prozess anhört, gilt es, eine Reihe von Dingen zu bedenken. Viel hängt von der Größe, Dicke, Konsistenz und Dichte des zu behandelnden Fleisches ab. Große Fleischstücke brauchen länger, um zu trocknen, da es länger dauert, bis die Feuchtigkeit im Inneren und in der Mitte des Fleisches bzw. Fisches an die Ränder wandert, von wo aus sie sich in die umgebende Atmosphäre verflüchtigen kann.

Gewichtsverlust und Feuchtigkeit

Um Fleisch oder Fisch so weit zu trocknen, dass es bedenkenlos, ohne es zu garen, verzehrt werden kann, muss der Flüssigkeitsverlust in Prozent des Gewichts im frischen Zustand berechnet werden.

Eine der einfachsten Möglichkeiten dafür ist, einen Vergleich zwischen dem Anfangs- und dem Endgewicht

Im Allgemeinen wird empfohlen, noch vor dem Trocknen mit dem Marinieren zu beginnen.

Reifebeutel für die Trockenreifung sind ein probates Hilfsmittel, um getrocknete Nahrungsmittel zu produzieren.

In dünne Streifen geschnittenes Entenfleisch wird relativ schnell trocknen.

anzustellen. Ein Gewichtsverlust von 20–30 % reicht im Allgemeinen für den unbedenklichen Verzehr von rohem Fleisch und Fisch aus. Jerky und Biltong sind Beispiele für Produkte, die über diesen Grad hinaus getrocknet werden. Einige luftgetrocknete Fleischsorten jedoch, wie Schinken oder Ente, erfordern einen Gewichtsverlust von nur 20–25 %. Die relative Luftfeuchtigkeit (RH) spielt eine wichtige Rolle beim Prozess des Trocknens. Die Wahrscheinlichkeit für Verkrustungen an den Rändern (s. rechts) ist dann gegeben, wenn das Fleisch in einer Umgebung getrocknet wird, die zu trocken ist oder eine zu niedrige RH aufweist. Im Gegensatz dazu ist es unwahrscheinlich, dass das Fleisch oder der Fisch ausreichend in einer Umgebung getrocknet wird, die zu feucht ist oder eine sehr hohe RH aufweist. In einigen Teilen der Welt können die Wetterbedingungen das natürliche Trocknen, wegen der hohen Luftfeuchtigkeit, praktisch unmöglich machen. Unter diesen Bedingungen besteht die einzige Möglichkeit Nahrung zu trocknen darin, von klimatisierten Räumen, einem Trockner bzw. Dörrautomaten (Dehydrator) für Nahrungsmittel oder Reifebeuteln Gebrauch zu machen.

VON DER AUSHÄRTUNG DER OBERFLÄCHE

Der Versuch, den Prozess des Trocknens zu beschleunigen, kann zur Aushärtung der Oberfläche führen, wobei sich eine fast undurchdringliche Hülle an der Außenseite von Fleisch oder Fisch bildet. Dadurch wird der Trocknungsprozess wirksam hinausgezögert, und zwar, indem verhindert wird, dass die Feuchtigkeit in der Mitte des Fleisches oder Fisches die harte Außenschale durchdringt. Um diese Aushärtung der Oberfläche rückgängig zu machen, kann das Fleisch bzw. der Fisch in eine versiegelte Umgebung gebracht werden, wo die in der Nahrung enthaltene Feuchtigkeit letztlich die ausgehärtete Außenoberfläche von innen heraus wieder hydrieren kann. Dieser Prozess kann einige Zeit in Anspruch nehmen. Auch ist es stets besser, dieses Problem durch das unter den günstigsten Bedingungen erfolgende Lufttrocknen von vornherein auszuschließen. Denken Sie daran, dass dickere Fleischstücke, wie z. B. diejenigen, die für Biltong verwendet werden, am ehesten Gefahr laufen, auszuhärten.

BENÖTIGTE AUSRÜSTUNG

Wenn Sie diese Verarbeitungsmethode noch nicht ausprobiert haben, werden Sie wahrscheinlich einiges an Ausrüstung benötigen. Ich persönlich verwende gerne, falls möglich, bereits vorhandene Utensilien. Manchmal jedoch lohnt es sich, in die für die jeweilige Aufgabe geeignete Ausstattung zu investieren.

Das Trocknen von Lebensmitteln kann so einfach sein, wie draußen etwas zum Trocknen aufzuhängen, oder so schwierig, wie den Feuchtigkeitsgehalt und die Temperatur zu messen und die Daten in die die Trocknung darstellenden Kurven einzutragen. Die hier empfohlenen Methoden erfordern keine teure Ausrüstung. Mit einem Heißluftofen können Sie z. B. hervorragende Resultate für einen Bruchteil der Kosten eines handelsüblichen Trockners (Dörrautomaten bzw. Dehydrators) erzielen. Die hier beschriebenen Utensilien eignen sich am ehesten für den Gebrauch zu Hause.

Thermometer
Ein gutes digitales Thermometer kann in jedem besseren Fachgeschäft oder online zu einem moderaten Preis erworben werden. Es ist wichtig, um die richtigen Bedingungen für das Lufttrocknen bestimmen zu können.

RH-Meter
Die relative Luftfeuchtigkeit ist einer der Parameter, die Sie beachten müssen. Ein RH-Meter ist online erhältlich. Einige Modelle haben ein eingebautes Thermometer, was sehr bequem sein kann. Sie können diesen Apparat verwenden, um die in Ihrem klimatisierten Raum, ja sogar die in Ihrem Kühlschrank vorherrschenden Bedingungen zu überprüfen.

Elektronische Waagen
Waagen spielen eine wesentliche Rolle bei der Überprüfung des Gewichts vor und nach dem Salzen und Trocknen und sind auch nützlich beim Abwiegen der Zutaten. Am ehesten geeignet sind digitale Waagen, auf denen eine große Schüssel Platz hat, sowie Modelle, mit denen bis zu 5 kg schwere Dinge gewogen werden können.

Falls Sie sehr geringe Mengen von etwas, z. B. von Pökelsalz, abwiegen wollen, empfehle ich Ihnen Präzisionswaagen, welche bis auf zwei Dezimalstellen genau messen. Diese sind im guten Fachhandel oder online erhältlich. Um geringe Mengen flüssiger und trockener Zutaten messen zu können, ist ein Satz präziser Messlöffel von unschätzbarem Wert.

Reifebeutel für die Trockenreifung
Diese Beutel werden immer beliebter. Sie werden auch eine Art Vakuumiergerät zum Einschweißen und Aufbewahren von Nahrungsmitteln benötigen (s. unten). Dadurch wird das Lufttrocknen in Ihrem Kühlschrank möglich und es besteht auch kein Bedarf an einem eigenen klimatisierten Lagerraum. (Weitere Informationen s. S. 84.)

Vakuumiergerät zum Bewahren von Nahrungsmitteln
Dabei handelt es sich um einen der besten Einkäufe, die ich in den letzten Jahren getätigt habe. Dieses Gerät hilft Ihnen bei der Aufbewahrung von getrockneten Produkten, wie z. B. Jerky und Biltong im Vakuumbeutel, wodurch die Menge der durch das Verderben entstehenden Abbauprodukte verringert wird. Es kann auch in Kombination mit Reifebeuteln für die Trockenreifung verwendet werden.

Vakuumierbeutel
Diese Beutel sind aufgerollt oder aufeinander geschichtet in verschiedenen Größen erhältlich und wurden speziell zu dem Zweck entwickelt, sie zusammen mit einem Vakuumiergerät zum Einschweißen und Aufbewahren von Nahrungsmitteln zu verwenden.

Fleischhaken
Diese eignen sich für das Aufhängen von Fleisch, v. a. dann, wenn Sie in regelmäßigen Abständen verschiedene Stücke zum Abwiegen herunternehmen müssen. Bei Fleisch- und Fischstücken von größerem Gewicht ist es einfacher, Haken zu verwenden, als sie mit einer Schnur aufzuhängen.

Schnüre, Netze und Roste
Ein Metzgerfaden oder Zwirn ist sehr robust und sorgt u. a. dafür, dass das Fleisch während des Trocknungsprozesses seine Form bewahrt. Andere Zwirnsorten eignen sich zum Aufhängen von Fleisch während des Trocknens. Ein Metzgernetz wiederum kann bei einigen Trockenfleischsorten während des Trocknungsprozesses, zwecks Bewahrung der Form, gebraucht werden. Andere Produkte werden auf eine Art Ofenrost gelegt und getrocknet.

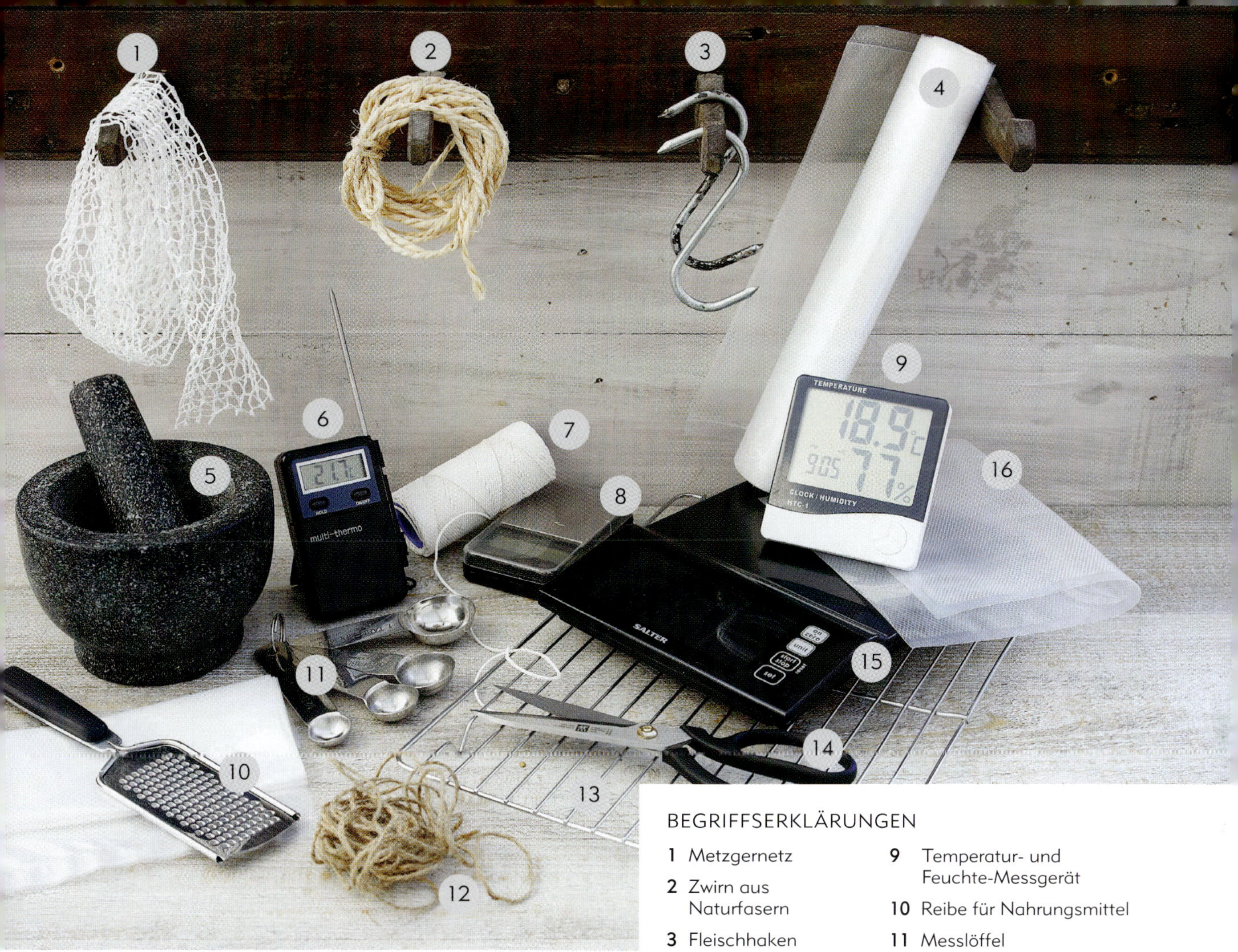

BEGRIFFSERKLÄRUNGEN

1 Metzgernetz
2 Zwirn aus Naturfasern
3 Fleischhaken
4 Beutel zur Aufbewahrung von Nahrungsmitteln
5 Stößel und Mörser
6 Fleischthermometer
7 Metzgerfaden
8 Präzisionswaage
9 Temperatur- und Feuchte-Messgerät
10 Reibe für Nahrungsmittel
11 Messlöffel
12 Zwirn
13 Rost für Nahrungsmittel
14 Schere
15 Digitale Waage
16 Trockenreifebeutel

Schere
Eine gute Schere ist ein Muss. Sie ist gut geeignet zum Zerschneiden von Fäden und zum Zurechtstutzen von eingerollten Vakuumbeuteln. Sparen Sie kein Geld, indem Sie eine billige Schere kaufen. Sie werden das bekommen, wofür Sie bezahlen.

Mühlen und Reiben
Viele der Zutaten für die Herstellung von trockenen Pökelmischungen, Marinaden und Salzlaken müssen geraspelt oder gemahlen werden, um ihre Aromen zu entfalten. Sie werden daher für die Zubereitung eine gute Reibe sowie einen Stößel und einen Mörser benötigen.

KLIMATISIERTER RAUM

Hier lassen sich Temperatur und Luftfeuchtigkeit regeln. Sie benötigen einen Raum, der gekühlt oder beheizt werden kann sowie eine Anlage zur Regelung der Luftfeuchtigkeit.

Wenn Sie in Ihrem Haus über einen feuchten, kühlen Keller oder ein geeignetes Wirtschaftsgebäude verfügen, wo sich die Parameter zum Trocknen regeln lassen, dann haben Sie Glück.

REIFEBEUTEL FÜR DIE TROCKENREIFUNG

Reifebeutel haben die Praxis der Konservierung von Fleisch und Fisch revolutioniert, indem sie diese ehemalige Kunstfertigkeit viel zugänglicher gemacht haben. In der Vergangenheit mussten speziell geschulte Metzger bzw. Wurstwarenhändler ihre Produkte in eigenen klimatisierten Räumen reifen lassen. Mithilfe dieser Beutel können nunmehr Fleisch und Fisch sicher im Kühlschrank zu Hause luftgetrocknet werden.

Durch die Verwendung von Trockenreifebeuteln braucht man sich keine Gedanken und Sorgen in Bezug auf die Einstellungen von Heizung und Luftfeuchtigkeit zu machen und auch kein teures Geld für den Bau von besonderen Räumen ausgeben.

Wie funktionieren diese Kochutensilien?
Beutel für die Trockenreife werden aus einer für Feuchtigkeit und Sauerstoff durchlässigen Plastikfolie hergestellt. Sie ist „lebensmitteltauglich" und beruht auf demselben Funktionsprinzip wie die atmungsaktiven Textilien der Sportbekleidung. Diese Beutel sind etwas teurer als die herkömmlichen, qualitativ hochwertigen Vakuumbeutel und müssen gemeinsam mit einem Vakuumiergerät verwendet werden. Um ihren Zweck in effektiver Weise zu erfüllen, sind die mit Nahrung gefüllten Beutel in trockener Umgebung zu lagern, wie das im Kühlschrank zu Hause der Fall ist.

Neben dem Trocknen können Sie Fleisch und Fisch in Reifebeuteln auch räuchern. Die Bestandteile des Rauches können die Membran durchdringen und somit dem Essen ihr Aroma verleihen.

Reifebeutel für die Trockenreifung gibt es in verschiedenen Größen. Größere Beutel eignen sich für die Trockenreifung von Rinder- oder Lammkeule. Die kleineren Größen sind ideal für kleinere Fleischstücke wie gerollten Bauchspeck (Pancetta), Steaks, Schweinskarree oder Entenbrust geeignet.

Die Verwendung von Reifebeuteln für die Trockenreifung
Nach dem Befüllen eines Reifebeutels muss vor dem Versiegeln desselben so viel Luft wie möglich abgesaugt werden, weshalb diese Beutel mit einem die Vakuumierung unterstützenden Streifen ausgestattet sind, welcher in den oberen Teil des Beutels eingelegt wird.

Diesen sog. „Vac-Aid"-Streifen in die Öffnung des Beutels schieben, so dass er ein wenig aus dem Beutel hervorragt. Das ist deshalb wichtig, weil der Beutel die Tendenz hat, sich abzuflachen, sobald ein Vakuum entsteht. Mithilfe des Streifens bleibt eine kleine Luftblase erhalten und das Vakuumiergerät kann weiter Luft aus dem Beutel absaugen. Es ist wichtig, dass dieser Streifen quer zur Wärmeversiegelung angebracht ist, eine weitere Stelle, die dem Vakuumiergerät Probleme beim Absaugen bereiten könnte.

Machen Sie sich keine Sorgen, wenn es so aussieht, als wäre das Vakuum am darauffolgenden Tag verloren gegangen. Das ist normal, da die Beutel ja keine wirklichen Vakuumbeutel sind. Das Vakuum dient dazu, einen soliden Kontakt zwischen Beutel und Fleisch herzustellen, um den Vorgang des Trocknens zu unterstützen. Der Beutel muss nur ungefähr einen Tag lang mit dem Fleisch in Kontakt stehen, bis die Verbindung gefestigt ist und für die gesamte Dauer des Trocknens aufrechterhalten bleibt.

Reifebeutel sind zusammen mit einem Vakuumiergerät zu verwenden.

HINZUFÜGEN VON AROMEN

Bei einigen Sorten von getrocknetem Fleisch werden vor dem Trocknen Aromen hinzugefügt: von delikaten und subtilen Noten über robuste Aromen bis hin zu besonders würzigen Düften. Wie und in welcher Phase das geschieht, steht in diesem Kapitel.

Gesalzenes Fleisch und gesalzener Fisch nehmen häufig vor dem Trocknen Aromen auf, und zwar durch die Kräuter, Gewürze und Süßstoffe in der Pökelmischung. Ein hervorragendes Beispiel dafür ist Jerky (s. S. 88), bei dem das Fleisch vor dem Trocknen großzügig mit vielen verschiedenen Aromen versehen wird. Wenn Fleisch und Fisch erst einmal getrocknet sind, können sie weniger Aromen absorbieren, deshalb sollten diese bereits vor dem Trocknen durch die Marinade hinzugefügt werden.

Pökelmischungen und Marinaden

Trockene Pökelmischungen aus Salz, Süßstoffen, Gewürzen, Kräutern oder eine Marinade, die häufig aus Säften, Saucen, Alkohol, Honig und Ölen besteht, verleihen den Gerichten Geschmack oder aber fungieren als Träger von Geschmacksstoffen.

Trockene Pökelmischungen eignen sich sehr, um dem Fleisch vor dem Trocknen Aromen hinzuzufügen. Sie enthalten eine kleine Menge Salz, wodurch dem Fleisch Flüssigkeit entzogen wird. Die trockene Pökelmischung wiederum wird rehydriert und kann in der Folge vom Fleisch aufgenommen werden. Diese trockenen Mischungen lassen sich leicht zubereiten und werden häufig verwendet, um gegrilltem oder heiß geräuchertem Essen Aromen zu verleihen.

Von Kräutern und Gewürzen

Die Hinzufügung von Kräutern und Gewürzen ist eine uralte Methode, um Fleisch und Fisch mit Aromen zu versehen. Kräuter wie Salbei und Thymian entfalten eine besonders gute Wirkung in Marinaden und Pökelmischungen. Gewürze in Form von Samen bedürfen gleichsam eines gewissen Impulses, um die Wirkung ihrer Geschmacksstoffe entfalten zu können. Wenn Sie wirklich das Beste aus den Samen herausholen wollen, versuchen Sie sie in einer kleinen Bratpfanne leicht zu rösten. Senf, Pfefferkörner, Lavendel, Fenchel und Kümmel sind Beispiele für Samen, die leicht geröstet eine wirklich tolle Wirkung entfalten. Nach dem Rösten die Schalen bzw. Hüllen der Samen aufbrechen, damit sämtliche aromatische Öle von der Pökelmischung oder Marinade aufgenommen werden können. Sie werden sehen, dass durch diese Methode Ihre Gerichte viel mehr an Geschmack gewinnen werden und Sie geringere Gewürzmengen benötigen.

TIPPS

- Geschmacks- und Süßstoffe sowie Gewürze der Pökelmischung oder Marinade noch vor dem Trocknen hinzufügen.
- Samen noch vor dem Hinzufügen zur Pökelmischung oder Marinade rösten.
- Getrocknete Kräuter können ein viel schärferes Aroma entfalten als dieselben Kräuter in frischem Zustand, die das gleiche Gewicht aufweisen. Bemessen Sie sorgfältig die Menge, die Sie verwenden.

Welche Mengen benötigen Sie?

Es gibt keine Faustregel, die es zu befolgen gilt, um zu wissen, welche Menge an Kräutern und Gewürzen einer bestimmten Menge Fleisch oder Fisch hinzugefügt werden muss. Es lohnt sich aber, nicht zu vergessen, dass einige getrocknete Kräuter, gemessen an ihrem Gewicht, tendenziell eine viel größere Wirkung entfalten, als wenn man sie in frischem Zustand verwenden würde. Das gilt insbesondere für getrockneten Thymian, Basilikum und Salbei. Einige der orientalischen Gewürze, wie z. B. Gewürznelke, Zimt und Sternanis, haben ein sehr intensives Aroma und sollten daher nur sparsam verwendet werden. Bei der Zubereitung von Speck würde ich für die Herstellung einer trockenen Pökelmischung für ein 1 kg schweres Stück Bauchspeck vom Schwein i. d. R. nur ungefähr einen halben Teelöffel von der Gewürznelke und dem Zimt verwenden.

TROCKENREIFEZEITEN

Es ist von entscheidender Bedeutung zu wissen, wann der Prozess des Trocknens abgeschlossen ist, um ganz sichergehen zu können, dass die Nahrungsmittel ohne Bedenken verzehrt werden können. Beachten Sie die erprobten Richtlinien zu Trockenzeit und Gewicht (Feuchtigkeitsverlust).

Der einfachste Weg, um festzustellen, in welchem Stadium sich der Trocknungsprozess befindet, ist das Messen des Gewichtsverlusts in Prozenten des Ausgangsgewichts.

Die andere, von Wissenschaftlern angewendete Möglichkeit zur Feststellung des Flüssigkeitsgehalts von Nahrung ist unter der Bezeichnung „Wasseraktivität" bekannt. In einfachen Worten ausgedrückt handelt es sich um ein Maß für den Dampfdruck in einem Produkt geteilt durch den standardisierten Druck von Wasserdampf. Viele detaillierte Erklärungen für diese Art des Messens sind online verfügbar. Es reicht zu erwähnen, dass die Wasseraktivität mit der Vermehrung von in der Nahrung enthaltenen Bakterien, aber nicht notwendigerweise mit dem Flüssigkeitsgehalt der Nahrung zusammenhängt. Das Messen der Wasseraktivität zu Hause ist ein schwieriges Unterfangen, da dafür eine spezielle Ausrüstung zur Messung des Widerstandes notwendig ist. Aus diesem Grund ist die Berechnung des prozentuellen Gewichtsverlusts praktischer, um festzustellen, ob Ihr Fleisch oder Fisch ausreichend trocken ist.

RICHTLINIEN FÜR DAS TROCKNEN

Die Schätzungen in Bezug auf Zeiten und Gewichtsverlust sind nur ungefähre Werte. Befolgen Sie die detaillierten Richtlinien, die an späterer Stelle in diesem Kapitel, hinsichtlich bestimmter Produkte, gegeben werden.

BENÖTIGTE ZEIT FÜR DEN GEWICHTSVERLUST DURCH TROCKNEN BEI LUFTGETROCKNETEN PRODUKTEN

Biltong (in Streifen geschnittenes, mageres Pökelfleisch)	7–10 Tage	65–75 %
Chorizo	21–28 Tage	17–23 %
Coppa	2–3 Monate	20–25 %
Ente	5–7 Tage	10–15 %
Gesalzener Kabeljau	7–14 Tage	30–40 %
Jerky (Trockenfleisch)	1 Tag	50–60 %
Lamm	3–6 Monate	20–25 %
Makrele	5–7 Tage	25–35 %
Prosciutto	6–24 Monate	15–25 %
Salami	1–3 Monate	20–25 %
Wildfleisch	2–3 Monate	25–30%

TRANCHIEREN UND LAGERN

Wenn Sie Zeit und Mühe investiert haben, um Fleisch und Fisch durch Trocknen und Räuchern zu veredeln, möchten Sie es auch so aufschneiden, dass es am besten aussieht. Und Sie wollen Aussehen und Aromen, für die Sie hart gearbeitet haben, auch während der Lagerung bewahren.

Einige Nahrungsmittel, die Sie herstellen, werden bereits in dünne Scheiben geschnitten sein, wie z. B. Jerky. Andere wie luftgetrockneter Schinken oder trockengepökeltes Wildfleisch müssen wahrscheinlich erst noch in Scheiben geschnitten werden, bevor Sie sie servieren, und in vielen Fällen auch, bevor Sie sie lagern können.

Schneidegeräte
Es gibt einige wirklich gute Schneidemaschinen für Fleischwaren auf dem Markt, die auch nicht so teuer sind wie die handelsüblichen Schneidmaschinen, für den Hausgebrauch reicht eine einfache Schneidemaschine. Sie können damit Chorizo, Salami und wahrscheinlich auch einige kleinere Schinken und geräucherte Schinken in Scheiben schneiden.

Wenn Sie luftgetrocknete Schinken, Coppa, Bresaola, luftgetrocknete Ente und ähnliche Fleischsorten manuell aufschneiden wollen, lohnt es sich, vielleicht in ein Tranchiermesser von guter Qualität zu investieren. Ich bin der Meinung, dass ein geriffeltes Tranchiermesser sehr gut funktioniert, weil das Fleischprodukt beim Schneiden mit einer geringeren Wahrscheinlichkeit an der Schneide kleben bleibt. Da dieses Messer eine dünne Schneide hat, ist seine Handhabung auch sehr einfach, was ein entscheidender Vorteil ist, wenn das Fleisch in hauchdünne Scheiben geschnitten werden soll.

Grundlegende Richtlinien zum Tiefkühlen
Wenn es um die Lagerung Ihrer Produkte geht, können Sie meiner Meinung nach nichts Besseres tun, als sie vakuumverpackt einzufrieren. Angesichts der Zeit und Mühe, die Sie für die Zubereitung aufgewendet haben, sind Sie es dem Produkt schuldig, es auf eine Art und Weise zu behandeln, durch die seine Qualität erhalten bleibt. Bei luftgetrocknetem Schinken z. B. sollten Sie den Feuchtigkeitsgehalt des Fleisches beim Schneiden und Vakuumverpacken bewahren, damit es in erstklassigem Zustand erhalten bleibt.

Die meisten getrockneten Fleischwaren lassen sich gut einfrieren. Das liegt v. a. an ihrem geringen Feuchtigkeitsgehalt. Diese Produkte können in einem guten Tiefkühlfach bzw. einer guten Tiefkühltruhe (einer mit einer konstanten Temperatur von –20 °C) bis zu einem Jahr aufbewahrt werden.

Eine Auswahl scharfer Messer ist von Vorteil.

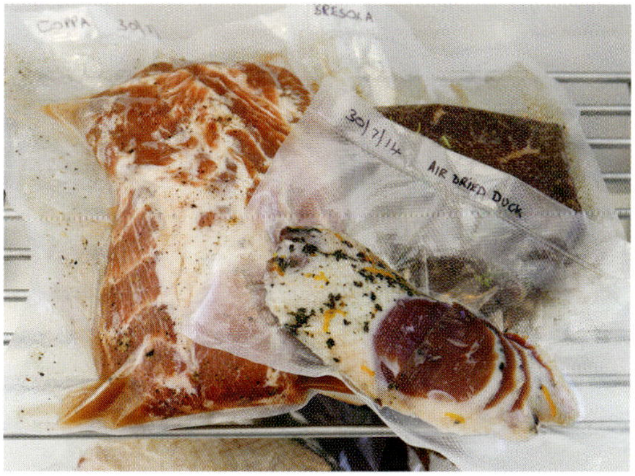

Das Einfrieren ist eine hervorragende Methode zur Lagerung von getrocknetem Fleisch und Fisch.

ETIKETTIERUNG

Beim Einfrieren von Nahrungsmitteln, diese immer etikettieren. Das Etikett sollte eine Beschreibung des Produktes und das Datum der Verpackung enthalten. Sofern Sie keine Etiketten haben oder befürchten, dass diese sich lösen könnten, kaufen Sie sich einen Permanentmarker, mit dem Sie auch Plastik beschriften können.

BEEF JERKY

In warmen Klimazonen ist das Trocknen die traditionelle Methode zur Konservierung von Fleisch. Eines der bekanntesten Beispiele für Trockenfleisch ist der beliebte und schmackhafte Snack namens Jerky. Jedes magere Fleisch kann auf diese Weise konserviert werden, aber die vielleicht bekannteste Fleischsorte ist das Beef Jerky (Rinder-Trockenfleisch).

ENTSCHEIDENDE PHASEN

1 Vorbereitung

2 Marinieren

3 Trocknen

Das Beef Jerky wird typischerweise aus der Oberschale des Rindes hergestellt und vor dem Trocknen in dünne Scheiben geschnitten. Um ihm das gewisse Extra zu verleihen, wird Jerky für gewöhnlich vor dem Trocknen mit einer Marinade behandelt. Worcestershire-Sauce, Sojasauce, Pfeffer, Paprika, Zwiebeln und ein wenig Salz und Zucker sind Beispiele für Aromen, die der Marinade hinzugefügt werden können.

Beim mageren Fleisch bleiben
Je magerer das Fleisch, desto besser. Fettes Fleisch hat die Tendenz im Laufe einer kurzen Zeit ranzig zu werden, und zwar insbesondere dann, wenn es höheren Temperaturen ausgesetzt ist. Bei der Zubereitung von Jerky ist es wichtig, das Fleisch vor dem Trocknen von allem sichtbaren Fett zu befreien. Das ist der Grund, weshalb Jerky aus in Scheiben geschnittenem Wildfleisch und magerem, qualitativ hochwertigem Rindfleisch so beliebt ist.

Trocknen des Fleisches
In der Vergangenheit wurde Jerky getrocknet, indem man das Fleisch, über hölzerne Rahmen gehängt, in der Wärme des Sonnenlichts trocknen ließ. Heutzutage erfolgt das Trocknen gewöhnlich in einem Ofen oder Trockner (Dörrautomat bzw. Dehydrator). Das Trocknen von Jerky ist ein ziemlich einfacher Prozess. Es kann in einem Ofen bei einer niedrigen Temperatur, so um die 50 °C, erfolgen, wobei die Ofentür ein wenig geöffnet bleibt.

Schmackhaftes, in Streifen geschnittenes Jerky kann ein aromatischer und nahrhafter Snack sein.

WAS SIE DAFÜR BRAUCHEN

- **1 kg Oberschale vom Rind**

ZUTATEN FÜR DIE MARINADE

- **1 EL schwarze Pfefferkörner**
- **1 EL Knoblauchpulver**
- **1 EL Cayennepfeffer**
- **1 EL Chilipulver**
- **1 EL Zwiebelpulver und die Hälfte einer kleinen Zwiebel (gerieben)**
- **5 EL leichte Sojasauce**
- **3 EL Worcestershire-Sauce**
- **1 EL Zucker oder Honig (wahlweise)**

Grundlegendes zur Zubereitung von Jerky
Statt des hier angeführten Rindfleisches können Sie jedes andere magere Fleisch verwenden. In der modernen kommerziellen Herstellung von Jerky wird reichlich Zucker verwendet. Ich persönlich meine, dass die Zugabe von etwas Süße diesem Nahrungsmittel guttut. Letztendlich hängt das aber vom persönlichen Geschmack ab.

Vorbereiten und Marinieren des Fleisches

1 Ein scharfes Messer verwenden, um das Fleisch von Sehnen und Fett zu befreien. Das Fleisch quer zur Maserung und in leicht gefrorenem Zustand in Streifen schneiden. Leicht gefrorenes Fleisch kann normalerweise durch die Schneidemaschine geschoben werden, um wirklich dünne und gleichmäßige Scheiben zu erhalten. Vielleicht aber bevorzugen Sie, genauso wie ich, das Fleisch händisch in Streifen zu schneiden.

2 Alle Zutaten für die Marinade in einer Schüssel vermengen, die Rindfeischstreifen hineinlegen, alles gut vermischen, damit die Marinade von allen Seiten gründlich auf das Fleisch einwirken kann. Die Schüssel mit Frischhaltefolie zudecken und das Fleisch 24 Stunden im Kühlschrank in der Marinade belassen.

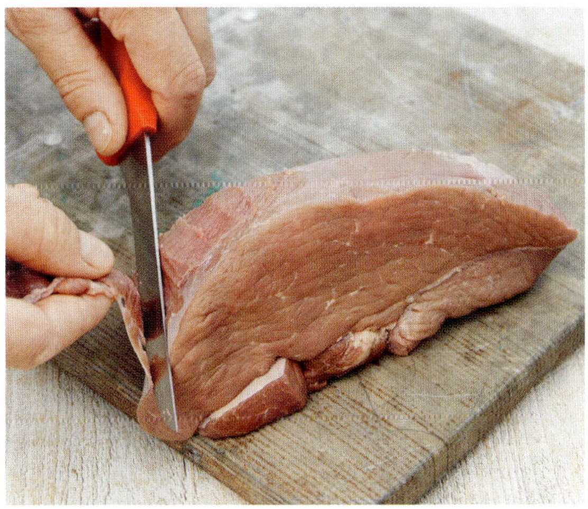

Sichtbares Fett und sichtbare Sehnen an der Oberfläche des Fleisches wegschneiden.

Das Fleisch in sehr dünne Scheiben schneiden.

Trocknen

1 Das Fleisch aus der Marinade herausnehmen und die Rindfleischstreifen auf einen Ofenrost voneinander getrennt und so flach wie möglich hinlegen.

2 Den Ofen auf 50 °C vorheizen und den Rost mit den Fleischstreifen in den Ofen schieben. Die Ofentür bleibt ein wenig geöffnet, damit die im Fleisch enthaltene Feuchtigkeit verdampfen kann. Dieser Vorgang sollte nach vier bis fünf Stunden beendet sein. Die Trockenzeit verkürzt sich, wenn Sie einen Heißluftofen verwenden.

3 Das Fleisch jede halbe Stunde überprüfen und neu auf dem Ofenrost anordnen, damit es auf allen Seiten gleichmäßig trocknet. Das Fleisch nimmt während des Trocknens eine dunklere Farbe an und verliert an Volumen. Ihr Jerky ist fertig, sobald das Fleisch so trocken ist, dass es beim Biegen einen gewissen Widerstand aufweist, aber nicht zerbricht. Wenn das Fleisch zerbricht, ist es zu trocken.

ALTERNATIVE AROMEN

Die folgenden alternativ wählbaren Marinaden für das Jerky reichen für 1 kg Oberschale vom Rind bei Anwendung der in diesem Abschnitt beschriebenen Methode.

JERKY NACH TERIYAKI-ART
1 EL schwarze Pfefferkörner (zerstoßen)
1 EL Knoblauchpulver
1 EL Cayennepfeffer
die Hälfte einer kleinen Zwiebel (gerieben)
3 EL Teriyakisauce
5 EL Worcestershire-Sauce
2 EL Zucker oder Honig (wahlweise)

SÜSS-SAURES JERKY
100 ml Weißweinessig
2 EL Zitronensaft
1 EL Sojasauce
1 EL Tomatenketchup
½ EL Honig
1 EL Knoblauchpulver
1 EL schwarze Pfefferkörner (zerstoßen)
1 EL Chilipulver
1 EL geräucherter Paprika

Das Fleisch aus der Marinade entfernen.

Die Fleischstreifen auf einem Rost im Ofen trocknen lassen.

Darauf achten, dass das Jerky trocken, aber noch immer biegsam ist.

DUCK JERKY

Duck Jerky (Enten-Trockenfleisch) ist eine hervorragende Alternative zu Beef Jerky und auch ein bisschen zarter beim Kauen. Es gibt eine Vielzahl von Variationen für diese Art Jerky. Hier einige Ideen dazu:

Entenfleisch ist vielseitig verarbeitbar, leicht erhältlich und mannigfaltig einsetzbar. Eine meiner Lieblingsarten der Zubereitung von Entenfleisch ist die Herstellung von Jerky. Es ist etwas milder als Rindfleisch und nimmt zusätzliche Aromen besonders gut auf. Außerdem ist es viel einfacher, Fett vom Entenfleisch als von anderen Fleischsorten zu entfernen.

Die Jerky-Methode ist eine besonders köstliche Art und Weise der Zubereitung eines schmackhaften Snacks aus Entenbrust.

WAS SIE DAFÜR BRAUCHEN

- **1 kg Entenbrust ohne Haut**

ZUTATEN FÜR DIE BASISMARINADE

- **1 EL Salz**
- **1 ½ EL Zucker**
- **150 ml leichte Sojasauce**

GEHEN SIE AUF NUMMER SICHER

Stellen Sie sicher, einer Lebensmittelvergiftung mit *E-coli*-Bakterien vorzubeugen, indem Sie das Enten- oder Gänsefleisch genauso wie beim Beef Jerky (s. S. 90) nach dem Marinieren im Ofen trocknen.

Das Fleisch in Streifen schneiden.

Zubereitung von Duck Jerky

1 Die Entenbrust häuten, Bindegewebe und Silberhaut entfernen, um eine magere Brust zu erhalten. Die Entenbrust in dünne Streifen schneiden.

2 Die Fleischstreifen auf einem Holzbrett ausbreiten und mit einer dünnen Schicht Frischhaltefolie bedecken. Die Streifen mit einer Teigrolle glätten.

3 Eine Marinade Ihrer Wahl zubereiten (auf der gegenüberliegenden Seite finden Sie eine ganze Reihe von Möglichkeiten) und mit der Herstellung so fortfahren, wie beim Beef Jerky (s. S. 89) beschrieben.

Die Streifen mit einer Teigrolle glätten.

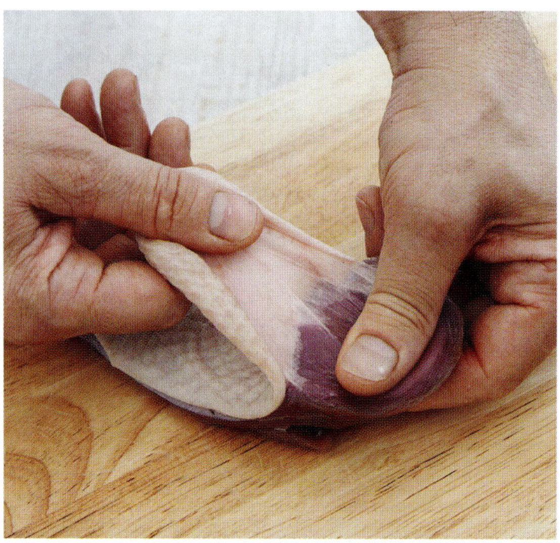

Die Haut von der Entenbrust entfernen.

Das Fleisch in die Marinade legen.

ALTERNATIVE AROMEN

Diese alternativen Geschmackskombinationen zu der Basismarinade hinzufügen. Sofern Sie flüssige Zutaten beimengen wollen, verwenden Sie eine dementsprechend geringere Menge von der leichten Sojasauce. Beachten Sie, dass die Mengenangaben sich auf das Marinieren von 1 kg Entenfleisch beziehen, passen Sie die Menge entsprechend an.

WÜRZIGES DUCK JERKY (1) NACH TERIYAKI-ART
5 EL Teriyakisauce
1 EL Chilipulver
1 EL gemahlener schwarzer Pfeffer

WÜRZIGES DUCK JERKY (2)
1 EL gemahlener Sternanis
1 EL gemahlener Zimt
5 EL Scotch Whiskey

DUCK JERKY AUF CHINESISCHE ART (3)
1 EL chinesisches Fünf-Gewürze-Pulver
5 EL Weißweinessig

WÜRZIGES CHILI DUCK JERKY (4)
5 EL Worcestershire-Sauce
1 EL Chilipulver
½ EL Cayennepfeffer
1 EL Knoblauchpulver
½ EL gemahlener schwarzer Pfeffer

FRUCHTIGES DUCK JERKY (5)
1 EL zerstoßene Wacholderbeeren
Schale und Saft von ½ Orange
½ EL getrockneter Thymian

GOOSE JERKY (GÄNSE-TROCKENFLEISCH)

Aus dem reichhaltigen Fleisch der Gans lässt sich hervorragendes Jerky zubereiten. Viele der für das Duck Jerky vorgeschlagenen Geschmackskombinationen eignen sich auch sehr gut für die Zubereitung von Goose Jerky. Bestimmte Gänserassen weisen eine Maserung aus Fett in ihrem Brustfleisch auf und sollten daher nicht für die Zubereitung von Jerky verwendet werden, das lange aufbewahrt wird. Falls Sie aber das Jerky rasch verzehren oder vakuumverpackt einfrieren wollen, können Sie jede Art von Gans verwenden. Fragen Sie Ihren Zulieferer um Rat. (Basismarinade und grundlegende Verarbeitungstechnik s. Duck Jerky S. 91).

BILTONG

Biltong ist ein traditioneller Snack aus in Streifen geschnittenem mageren, gepökelten Trockenfleisch, der ursprünglich aus Südafrika kommt. Es ähnelt dem Jerky, die klassische Version aber ist nicht süß. Es handelt sich um einen bei sportbegeisterten Menschen sehr beliebten Snack, der zu Hause einfach zubereitet werden kann.

ENTSCHEIDENDE PHASEN

1. Vorbereitung und Pökeln
2. Trocknen und Lagern

Die Zubereitung von Biltong wurde von europäischen Siedlern in Südafrika von der einheimischen Bevölkerung übernommen. Ursprünglich wurde Biltong aus Rindfleisch hergestellt, es kann aber auch aus Springbock, Straußenfleisch und vielen anderen roten Fleischsorten sowie aus Truthahnfleisch zubereitet werden. Ursprünglich wurde Biltong in der Sonne getrocknet. Da es aus viel dickeren Fleischstücken besteht als Jerky (typischerweise 50 mm dick), kann es viel länger dauern, bis das Fleisch vollständig trocknet. Das funktioniert, wenn sowohl die Sonnenstrahlen als auch eine Brise im richtigen Ausmaß vorhanden sind. Wenn das allerdings nicht der Fall ist, müssen Sie sich Gedanken machen, wie Sie diese Herausforderung meistern können.

Biltong-Box
Die Biltong-Box ist ein Behälter, in welchem das Fleisch aufgehängt ist, während gleichzeitig ein kleiner Ventilator (in einigen Fällen) und Löcher am Deckel und am Boden der Box ein Zirkulieren des Luftstromes ermöglichen. Die Löcher sind i. d. R. mit einem Insektenschutz, d. h. einem feinen Drahtgeflecht versehen. Um die in der Box, zwecks Förderung des Trockenvorganges, vorherrschenden Temperaturen zu erhöhen, verfügen einige Biltong-Boxen über kleine, wenige Watt starke Lämpchen am Boden.

Sie können die Fleischstücke mit gleichem Ergebnis auch im Kühlschrank oder in Reifebeuteln trocknen lassen (s. S. 84). Es ist sogar möglich, Biltong im Ofen zu trocknen. Dadurch wird der Prozess des Trocknens eingeleitet und das Fleisch zum Teil gehärtet. Sie können das Fleisch dann draußen aufhängen, wenn die klimatischen Bedingungen stimmen, und auf natürlichem Wege trocknen lassen. Im Allgemeinen ist es dann innerhalb von ca. drei Tagen fertig.

Biltong kann auch im Freien aufgehängt werden, sofern geeignete Witterungsbedingungen vorherrschen.

Biltong wird traditionell in Salz und Weißweinessig gepökelt sowie mit zerstoßenen Koriandersamen und Pfeffer eingerieben. Ein wenig Chili verleiht ihm eine besondere Note. Da Biltong als langsam trocknendes Produkt gilt, empfehle ich aus Sicherheitsgründen die Verwendung von Nitritpökelsalz.

WAS SIE DAFÜR BRAUCHEN

- **1 kg magere Oberschale vom Rind**

ZUTATEN FÜR DIE MARINADE

- **100 ml Weißwein- oder Apfelessig**
- **1 ½ EL Nitritpökelsalz**

ZUTATEN FÜR DIE WÜRZE

- **8 EL Koriandersamen**
- **1 EL gemahlener schwarzer Pfeffer**
- **¼ EL fein gehackter Chili (wahlweise)**

Vorbereitung und Pökeln

1 Sichtbares Bindegewebe entfernen. Das Fleisch von Fett und Silberhaut befreien. In 75 mm lange Streifen schneiden.

2 Essig und Nitritpökelsalz in eine Schüssel geben. Alles vermischen und die Fleischstreifen dazugeben. Das Fleisch ungefähr zwei Stunden lang im Kühlschrank in der Marinade belassen.

3 Die Koriandersamen in einem Mörser mit einem Stößel zermalmen und mit Pfeffer und Chili vermischen. Das Fleisch aus der Marinade nehmen und großzügig mit der Koriandermischung einreiben.

Trocknen und Lagern

Die Fleischstreifen in eine Biltong-Box hängen oder auf einen Rost in einem auf die niedrigst mögliche Temperatur eingestellten Ofen legen. Am besten geeignet ist ein Heißluftofen, da in ihm die Wärme zirkuliert und der Trocknungsprozess unterstützt wird. Das Biltong ist dann ausreichend trocken, wenn es ein wenig dunkler und steifer geworden ist. Bewahren Sie Biltong vakuumverpackt bis zu einem Jahr im Tiefkühlfach auf. Meiner Erfahrung nach ist es jedoch viel zu köstlich, um es so lange aufzubewahren.

Das Fleisch in Streifen schneiden und marinieren.

Mit der trockenen Gewürzmischung einreiben.

LUFTGETROCKNETE UND GERÄUCHERTE ENTE

Luftgetrocknete, mit Eichenholz geräucherte Entenbrust ist ein hervorragendes Beispiel für köstliches und leicht zuzubereitendes Essen. Ich bereite diese wundervolle Entenbrust in regelmäßigen Abständen, ganz leicht über Eichenholz kaltgeräuchert, zu. Das Ergebnis kann bisweilen sehr erhaben und vollendet sein.

ENTSCHEIDENDE PHASEN

1 Pökeln

2 Trocknen

3 Kalträuchern

Luftgetrocknete Ente oder Entenschinken, wie dieses Gericht manchmal auch bezeichnet wird, ist eine wirklich interessante Art, ein relativ billiges Stück Fleisch zu genießen. Es handelt sich um eine besonders gute Wahl, wenn Sie noch keine Erfahrung mit dem Lufttrocknen haben. Sie ist auch ein fantastisches Einführungsprojekt für jemanden, der das Lufttrocknen als kulinarisches Hobby oder lediglich als Experiment betreiben möchte.

Serviervorschlag

In dünne Scheiben geschnitten ist die auf diese Art zubereitete Entenbrust für sich allein genommen perfekt und kann mit Brot oder einigen Kirschtomaten oder in einem grünen Salat mit Croûtons und einem guten französischen Dressing genossen werden. Durch das Lufttrocknen und Räuchern wird eine einfache Entenbrust in eine seltene Delikatesse verwandelt.

Luftgetrocknete und geräucherte Entenbrust wird gewöhnlich mit dünn geschnittenen Salatblättern serviert.

Pökeln

1 Wacholderbeeren und (vom Stängel gezupfte) Thymianblätter gemeinsam mit 2 EL Salz mithilfe von Mörser und Stößel oder einer Gewürzmühle zermahlen. 1 EL Orangenschale und das übrige Salz in eine Schüssel geben. Wacholder, Salz und Thymian dazugeben. Alles gut vermischen.

2 Den Boden eines nichtreaktiven Geschirrs mit ca. einem Viertel der Pökelmischung bestreuen. Die erste Entenbrust mit der Hautseite nach unten auf die Pökelmischung legen und ungefähr zwei Drittel der verbleibenden Pökelmischung auf die fleischige Seite der Entenbrust streuen. Die zweite Entenbrust so auf die erste legen, dass die Hautseite nach oben zeigt. Die Hautseite der oberen Entenbrust mit dem Rest der Pökelmischung bestreuen. Das Geschirr mit einer Frischhaltefolie zudecken und in den Kühlschrank stellen.

3 Nach ungefähr 18 Stunden das Entenfleisch wieder aus dem Kühlschrank nehmen und jede Entenbrust mit kaltem, fließendem Wasser abspülen, um das Salz zu entfernen, und mit Küchenpapier trocken tupfen. Sie werden erkennen, dass nach dem Pökeln die Entenbrust ziemlich zäh erscheinen wird, da sie viel von ihrem ursprünglichen Flüssigkeitsgehalt verloren haben wird. Ihre Farbe wird auch etwas dunkler sein.

WAS SIE DAFÜR BRAUCHEN

- **2 Entenbrüste (mit Haut), wobei jede ungefähr 350 g wiegen sollte**

ZUTATEN FÜR DIE PÖKELMISCHUNG

- **5 Wacholderbeeren**
- **3 Thymianzweige**
- **50 g Meersalz**
- **1 EL Orangenschale**

Die erste Entenbrust mit der Pökelmischung bestreuen.

Die Haut der zweiten Entenbrust mit der Pökelmischung bedecken.

Trocknen

1 Die Entenbrüste können nun luftgetrocknet werden. Sie haben die Wahl zwischen zwei Methoden, nämlich zwischen der traditionellen Methode (s. unten) und jener Methode, bei der Reifebeutel (s. S. 84) zur Anwendung kommen. Bei dieser Methode kann die Entenbrust im Kühlschrank getrocknet werden. In Abhängigkeit von der Dicke des Fleisches dauert es ungefähr zwei Wochen, bis der erwünschte Gewichtsverlust von 15–20 % eintritt.

2 Für welche Methode Sie sich auch entscheiden, am Ende des Trocknungsprozesses wird die Entenbrust eine festere Konsistenz aufweisen. Das Fett wird auch Flüssigkeit verlieren und an der Oberfläche leicht gelblich erscheinen. Außerdem wird die Entenbrust den für Fleischwaren typischen Geruch angenommen haben.

Kalträuchern

Um die Entenbrüste fertig zuzubereiten, sollten sie in einen Räucherofen gelegt werden. Lesen Sie die Anleitungen auf den Seiten 132–157, bevor Sie damit beginnen. Vier Stunden lang die Entenbrüste über Eichenspänen kalträuchern. Diese Zeitspanne scheint relativ kurz zu sein, aber man darf ja nicht vergessen, dass Eichenholz über ein sehr intensives Aroma verfügt und einen schweren Rauch produziert, der nicht lange braucht, um seine Wirkung zu entfalten. Weniger ist manchmal mehr, insbesondere wenn man es mit dem delikaten Aroma von Entenfleisch zu tun hat. Die Temperatur im Räucherofen sollte 30 °C nicht überschreiten. Die Entenbrust wird an ihrer Oberfläche einen dünnen Film aus natürlichem Öl beibehalten, wodurch sichergestellt wird, dass der Rauch nur auf die Oberfläche einwirkt. Gegen Ende des Räucherns wird sich die Haut des Entenfleisches ein wenig auf einen hellen Braunton verdunkelt haben.

TRADITIONELLES TROCKNEN

Traditionell werden Entenbrüste in viereckige Tücher aus ungefärbtem Musselin eingewickelt und oben und unten mit Schnüren zugebunden. Diese Päckchen werden dann an einem kühlen, eine ausreichende Luftfeuchtigkeit aufweisenden Ort ein bis zwei Wochen zum Trocknen aufgehängt. Der Musselin bietet einen Schutz vor Fliegen und anderen Schädlingen.

Die Entenbrust in einen Reifebeutel geben und diesen versiegeln oder aber in ein Tuch aus ungefärbtem Musselin einwickeln.

Überschüssige Luft aus dem Reifebeutel mithilfe eines Vakuumiergerätes entfernen.

Salat mit luftgetrockneter und geräucherter Ente

Diese Art von Entenbrust kann ohne Beilage als Vorspeise oder aber als Teil einer Platte mit gepökelten Fleischwaren serviert werden. Ich aber glaube, dass diese Art von gepökelter Ente am besten schmeckt, wenn sie mit einem frischen, grünen Salat serviert wird.

ZUTATEN

- 1 luftgetrocknete und kaltgeräucherte Entenbrust
- 2 Handvoll grüne Salatblätter
- 4 Kirschtomaten (geviertelt)
- 10 Basilikumblätter
- 4 EL Balsamico-Essig
- 4 EL natives Olivenöl extra
- schwarzer Pfeffer

Für zwei Personen

ZUBEREITUNG

1 Die Entenbrust mit der fetten Seite nach unten hinlegen, mit einem leicht angewinkelt gehaltenen, scharfen Tranchiermesser durchschneiden, um einen schönen langen Schnitt zu machen. So dünn wie möglich aufschneiden.

2 Eine Handvoll grüne Salatblätter auf die Mitte einer Platte legen und die geviertelten Tomaten auf und zwischen den Salatblättern verteilen.

3 Die Entenfleischscheiben im Salat verteilen und die frischen Basilikumblätter als Beilage hinzufügen. Mit einem leichten Dressing aus Balsamicoessig und Olivenöl marinieren und je nach Geschmack mit schwarzem Pfeffer würzen.

LUFTGETROCKNETES LAMM

Lammfleisch hat einen charakteristischen Geschmack, der hervorragend mit Kräutern und Gewürzen harmoniert. Durch das Lufttrocknen werden die Aromen intensiviert, wodurch eine duftende Delikatesse entsteht, die man sich auf der Zunge zergehen lassen kann. Versuchen Sie es einfach!

ENTSCHEIDENDE PHASEN

1 Pökeln

2 Trocknen

Es lohnt sich, sich die Zeit für das Ausprobieren dieser Technik zu nehmen. Das Ergebnis ist eine ungewöhnliche und delikate Fleischware. Obwohl die Zubereitung nicht sehr kompliziert ist, darf man das Lufttrocknen nicht übereilen, es kann mindestens drei Monate dauern. Wenn Sie also vorhaben, Lamm auf diese Art zu pökeln, stellen Sie sicher, dass Sie diese Arbeit im Voraus planen. Da das Pökeln lange Zeit in Anspruch nimmt, ist es aus Gründen der Lebensmittelsicherheit empfehlenswert, Nitritpökelsalz zu verwenden. Eine ähnliche Art der Zubereitung ist die Herstellung von prosciuttoartigem, luftgetrocknetem Schinken (s. S. 102).

Eine Schicht aus buntem Paprika bietet dem Fleisch während des Trocknens Schutz.

WAS SIE DAFÜR BRAUCHEN

- **2 kg Lammkeule**

ZUTATEN FÜR DIE PÖKELMISCHUNG

- **100 g Nitritpökelsalz (sowie zusätzliches Salz, mit dem das Fleisch während des Pökelns überzogen wird)**
- **25 g Zucker (wahlweise, je nach Geschmack)**
- **2 EL getrockneter Rosmarin (fein gehackt)**
- **1 Knoblauchzehe (zerdrückt)**
- **2 EL geräucherter (oder ungeräucherter) Paprika**
- **1 EL zerstoßene schwarze Pfefferkörner**
- **Weißweinessig und Paprika für den Trocknungsprozess**

Vorbereitung und Pökeln

1 So viel wie möglich von den Sehnen der Innenseite der Lammkeule entfernen. Sämtliche lose Fettstücke entfernen und das Fleisch säubern. Die Haut unangetastet lassen, da sie das Fleisch unterhalb der Fettschicht vor einem allzu schnellen Austrocknen schützt.

2 Die Zutaten für die Pökelmischung vermengen und das Lammfleisch damit einreiben. Vier Fünftel für die fleischige Seite und ein Fünftel für die Hautseite verwenden. Die Pökelmischung in sämtliche Furchen einarbeiten, um das Risiko eines Verderbens des Fleisches zu minimieren und eine gleichmäßige Verteilung der Aromen zu erreichen.

3 Den Boden eines nichtreaktiven Geschirrs, das so groß ist, dass das Fleisch die Seiten nicht berührt, mit einer ungefähr 10 mm dicken Salzschicht versehen. Das Lammfleisch mit der Hautseite nach unten in das Geschirr legen, mit genug Salz füllen, um das Lamm mit einer 10 mm dicken Salzschicht zu bedecken. Das Fleisch mit einem Gegenstand von gleichem Gewicht beschweren.

4 Drei Tage lang pökeln. Für jedes weitere Kilogramm die Pökelzeit um drei Tage verlängern. Die 2 kg schwere Lammkeule in diesem Beispiel muss neun Tage lang gepökelt werden.

Trocknen

1 Nach dem Pökeln die Keule mit kaltem, fließendem Wasser abspülen, gut mit Küchenpapier trocknen. Mit Weißweinessig abreiben. Dadurch wird der Säuregehalt an der Außenseite des Fleisches erhöht, was die Vermehrung nützlicher Bakterien fördert und dabei hilft, die Oberfläche während des Trocknens in einem guten Zustand zu erhalten. Um die offene Oberfläche des Lammfleisches während des Trocknens zu schützen, eine gleichmäßig dicke Schicht Paprika verwenden, die einen Schutz gegen Fliegen und andere Insekten bietet, indem etwas von der Feuchtigkeit auf der exponierten Oberfläche des Fleisches absorbiert wird. Dadurch werden dem Fleisch auch zusätzliche Aromen verliehen.

2 Das Fleisch in ungefärbtem Musselin einwickeln, mithilfe einer Schnur fixieren, mit Datum und Gewicht versehen und ungefähr drei Monate lang zum Lufttrocknen aufhängen (alternativ Reiferaum, s. S. 78–86). Es wird eine festere Konsistenz bekommen, wobei es aber gleichzeitig ein wenig von seiner Elastizität beibehalten wird. In dünne Scheiben geschnitten servieren, passt gut zu einer Auswahl feiner Käsesorten oder zu einem grünen Salat mit sonnengetrockneten Tomaten und einem Dressing aus Kräutern und Olivenöl.

Sichtbares Fett und sichtbare Sehnen an der Oberfläche des Fleisches wegschneiden.

Das mit der Pökelmischung bedeckte Fleisch auf eine Schicht Salz in ein nichtreaktives Geschirr legen.

SALZ SPARSAM VERWENDEN

Ein Geschirr verwenden, das gerade so groß ist, dass das Fleisch darin Platz hat, ohne die Seitenränder zu berühren. Das ist platzsparend und gleichzeitig ist die Menge des zu verwendenden Salzes geringer.

LUFTGETROCKNETER SCHINKEN

Luftgetrockneter Schinken nach Art des italienischen Prosciutto gehört zu den vielleicht berühmtesten trockengepökelten Fleischwaren. Für die Herstellung dieser fein gesalzenen Delikatesse sind über sechs Monate nötig. In Italien beginnt man mit der Herstellung traditionell dann, wenn das Wetter kühler wird, d. h. im November, und zwar, um zu verhindern, dass das Fleisch in der Anfangsphase verdirbt, bevor das Salz seine Wirkung entfalten kann.

ENTSCHEIDENDE PHASEN

1 Vorbereitung

2 Salzen

3 Trocknen

Prosciutto di Parma und Jamón Ibérico (*pata negra*) sind europäische Variationen des luftgetrockneten Schinkens. In Salz gepökelt und für bis zu zwei Jahre zum Lufttrocknen aufgehängt, haben einige dieser wundervollen Produkte weltweite Anerkennung errungen. Das Schweinefleisch, aus dem diese Schinkensorten häufig hergestellt werden, stammt traditionell von Schweinen, die ein spezielles Futter, bestehend aus Eicheln und Körnern, erhalten, welches angeblich Auswirkungen auf das Aroma des fertigen Schinkens hat.

Die Handhabung größerer Fleischstücke

Einige der Ibérico-Schinken werden aus der gesamten Keule einschließlich des Eisbeins hergestellt. Das kann in Bezug auf den vorhandenen Platz eine gewisse Herausforderung darstellen. Wenn Sie jedoch über einen Behälter für das Pökeln verfügen, der groß genug ist, um den gesamten Schinken darin zu lagern, können Sie das natürlich auch so machen. Anderenfalls können Sie Ihren Metzger bitten, das Lendenknochenstück und das Eisbein zu entfernen. In den folgenden Anleitungen wird davon ausgegangen, dass das bereits geschehen ist. Sie werden eine große Menge Salz benötigen, um den Schinken darin zu lagern. Sie können große Mengen an Speisesalz online oder über Outlets im Großhandel beziehen.

Zubereitung des Fleisches

1 Den Schinken massieren, um unerwünschtes, noch in der Oberschenkelarterie vorhandenes Blut zu entfernen. Diese verläuft entlang des Oberschenkelknochens. Das Fleisch auf eine feste Unterlage legen und mit beiden Händen Richtung Hüftgelenk so lange massieren, bis kein Blut mehr zu sehen ist.

2 Das Fleisch an den Rändern der exponierten Fleischoberfläche des Schinkens von Haut und Fett befreien. Dadurch kann mehr Fleisch mit dem Salz in Verbindung gebracht und der Prozess des Pökelns beschleunigt werden. Alle losen Ränder des exponierten Fleisches wegschneiden.

Dünne Kringel von luftgetrocknetem Schinken sind sowohl dekorative Elemente einer angerichteten Platte als auch vorzüglich im Geschmack (s. rechts).

WAS SIE DAFÜR BRAUCHEN

- **langgeschnittene Schweinskeule mit Knochen**

ZUTATEN FÜR DIE PÖKELMISCHUNG

Für jedes Kilogramm Fleisch

- **30 g Kochsalz oder Meersalz**
- **0,3 g Salpeter**
- **3 g Staubzucker**

zusätzliches Salz, um den Schinken damit zu bedecken

Zubereitung der Pökellake

1 Den Schinken abwiegen und die benötigte Menge an Salz, Salpeter und Zucker berechnen.

2 Salz mit Salpeter und Zucker vermischen. Vier Fünftel der Mischung in die exponierten Stellen des Fleisches einmassieren. Die Bereiche um die Gelenke gut mit Salz einreiben, um einem Verderben vorzubeugen. Nach dieser Behandlung den Schinken mit dem verbleibenden Fünftel einreiben.

Pökeln des Schinkens

1 25–30 mm hoch Salz auf den Boden einer nicht-reaktiven Box streuen, die groß genug ist, um den Schinken darin zu lagern, ohne dass er die Seitenränder berührt, und gleichmäßig verteilen.

2 Den Schinken mit der nach oben zeigenden, exponierten, fleischigen Seite in die Box legen und genug Salz hineinstreuen, um den ganzen Schinken mit einer 10 mm dicken Schicht Salz zu bedecken. Sichergehen, dass jeder Teil des Schinkens mit Salz bedeckt ist.

3 Den Schinken nun beschweren, damit der Prozess, bei welchem dem Fleisch Feuchtigkeit entzogen wird, unterstützt und damit gleichzeitig auch sichergestellt werden kann, dass ein Endprodukt von dichter Konsistenz entsteht. Ein Holzbrett mit einem schweren Gewicht (so schwer wie der Schinken) darauf auf die Oberseite des Schinkens legen.

4 Den Schinken für je ca. 500 g Fleisch eineinhalb Tage (für 3 kg drei Tage) sowie zwei weitere Tage im Salz pökeln. Während dieser Zeit den Schinken bei Temperaturen unter 10 °C lagern. Nach dem Pökeln den Schinken aus dem Salz nehmen und nach verdorbenen Stellen absuchen. Falls das Fleisch tatsächlich verdorben sein sollte, können Sie es riechen. Zögern Sie nicht damit, das Fleisch wegzuwerfen. Es könnte nicht mehr bedenkenlos verzehrt werden. Das Salz abbürsten und den gesamten Schinken mit einem in Weißweinessig getränkten Tuch abwischen.

PROSCIUTTO E MELONE

Luftgetrockneter Schinken kann als klassische Vorspeise mit Melone serviert werden. Italiener nennen dieses Gericht „Prosciutto e Melone". Die Süße einer Cantaloupe-Melone eignet sich wirklich hervorragend dazu, den salzigen Geschmack des luftgetrockneten Schinkens auszugleichen. Darüber hinaus sind für dieses einfache sommerliche Gericht keine weiteren Zutaten erforderlich. Sie können es aber mit frischen, pfeffrigen Rucolablättern garnieren.

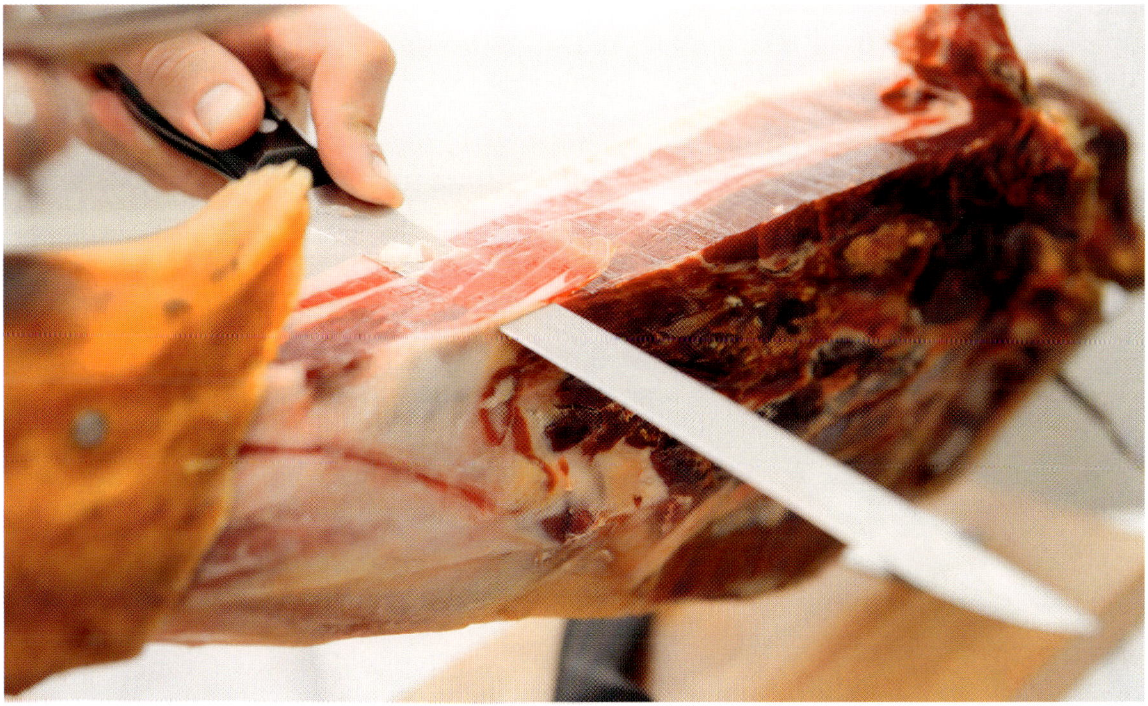

Luftgetrocknete Schinken werden traditionell auf einer speziellen Halterung aufgeschnitten, mit deren Hilfe der Schinken unverrückbar fixiert werden kann.

Trocknen des Schinkens

1 Den Schinken locker in ein großes Tuch aus Musselin wickeln und das Päckchen mit einem Metzgerfaden zubinden. Den Schinken abwiegen und etikettieren. An einem kühlen, trockenen Ort zum Lufttrocknen aufhängen. Das Fleisch nach Möglichkeit bei einer Temperatur von ca. 15 °C und bei einer relativen Luftfeuchtigkeit von 60–70 % lagern. Am besten einen klimatisierten Raum verwenden.

2 Wenn der Schinken 15–20 % seines Gewichts verloren hat, kann er gegessen werden. Das dauert im Allgemeinen drei Monate. Man kann den Schinken bis zu zwei Jahre reifen lassen, bevor er verzehrt wird. Wenn der Gewichtsverlust groß genug ist, die exponierten Oberflächen des Fleisches, zwecks Verhinderung eines allzu starken Austrocknens, mit einer Mischung aus Mehl, ausgelassenem Bauchfett und einigen zerstoßenen schwarzen Pfefferkörnern behandeln.

In Scheiben schneiden und servieren

Zum Servieren den Schinken mit einem Tranchiermesser, das über eine dünne Schneide verfügt, in sehr dünne Scheiben schneiden (vgl. „Tranchieren und lagern", S. 87). Vor dem Aufschneiden des Schinkens ein Hautstück wegschneiden. Dieses Stück kann dazu verwendet werden, die Oberfläche des Schnittes zu versiegeln, wodurch der exponierte Teil des Schinkens geschützt werden kann. Um ein weiteres Austrocknen zu verhindern, kann die exponierte Oberfläche des Fleisches auch mit Frischhaltefolie abgedeckt werden.

RESTE VERWERTEN

Knochen und weggeschnittene Teile des Eisbeins behalten. Diese kann man sieden, um eine schmackhafte Brühe aus Schweinefleisch zu machen. Der Verschnitt und die weggeschnittenen Teile können auch zur Herstellung von Würsten verwendet werden (s. S. 115).

PANCETTA

Pancetta ist eine Art luftgetrockneter Speck, der traditionell in Italien hergestellt wird. Er wird aus schmackhaft gewürztem Bauchspeck vom Schwein gemacht, kann eingerollt oder flach zubereitet und auf dieselbe Weise wie Speck verwendet werden, um Gerichten eine zusätzliche Geschmacksnote zu verleihen.

ENTSCHEIDENDE PHASEN

1 Vorbereitung und Pökeln

2 Trocknen

Eine auf traditionelle Weise eingerollte Pancetta ist eine dekorative und köstliche Vorspeise.

Pancetta macht als Teil von Fleischwaren einen dekorativen Eindruck und schmeckt auch ohne Beilage, hauchdünn aufgeschnitten und als Vorspeise mit grünen Salatblättern, hervorragend. Pancetta wird aus dem Bauchspeck vom Schwein hergestellt. Der Aufschnitt wird von einem Band aus Fett gesäumt und es ist gerade dieses Fett, das, mit schmackhaften und aromatischen Kräutern vermischt, Pancetta beim Kochen einen besonderen Geschmack verleiht.

Vielseitige Verwendbarkeit

Pancetta wird für gewöhnlich in Kräutern und Salz gepökelt, luftgetrocknet und manchmal mit Eichenholz kaltgeräuchert. (Heißräuchern würde die Eigenschaften des Fleisches verändern.) Auf diese Weise zubereitet und in dünne Scheiben geschnitten, muss Pancetta nicht mehr weiter gegart werden.

In dickere Scheiben geschnitten, kann das Fleisch in Speckstücke gewürfelt und in der Pfanne gebraten werden, um die Geschmacksnoten und Aromen zu entfalten. Gebraten können diese gewürfelten Pancetta-Speckstücke Suppen, Salaten und Nudelgerichten hinzugefügt werden. Hierbei handelt es sich um eine jener vielseitig verwendbaren Zutaten, die ich nicht missen möchte. Ich habe immer einige davon im Kühlschrank oder vakuumverpackt im Tiefkühlfach; bereit zum sofortigen Einsatz.

Die Haut entfernen

Bei der Herstellung von Pancetta wird normalerweise die Schwarte entfernt, wobei nur eine Fettschicht am äußeren Bauch belassen wird. Das Entfernen der Schwarte kann ein bisschen schwierig sein. Daher ist es am besten, Sie bitten den Metzger vor Ort das für Sie zu tun. Wenn Sie es selbst machen, achten Sie darauf, dass das Fleisch sehr kalt ist. Sie benötigen dafür ein scharfes Messer und ein robustes Schneidebrett. Die Technik ähnelt jener, die beim Entfernen von Fischhaut eingesetzt wird (s. S. 128). So viel Fett wie möglich am Fleisch belassen, da dieses das Fleisch schützt und verhindert, dass es zu sehr austrocknet.

WAS SIE DAFÜR BRAUCHEN

- **1 kg Bauchfleisch oder Lende vom Schwein**

ZUTATEN FÜR DIE PÖKELMISCHUNG

- **1,5 EL Nitritpökelsalz**
- **2 Knoblauchzehen (zerdrückt)**
- **1 EL Zucker oder Honig**
- **1 EL zerstoßene, schwarze Pfefferkörner**
- **1 Gewürznelke (im Ganzen)**
- **10 Wacholderbeeren (zerdrückt oder zerstoßen)**
- **2 Lorbeerblätter (fein gehackt)**
- **1 frischer Thymianzweig**

ZUTATEN FÜR DIE WÜRZE

- **1 EL gemahlene Muskatnuss**
- **1 EL zerstoßene, schwarze Pfefferkörner**

Vorbereitung und Pökeln

1 Den Bauchspeck vom Schwein zu einem Viereck von 20 cm Seitenlänge zurechtschneiden und die Schwarte entfernen, sofern das nicht schon geschehen ist. In einer Schüssel alle Zutaten für die Pökelmischung sorgfältig miteinander vermengen. Mit drei Vierteln der Pökelmischung die exponierten Oberflächen des Fleisches einreiben. Mit einem Viertel das Fett behandeln.

2 Das Fleisch in einen Vakuumbeutel oder einen versiegelten Plastikbeutel geben und sieben Tage lang im Kühlschrank pökeln. Den Beutel täglich wenden, um sicherzustellen, dass die Mischung gleichmäßig verteilt wird. Die Pancetta aus dem Beutel nehmen und mit kaltem Wasser abspülen. Das Fleisch mit Küchenpapier trocken tupfen.

Die Schwarte vom Bauchspeck entfernen.

Mit der Pökelmischung behandeln.

Trocknen

1 Die Oberfläche des mit der fleischigen Seite nach oben zeigenden Fleisches mit der gemahlenen Muskatnuss und dem schwarzen Pfeffer behandeln. Dabei mit viel Druck arbeiten.

2 Die Pancetta so fest wie möglich zusammenrollen, um sicherzugehen, dass keine Luftbläschen innerhalb der Rolle verbleiben. Luftbläschen können dazu führen, dass das Fleisch verdirbt. Nehmen Sie sich daher für diesen Arbeitsschritt Zeit. Das Fleisch wiegen und das Gewicht des Fleisches notieren. Pancetta kann auch flach sein (s. Schritt 3).

3 Das Fleisch zu einer Rolle binden, so wie das auf S. 110 beschrieben wird. Wenn Sie Pancetta nicht aufgerollt trocknen wollen, dann reiben Sie die gesamte äußere Oberfläche der Pancetta mit Weißweinessig ab, da dadurch die Außenseite des Fleisches gereinigt und der Säuregehalt erhöht wird, wodurch wiederum nützliche Hefepilze an der Oberfläche wachsen werden. Falls Sie Ihre Pancetta räuchern wollen, sollten Sie das in diesem Stadium machen. Wenn Sie bisher noch keine Techniken des Räucherns ausprobiert haben, dann lesen Sie die Seiten 132–157. Die Pancetta ungefähr acht Stunden hindurch kalträuchern und mit den folgenden Schritten fortfahren.

4 Die Pancetta locker in ein Tuch aus ungefärbtem Musselin wickeln und oben und unten zusammenbinden. Das Päckchen abwiegen und bei Temperaturen um die 15 °C und einer relativen Luftfeuchtigkeit zwischen 65 und 75 % lufttrocknen lassen. Sie können die Pancetta auch im Kühlschrank oder in Reifebeuteln lufttrocknen (s. S. 84).

5 Die Pancetta gilt als fertig zubereitet, wenn sie 10–15 % ihres ursprünglichen Gewichts verloren hat, was für gewöhnlich beim Trocknen auf natürliche Weise drei bis vier Wochen dauert. Falls Sie Pancetta roh und in dünne Scheiben geschnitten servieren wollen, trachten Sie danach, einen Gewichtsverlust von 20–25 % zu erreichen. Sobald das Fleisch dieses Niveau an Trockenheit erreicht hat, sollten Sie sich darum bemühen, es vor einem weiteren Flüssigkeitsverlust zu bewahren, indem Sie es in Plastik oder vakuumverpackt in den Kühlschrank oder in das Tiefkühlfach stellen.

Das Fleisch mit der Pökelmischung im Inneren zusammenrollen.

Die Rolle mit Metzgerknoten fixieren.

Das eingewickelte Fleisch zum Trocknen aufhängen.

Pancetta-Pasta

So wie Pancetta ein großartiger Bestandteil einer Platte mit Fleischwaren sein kann, so kann sie auch einen schmackhaften Mehrwert in vielen gekochten Gerichten darstellen. Sie eignet sich besonders gut für eine Pastasauce in Kombination mit Pilzen und Crème fraîche.

ZUTATEN

- **125 g Pancetta**
- **4 große, weiße Pilze**
- **1 EL Butter**
- **1 Knoblauchzehe (zerdrückt)**
- **4 EL Olivenöl**
- **220 g getrocknete Tagliatelle**
- **4 EL Crème fraîche**
- **Salz und Pfeffer je nach Geschmack**
- **2 frische Thymianzweige**
- **Parmesankäse (gerieben)**

Für zwei Personen

ZUBEREITUNG

1 Die Pancetta in kleine Würfel schneiden und beiseitestellen. Die Pilze in Scheiben schneiden und beiseitestellen.

2 Die Butter in einer sehr heißen Bratpfanne zum Schmelzen bringen. Die Pancetta einrühren und fünf Minuten lang braten, bis sie ein bisschen Farbe annimmt. Knoblauch und Pilze hinzufügen und fünf Minuten lang anschwitzen. Olivenöl dazugeben und weitere vier bis fünf Minuten garen.

3 Inzwischen die Tagliatelle in Salzwasser kochen und dann abtropfen lassen.

4 Crème fraîche in die Pfanne mit den Pilzen und der Pancetta geben und sieden lassen. Eine Minute lang kochen und nach Geschmack würzen. Die gekochte Pasta mit den Thymianblättern dazugeben und umrühren. Mit frischem Parmesankäse bestreut servieren.

BINDEN EINER PANCETTA

Diese Technik ist entscheidend, um eine traditionell eingerollte Pancetta herzustellen. Üben Sie mit einem eingerollten Handtuch, bevor Sie diese Technik bei Ihrem Fleisch anwenden.

Am laufenden Ende des Fadens einen Überhandknoten binden.

1 Den Metzgerfaden unter die Pancetta legen, einen Überhandknoten am laufenden Ende des Fadens binden.

2 Den noch auf der Rolle befindlichen Teil des Fadens nach oben heben (s. unten links) und das Ende des Fadens (mit dem Überhandknoten) darum herumwickeln, wobei noch genug von dem Faden übrig bleiben sollte, um einen weiteren Knoten zu binden.

3 Das laufende Ende des Fadens in die Hand nehmen, einen Überhandknoten binden, wobei eine Schlinge um den noch auf der Rolle befindlichen Teil gelegt wird.

Das laufende Ende um den noch auf der Rolle befindlichen Teil des Fadens legen.

Am laufenden Ende des Fadens einen Überhandknoten binden.

4 Das laufende Ende des Fadens halten, den aufgerichteten Teil sanft festzurren, bis der Knoten um das Fleisch herum fixiert ist. Dem Faden u. U. einen leichten Ruck versetzen, um ihn zu bewegen. Wenn Knoten und Faden am Fleisch aufliegen, am aufgerichteten Teil festzurren, um den Knoten fest um die Pancetta zu legen.

5 Den Knoten so fest wie möglich binden, da die Pancetta beim Lufttrocknen ein wenig an Volumen verlieren wird. Um den Knoten zu schließen, eine Schlinge um den Knoten bilden.

6 Die Schlinge so lange festzurren, bis sie sich unter dem vorherigen Knoten befindet.

7 Den Knoten sorgfältig mit einer Schere zurechtstutzen. Die Pancetta mit so vielen Knoten fixieren wie nötig. Als Richtwert gilt: In regelmäßigen Abständen von ca. 25 mm Knoten binden.

Sanft einen Knoten binden.

Eine Schlinge um den Knoten legen.

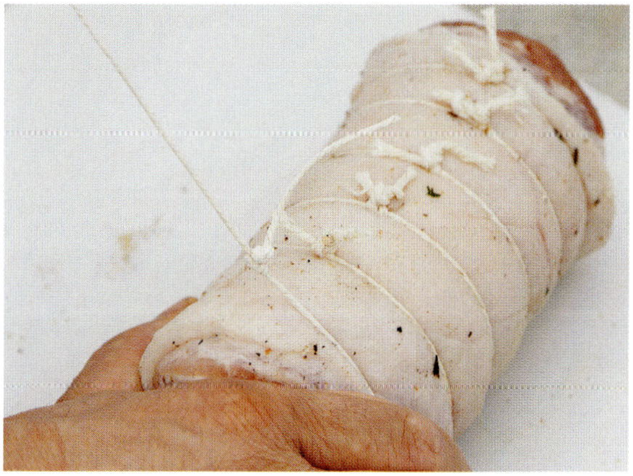

Die Schlinge festzurren, um den Knoten zu fixieren.

Eine ordentlich fixierte Pancetta-Rolle.

BEGRIFFE ZUM KNOTENBINDEN

ÜBERHANDKNOTEN: Ein einfacher Knoten, der gebunden wird, indem das Ende der Schnur durch eine Schlinge am laufenden Ende gezogen wird.

LAUFENDES ENDE: Dasjenige Schnurende, an dem alles geschieht.

AUFGERICHTETER TEIL: Der „inaktive" Teil der Schnur, der sich noch auf der Rolle befindet.

COPPA/ OSSO COLLO

Coppa ist luftgetrocknetes Schweinefleisch vom obersten Teil der Schulter des Schweins. In einer Mischung aus Pfeffer, Knoblauch und Fenchel gepökelt, wird diese Delikatesse Ihre Geschmacksknospen stimulieren.

ENTSCHEIDENDE PHASEN

1 Vorbereitung

2 Pökeln

3 Würzen

4 Trocknen

Die Verwendung eines ganzen Muskels aus dem Nackenbereich bewirkt, dass es sich um ein besonders charakteristisches Stück unter den Fleischwaren handelt. Dieses Fleisch wird dem oberen Teil der Schulter entnommen. Als ein besonders beliebtes Element in einer Platte mit Fleischwaren nach italienischer Art ist Coppa, auch als Osso Collo, Capicola oder Capocollo bezeichnet, ein sehr mageres Fleisch von fester Konsistenz und vollem Aroma, weshalb sich die Mühe bei seiner Zubereitung lohnt.

Traditionell wird Coppa in natürliche Ochsendärme (Rindfleischdärme) gefüllt, um das Fleisch beim Trocknen zu schützen. Es wird mit einem Metzgerfaden gebunden, damit es seine Form beibehält und die Hülle beim Trocknen nah am Fleisch liegt.

In Scheiben schneiden und servieren
Coppa wird traditionell in dünne Scheiben geschnitten als Vorspeise serviert. Häufig wird es mit Olivenöl beträufelt und frisch gemahlenem schwarzen Pfeffer bestreut. Mit ein paar Salatblättern garnieren und schon hat man als Ergebnis ein einfaches, rustikales und köstliches Gericht.

Diese selbst gemachte Coppa wird traditionellerweise in einem Ochsendarm getrocknet und dabei mit einem Metzgernetz fixiert.

Zubereitung des Fleisches

Falls Sie keinen sehr hilfreichen und fachkundigen Metzger kennen, der Sie dabei unterstützt, die richtige Coppa auszuwählen, müssen Sie ein größeres Fleischstück von der oberen Schulter oder dem Nacken kaufen und die Coppa selbst zerschneiden. Die Nackenmuskulatur kann relativ einfach von der Oberseite der Schulter entfernt werden. Das Fett an der Außenseite entfernen, so dass nur mehr die Muskelgruppe übrigbleibt. Es gibt ein wenig Fett zwischen den einzelnen Muskeln dieser Muskelgruppe, welches der Coppa ihr typisches Aussehen verleiht.

Pökeln

1 Zum Pökeln des Fleisches die sog. „Bagger-Methode" (engl. „dredge method"), besser bekannt auch als die Salz-Box-Methode, anwenden. Dazu gehört das vollständige Bedecken der gesamten Oberfläche des Fleisches mit Salz, indem es in einem Geschirr oder einer Box durch Salz gezogen wird. Diese Methode kann bei den meisten Fleischsorten angewendet werden, bei denen ganze Muskeln gepökelt werden. Die Maßangaben sind ein wenig ungenau, aber die Absicht besteht darin, das Fleisch mit Salz im Verhältnis zu seiner Größe zu bedecken.

2 Nach dem Bedecken mit Salz die Coppa mit den anderen Zutaten für die Pökelmischung in einen Beutel geben. Den Beutel versiegeln und die in ihm befindlichen Zutaten so lange vermischen, bis der ganze Muskel von der Pökelmischung bedeckt ist. Die Coppa abwiegen und das Gewicht notieren, da Sie diesen Wert in der Folge benötigen werden, um zu beurteilen, ob die Coppa bereits fertig gepökelt ist oder nicht. Das Fleisch eine Woche lang im Kühlschrank reifen lassen, wobei es täglich gewendet werden muss.

WAS SIE DAFÜR BRAUCHEN

- **40 cm langer Ochsendarm (über Nacht eingeweicht)**

Die folgenden Mengenangaben für jedes Kilogramm Schweinenacken für Ihre Coppa multiplizieren.

FÜR DIE PÖKELMISCHUNG

- **28 g Nitritpökelsalz**
- **1 EL gemahlener schwarzer Pfeffer**
- **5 Wacholderbeeren (zerdrückt)**
- **1 Knoblauchzehe (zerdrückt)**

FÜR DIE WÜRZE

- **1 Knoblauchzehe (zerdrückt)**
- **1 EL gemahlener Koriander**
- **1 EL gemahlene Muskatnuss**
- **1 EL gemahlener schwarzer Pfeffer**

Das Fleisch mit der Pökelmischung bedecken.

In einem Plastikbeutel versiegeln.

Gewürze und Wursthülle

1 Die Coppa aus dem Kühlschrank nehmen, unter fließendem, kaltem Wasser abspülen, mit Küchenpapier trocken tupfen. Die Zutaten für die Gewürzmischung vermengen und gleichmäßig auf der gesamten Oberfläche der Coppa verteilen.

2 Die Coppa in die Wursthülle füllen. Darauf achten, dass diese nicht zerrissen wird. Die Wursthülle an beiden Enden mithilfe eines Metzgerfadens zusammenbinden. Eine Reihe von Schlingen um die Coppa herum binden, sowohl in Längsrichtung als auch um den mittleren Teil, damit die Wursthülle in möglichst engem Kontakt mit dem Fleisch steht. Alternativ ein entsprechend großes Fleischnetz verwenden (s. unten „Das Befüllen der Coppa"). Mit einer sterilen Nadel die Hülle durchbohren, um eingeschlossene Luft entweichen zu lassen. Die gesamte Hülle mit Weißwein abspülen.

Trocknen

Die Coppa bei ca. 15 °C und einer relativen Luftfeuchtigkeit zwischen 65 und 75 % drei bis vier Wochen lang trocknen, und zwar so lange, bis sie eine feste Konsistenz und eine dunklere Farbe aufweist. Die Coppa ist fertig, wenn sie ungefähr 20 % ihres ursprünglichen Gewichts verloren hat. Ein klimatisierter Reiferaum ist dafür ideal. In sehr dünne Scheiben geschnitten servieren.

DAS BEFÜLLEN DER COPPA

Mithilfe einer großen Plastikflasche (für kohlensäurehältige Getränke) gelingt das Einfüllen der Coppa ins Fleischnetz garantiert. Dazu den Boden der Flasche, in der die Coppa Platz hat, abschneiden. Das Netz über den Flaschenhals ziehen, bis es sich nah am abgeschnittenen Boden der Flasche befindet. Die Coppa über den offenen Boden in die Flasche stecken, bis sie sich beinahe vollständig darin befindet. Eine kurze Seite des Netzes über den Boden der Flasche und um das Ende der Coppa herum ziehen. Das Fleischnetz an der Coppa halten und die Flasche kippen, so dass die Coppa herausgleitet. Dabei wird das Fleischnetz über das Fleisch gezogen.

Die Wursthülle mit dem gewürzten Fleisch befüllen.

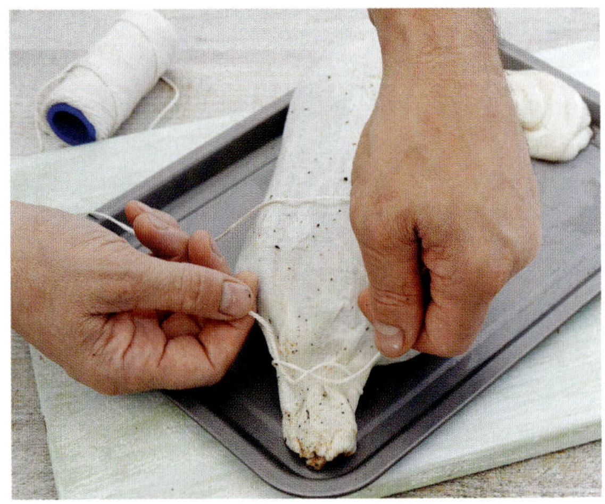

Die Wursthülle zunächst mit einem Knoten nahe an einem Ende der Coppa zubinden.

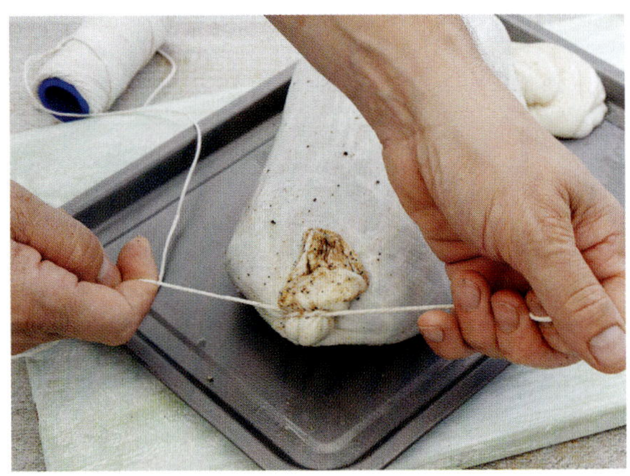

Die überschüssige Hülle umschlagen und mit einem weiteren Knoten zubinden.

LUFTGETROCKNETE WURSTWAREN

Die Herstellung von Wurstwaren erfordert eine spezielle Ausrüstung und nimmt ein wenig Zeit in Anspruch. Angesichts der Resultate jedoch lohnt sich der Aufwand. Die Anleitungen hier beziehen sich auf die auf den folgenden Seiten beschriebenen Techniken zur Herstellung von klassischer Salami, Salami aus Wildfleisch und spanischer Chorizo.

Für die Herstellung jeder Art von Wurstwaren ist die Verwendung eines Wurstfüllers und von Wursthüllen erforderlich. Noch vor diesem Arbeitsschritt müssen Sie bedenken, wie Sie das Fleisch verarbeiten, d. h. händisch zerhackt oder aber mit dem Fleischwolf zerkleinert, und welche Fleischstücke Sie verwenden wollen. Das richtige Verhältnis zwischen magerem und fettem Fleisch spielt eine wichtige Rolle bei der Herstellung von geräucherter Wurst, da diese Art von Wurstware fast nie Füllmaterial enthält, durch welches jegliches Ungleichgewicht kaschiert werden könnte.

Ungekocht zum Verzehr geeignet

Der Sinn des Lufttrocknens von Wurstwaren besteht darin, eine möglichst lange Haltbarkeit zu gewährleisten und auch den Verzehr in ungekochtem Zustand zu ermöglichen. Anders als bei Wurstwaren, die gekocht werden müssen, werden luftgetrocknete Würste für gewöhnlich so lange gepökelt und getrocknet, bis sie ohne Bedenken ungekocht verzehrt werden können.

Wursthüllen

Luftgetrocknete Wurstwaren werden i. d. R. in Naturdärme gefüllt, welche „atmungsaktiv" sind und das Durchdringen von Flüssigkeit ermöglichen. Für einige der neueren Wursthüllen auf dem Markt wird Kollagen verwendet, welches aus einem Nebenprodukt der Fleischverarbeitung hergestellt wird. Wursthüllen aus Kollagen sind dünn und widerstandsfähig. Außerdem sind auch atmungsaktive Kunstdärme erhältlich. Diese werden zu kommerziellen Zwecken bei der Herstellung von Salami und fermentierter Wurst verwendet, die Herkunft dieser Hüllen lässt sich jedoch nur schwer feststellen. Auch sind sie ziemlich teuer.

Fett – eine Frage der Konsistenz

Fett spielt eine wichtige Rolle bei der Herstellung von Wurstwaren, insbesondere bei der Herstellung der luftgetrockneten Varianten. Einige Arten von Schweinefett, wie beispielsweise Bauchspeck, verfügen über weniger Struktur und werden für weiche, luftgetrocknete Wurstwaren wie 'Nduja, eine fermentierte, streichfähige Salami aus Italien, verwendet. Diese Wurst enthält viel roten Paprika aus Kalabrien und weist einen hohen Fettgehalt auf, wobei es sich hauptsächlich um Bauchspeck handelt, der über eine weichere Konsistenz verfügt als das Rückenfett. 'Nduja wird in Naturdarm gefüllt und dann getrocknet, wobei aber die Streichfähigkeit erhalten bleibt. Rückenfett wird typischerweise für die Herstellung von Salami, Blutwurst und Chorizo verwendet.

Schweinefleisch spielt bei der Herstellung von Wurstwaren aus anderen Fleischsorten eine bedeutende Rolle. Salami aus Wildfleisch (s. S. 120) z. B. beinhaltet auch Schweinerückenfett, um eine festere Konsistenz zu erzielen, als das mithilfe von Bauchfett möglich wäre.

Zuckerzusatz

Zucker oder Dextrose kommen als Zutaten in einigen Rezepten für fermentierte Wurstwaren vor. Diese Zutaten werden nicht als Süßstoffe, sondern als Nährstoffe für nützliche Bakterien verwendet, die dem Endprodukt einen charakteristischen säuerlichen Geschmack verleihen. Diese fermentierten Wurstwaren sind in Nordeuropa weit verbreitet und im Allgemeinen ungeräuchert. Wenn sie geräuchert werden, dann nur kalt, um die Proteinstruktur und somit die Konsistenz des Fleisches zu bewahren.

KLASSISCHE SALAMI

Salami ist eine traditionell hergestellte luftgetrocknete, fermentierte Wurstware, die ursprünglich aus Italien stammt. Diese Delikatesse wird, dünn aufgeschnitten, mit Brot als Snack oder als schmackhafte Vorspeise verzehrt. Die Herstellung von Salami ist ein großartiges Projekt für Neulinge bei der Erzeugung von Wurstwaren.

ENTSCHEIDENDE PHASEN

1 Fleisch zerhacken

2 Würzen

3 Füllen

4 Trocknen

Salami hat einen scharfen, kräftigen Eigengeschmack. Das ist zum Teil das Ergebnis der verwendeten Gewürze, aber teilweise auch bedingt durch die Bakterien, die den Prozess der Fermentierung unterstützen. Wenn die Salami reif ist, weist sie einen natürlichen Säuregehalt auf, der von diesen Bakterien stammt. Durch diese Lebendkulturen wird Zucker vergoren und Milchsäure produziert, wodurch die Vermehrung unerwünschter Bakterien gehemmt wird. In vielen Rezepten werden auch Nitrite vorgeschrieben, um die Entwicklung gefährlicher Bakterien zu verhindern. Aber manche Produzenten bevorzugen es, keine Nitrite einzusetzen und verlassen sich lediglich auf das Wirken von hilfreichen Bakterien, um die Sicherheit ihre Produkte zu gewährleisten.

Wursthüllen
Salami wird in Naturdärme gefüllt und zum Trocknen unter kühlen und luftigen Bedingungen aufgehängt. Dank dem Naturdarm kann die Feuchtigkeit entweichen. Die Salami ist dann fertig, wenn sie 20–25 % ihres ursprünglichen Gewichts verloren hat. Salami hat i. d. R. einen Durchmesser von 50 mm, verwenden Sie also Naturdärme der entsprechenden Größe.

Welches Stück Fleisch ist geeignet?
Sie können praktisch jeden Teil des Schweins verwenden, um Salami herzustellen. Meiner Meinung nach aber ist das ideale Fleischstück eine ganze Schulter. Gehäutet und entbeint enthält sie das perfekte Verhältnis von Fett und magerem Fleisch. Wenn Sie ein magereres Fleischstück verwenden, müssen Sie den Fettgehalt durch zusätzliches Rückenfett ergänzen. Dieses hat eine festere Konsistenz als Bauchfett und kann gewürfelt werden, um der fertigen Salami ein rustikales Aussehen und eine gute Konsistenz zu verleihen.

Die Kenntnis der richtigen Verhältnisse
Zur Herstellung von Salami ist es wichtig, das richtige Verhältnis zwischen Fleisch und Fett zu kennen. Salami besteht zu ungefähr 80 % aus magerem Schweinefleisch (i. d. R. Schulter) und 20 % Rückenfett. Das Fett kann entweder gemeinsam mit dem Fleisch zerhackt oder aber gewürfelt und dem Fleisch beigemengt werden, bevor die Salami gefüllt wird.

Grundlagen des Würzens
Würzen und Aromatisieren sind essentielle Bestandteile der erfolgreichen Salamiherstellung. Salami wird traditionell mit Knoblauch und Pfeffer gewürzt. Sie können jedoch die Würze an Ihren Geschmack anpassen. Verwenden Sie nicht zu viel Knoblauch. Es handelt sich um ein im Wesentlichen rohes Produkt, weshalb der Knoblauchgeschmack ziemlich intensiv bleibt. Salami kann auch mit Fenchel, Paprika und anderen Aromen versehen werden. Anhänger der Tradition würden diese Wurstware normalerweise nicht räuchern, da dadurch der natürlich entstehende Schimmel erst später an der Oberfläche der Wursthülle entstehen würde.

Klassische Salami ist gerade das, was sie ist: ein Klassiker. Sie ist stets beliebt als Sandwichfüllung bei einem Picknick oder als wichtiges Element bei einer Platte mit verschiedenen Wurstwaren.

WAS SIE DAFÜR BRAUCHEN

- **1 kg Schweinefleisch und -fett**
- **Naturdarm (Länge: 1 m, Durchmesser: 50 mm)**

ZUTATEN FÜR DIE WÜRZE

- **1,5 EL Nitritpökelsalz**
- **1 EL geröstete Fenchelsamen**
- **1 EL gemahlener schwarzer Pfeffer**
- **1 Knoblauchzehe (zerdrückt)**
- **2 EL Rotwein (vorzugsweise italienischer)**
- **1 EL Zucker oder Dextrosepulver**

Fleisch zerhacken

1 Das magere Schweinefleisch in 25 mm große Würfel schneiden, abwiegen und die Menge an benötigtem Fett kalkulieren. Für je 800 g mageres Fleisch werden in etwa 200 g Rückenfett benötigt.

2 Fleisch und Fett vermischen und durch den Fleischwolf mit einer 8-mm-Lochscheibe drehen. Das Ergebnis ist eine grobe Salami mit gleichmäßig verteiltem Fett. Nach Belieben das Fett auch in 5 mm große Würfel schneiden, dann ist es gut sichtbar.

Das magere Schweinefleisch zerhacken.

Würzen

Alle Zutaten für die Gewürzmischung dem Hackfleisch hinzufügen und alles ca. fünf Minuten lang gut durchmischen. Während dieses Vorgangs wird aus dem Schweinefleisch ein Muskelprotein namens Myosin freigesetzt, das als Bindemittel die Konsistenz der Salami verbessert.

Die Gewürze dem Fleischgemisch hinzufügen.

Fleisch und Fett klein schneiden.

SCHÜTZEN DER SALAMI

Es handelt sich um ein luftgetrocknetes Produkt, d. h., ab einem gewissen Punkt werden Sie, falls die klimatischen Bedingungen passen, die Salami draußen zum Trocknen aufhängen wollen, damit der Wind seine Arbeit verrichten kann. Um Fliegen und andere entschlossene Tiere davon abzuhalten, eine kostenlose Mahlzeit einzunehmen, wird das Fleisch von einem Gehäuse aus Drahtgitter umgeben, in welcher das Fleisch sicher an der Luft trocknen kann und vor Regen und Insekten geschützt ist.

Befüllen und Trocknen

1 Die Wursthüllen im Vorhinein einweichen und sie auf den Wurstfüller stecken. Jede Salami mit ungefähr 1 kg der Fleischmischung befüllen und abbinden. Jede Wurst vor dem Befüllen einer weiteren am Ende abschneiden. Wenn Sie wollen, können Sie auch kleinere Würste herstellen. Aber eine große Salami hat etwas Grandioses für sich. Jede Wurst sollte ca. 25 cm lang sein. Lassen Sie die Salami zwölf Stunden bei ca. 18 °C hängen.

2 Jede Wursthülle mit einer desinfizierten Nadel mehrmals einstechen, um Lufteinschlüsse aufzulösen. Die Salami abwiegen und das Gewicht sowie das Datum notieren.

3 Die Salami bei einer Temperatur von ca. 20 °C zwölf Stunden lang aufhängen, um die Fermentierung einzuleiten. Nach diesem Stadium wird die Salami bei einer geringeren Temperatur luftgetrocknet.

4 Die Salami bei ca. 15 °C und einer relativen Luftfeuchtigkeit zwischen 65 und 75 % drei bis sechs Wochen lang trocknen, und zwar so lange, bis sie 25–30 % ihres ursprünglichen Gewichts verloren hat. Ein klimatisierter Reiferaum ist dafür ideal.

Jede Wurst vor dem Herstellen der nächsten am Ende zusammenbinden.

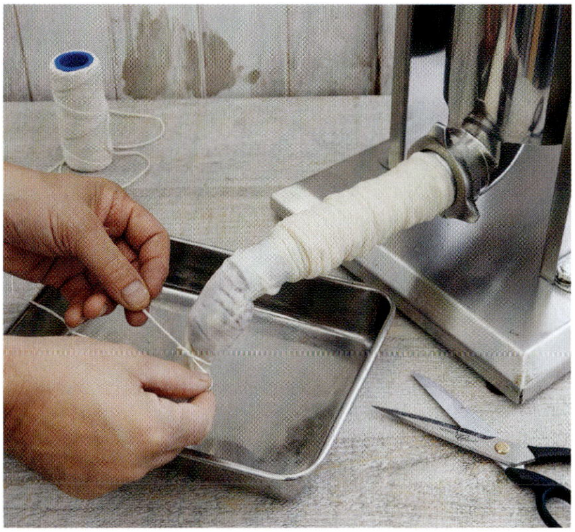

Das Ende der Wursthülle abbinden.

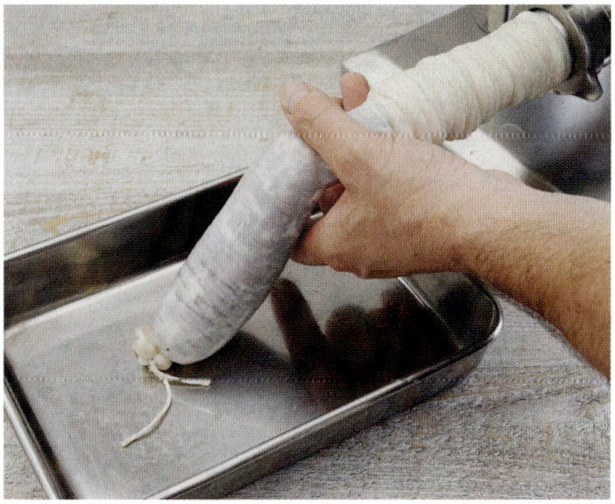

Die Wursthülle mit der Fleischmischung füllen.

Die Wursthülle einstechen, um eingeschlossene Luftbläschen freizusetzen.

SALAMI AUS WILDFLEISCH

Salami aus Wildfleisch ist eine traditionell hergestellte luftgetrocknete, fermentierte Wurst im Naturdarm aus einer Mischung aus Schweinefleisch und wunderbar reichhaltigem und magerem Wildfleisch (Hirsch). Diese würzige Wurstware dürfte eine der besten Salamis sein, die Sie innerhalb einer langen Zeit kosten werden.

ENTSCHEIDENDE PHASEN

1 Fleisch zerhacken

2 Würzen

3 Füllen

4 Trocknen

Salami aus Wildfleisch ist weit verbreitet und erfreut sich in Europa als Delikatesse einer wachsenden Beliebtheit. Für die Herstellung von Wildfleischsalami wird eine Mischung aus Wildfleisch und Schweinefleisch verwendet. Sie können praktisch jeden Teil des Wildfleisches verwenden, da es sich um sehr mageres Fleisch handelt. Durch das Schweinefett findet ein Ausgleich zum mageren Wildfleisch statt, wobei auch die Konsistenz leichter wird. Für Salami aus Wildfleisch verwende ich Rückenfett. Dieses hat eine festere Konsistenz als Bauchfett und kann daher gut in Würfel geschnitten werden.

Verhältnis zwischen magerem Fleisch und Fett
Es ist wichtig, bei der Herstellung von Salami die Verhältnisse zwischen Fleisch und Fett zu beachten. Sie müssen ca. 60 % Wildfleisch, 20 % mageres Schweinefleisch und 20 % Rückenfett vom Schwein verwenden. Das Fett kann entweder gemeinsam mit dem Fleisch zerkleinert oder aber gewürfelt und dem Fleisch beigemengt werden, bevor die Salami gefüllt wird. Salami aus Wildfleisch kann mit Knoblauch und Pfeffer und mit ein wenig Wacholder gewürzt werden. Sie können jedoch die Würze an Ihren Geschmack anpassen.

Die Herstellung von Salami aus Wildfleisch

1 Wild- und Schweinefleisch in ca. 25 mm große Würfel schneiden, mit dem Fett vermischen. Wie im Fall der klassischen Salami beschrieben (S. 118), klein hacken und würzen.

2 Die Wursthüllen im Vorhinein einweichen und auf den Wurstfüller stecken. Jede Salami mit ungefähr 1 kg der Fleischmischung befüllen und abbinden. Sie können, wenn Sie wollen, auch kleinere Salamis herstellen. Salami aus Wildfleisch sollte nicht länger als 30 cm sein. Wenn sie länger ist, wird sich das oben verjüngende Ende verzerren und das untere Ende hervorquellen, wobei das Risiko besteht, dass die Wurst nicht gleichmäßig trocknet. Die ideale Länge beträgt 20–25 cm.

3 Die Wursthülle mit einer desinfizierten Nadel mehrmals einstechen, um Lufteinschlüsse aufzulösen. Die Salami zwölf Stunden bei ca. 18 °C hängen lassen und so fortfahren, wie im Fall der klassischen Salami beschrieben (S. 119).

Salami aus Wildfleisch ist eine dichte, fleischige getrocknete Wurst, die es sich herzustellen wirklich lohnt.

WAS SIE DAFÜR BRAUCHEN
- **600 g Wildfleisch (Hirsch)**
- **200 g mageres Schweinefleisch**
- **200 g Rückenfett vom Schwein**
- **Naturdarm (Länge: 1 m, Durchmesser: 50 mm)**

ZUTATEN FÜR DIE WÜRZE
- **1,5 EL Nitritpökelsalz**
- **5 Wacholderbeeren (zerdrückt)**
- **1 EL gemahlener schwarzer Pfeffer**
- **1 Knoblauchzehe (zerdrückt)**
- **2 EL Scotch Whisky**
- **1 EL Zucker oder Dextrosepulver**

SPANISCHE CHORIZO

Chorizo ist eine würzige, spanische Wurst, die vielen Gerichten wie Paella oder Hühnereintopf das gewisse Extra und eine reichhaltige Beschaffenheit verleiht. Chorizo kann auch als Tapas oder Vorspeise serviert werden. Und die gute Nachricht: Die Herstellung von Chorizo ist überraschend einfach.

ENTSCHEIDENDE PHASEN

1 Vorbereitung

2 Füllung und Wursthüllen

3 Trocknen

Spanische Chorizo wird traditionell an beiden Enden zusammengebunden, so dass eine Art Ring entsteht.

Liebhaber von spanischem Essen kennen wahrscheinlich diesen sehr aromatischen, würzigen Bestandteil jedes Tapasmenüs und werden eine gewisse Aufregung bei dem Gedanken verspüren, diesen Leckerbissen selbst zu Hause zuzubereiten. Diese vielfältig einsetzbare Wurstware kann Eintopfgerichten, Pastasaucen oder einem appetitanregenden, zu den Getränken vor dem Abendessen gereichten Snack ein sofortiges, intensives Aroma verleihen.

Gebratene, gewürfelte Chorizo kann als knusprige und an Aromen reiche Garnierung für Gemüsesuppen verwendet werden.

Überlegungen zur Konservierung

Chorizo ist eine luftgetrocknete, auf der Basis von Schweinefleisch hergestellte Wurst, weshalb die grundlegenden Überlegungen zur Wurstherstellung auch hier gelten (s. S. 115). Für die Herstellung von Chorizo nach der hier beschriebenen Methode ist ein geringer Salzgehalt erforderlich. Luftgetrocknete Chorizo kann auch Nitritpökelsalz enthalten, das ein sicheres Lufttrocknen ohne das Risiko bakterieller Infektion ermöglicht. Falls Sie sich dazu entschließen, Chorizo ohne Trocknen sofort beim Kochen zu verwenden, können Sie das Nitritpökelsalz weglassen und stattdessen etwas mehr Salz verwenden.

Das Schweinefleisch stammt idealerweise von der Schulter oder dem Nacken. Es ist zu 70–80 % mager und weist einen Fettanteil von 20–30 % auf, wobei es sich um das ideale Mischungsverhältnis für eine Wurst handelt. Das Fleisch durch den Fleischwolf mit Lochscheibengrößen von 8 mm drehen.

Die Auswahl der Wursthüllen

Bei der Herstellung von Chorizo werden Schweinedärme verwendet. Die Größe ist eine Frage der persönlichen Wahl. Die Angaben hier beziehen sich auf Wursthüllen mit einem Durchmesser zwischen 32 und 35 mm. Bedenken Sie jedoch, dass sich bei Chorizo, für die größere Wursthüllen verwendet werden, auch die Trockenzeiten verlängern.

WAS SIE DAFÜR BRAUCHEN

- **4,3 kg Schweinehackfleisch**
- **Schweinedarm (gesalzen, Länge: ca. 4,5 m, Durchmesser: 32–35 mm)**

ZUTATEN FÜR 1 KG WURSTMASSE

- **28 g Nitritpökelsalz**
- **2 g Staubzucker**
- **10 g Paprika**
- **½ EL Cayennepfeffer**
- **5 g zerstoßene Fenchelsamen**
- **10 g gehackter Knoblauch**
- **25 ml Rotwein (vorzugsweise Rioja)**

Zubereitung des Fleisches

1 Das Hackfleisch in sehr kaltem Zustand mit den trockenen Zutaten vermischen. Wein hinzufügen und fünf Minuten lang gut durchmischen.

2 Die Fleischmischung in den Wurstfüller geben, den Darm aufstecken. Jede Chorizo mit ca. 200 g Fleisch befüllen und beide Enden zu einem Ring zusammenbinden.

Die Gewürze und den Wein mit dem Hackfleisch vermischen.

Trocknen der Chorizo

1 Die Wursthülle mit einer desinfizierten Nadel anstechen, damit eingeschlossene Luftbläschen entweichen können. Die Wurstringe zum Trocknen zwei Wochen lang im Kühlschrank hängen lassen.

2 Danach kann die Chorizo für gekochte Gerichte verwendet werden. Für eine nicht gekochte Vorspeise vor dem Servieren weitere zwei Wochen im Kühlschrank trocknen lassen. Wiegen und etikettieren Sie die Chorizo. Versuchen Sie einen Gewichtsverlust von 15–20 % zu erreichen.

Die Wursthülle einstechen, um eingeschlossene Luftbläschen freizusetzen.

Chorizo-Tapas

In Spanien werden zum Wein Tapas gereicht. Diese schmackhaften, oft mit krustigem Brot servierten Snacks können aber reichhaltig genug für eine vollwertige Mahlzeit sein. Chorizo gehört zu den bekanntesten Tapasgerichten.

ZUTATEN

- **250 g Chorizo**
- **½ rote Zwiebel mittlerer Größe**
- **1 EL Olivenöl**
- **2 Knoblauchzehen**
- **2 EL flüssiger Honig**
- **6 EL Rotwein**
- **1 Lorbeerblatt**
- **glatte Petersilie für die Garnierung**

ZUBEREITUNG

1 Die Chorizo enthäuten und in 5 mm dicke, runde Scheiben schneiden. Die rote Zwiebel in dünne Scheiben schneiden. Die Chorizo in einer Pfanne mit Olivenöl so lange braten, bis ihr Fett austritt.

2 Zwiebel und Knoblauch hinzufügen. So lange braten, bis sie glasig sind. Honig und Rotwein sowie Lorbeerblatt hinzufügen. So lange umrühren, bis der Honig sich aufgelöst hat.

3 Die Hitze verringern und so lange köcheln lassen, bis etwa zwei Drittel der Flüssigkeit verdunstet sind und die restliche Flüssigkeit eingedickt ist. Mit gehackter Petersilie garniert servieren.

GESALZENER KABELJAU

Der im mediterranen Raum auf dem Speiseplan stehende gesalzene Kabeljau ist einfach zuzubereiten und verwandelt Nahrungsmittel in eine an Aromen reiche und über eine ausgeprägte Konsistenz verfügende Delikatesse, die ohne weitere Beilage oder als Zutat für andere Gerichte verwendet werden kann.

ENTSCHEIDENDE PHASEN

1 Salzen

2 Trocknen

GUT UND FRISCH

Glauben Sie nicht, dass Sie beim Trockensalzen mit einem zweitklassigen Fisch davonkommen. Aus Zutaten von schlechter Qualität lässt sich nur ein enttäuschendes Endprodukt herstellen. Für erstklassige Ergebnisse salzen Sie nur den frischesten Fisch, den Sie finden können.

Das Salzen ist eine der ältesten Techniken zur Konservierung von Fisch und war einst die einzige Möglichkeit, den Fang für magere Zeiten aufzubewahren. Aber auch unsere Vorfahren werden wohl die Auswirkungen des Salzes auf Geschmack und Konsistenz von Fisch bemerkt haben. Durch das Pökeln von gesalzenem Kabeljau wird dem Fisch eine große Menge Feuchtigkeit entzogen. Somit kann er sicher drei Monate lang im Kühlschrank, ja sogar bis zu einem Jahr gut eingepackt im Tiefkühlfach aufbewahrt werden.

Einfache Zutaten
Für die Herstellung von gesalzenem Kabeljau benötigen Sie nichts weiter als frisches Kabeljaufilet und Salz. Sie können Meersalz verwenden, gewöhnliches Tafelsalz ist aber genauso gut geeignet. Sie können auch pures getrocknetes Vakuumsalz (PDV) verwenden (s. S. 25).

Sie können nur die Lende vom Kabeljau, den Teil über der Wirbelsäule, verarbeiten. Ich aber bevorzuge es, das gesamte Filet zu verwenden. Die Zubereitung kann mit jeder vernünftigen Menge Fisch erfolgen, solange Sie nur genügend Platz zum Pökeln und genügend Salz zum Trocknen haben. Sie benötigen ca. 250 g Salz für jedes Kilogramm Fisch.

Gesalzener Kabeljau sieht fad aus, kann aber einen einzigartigen Geschmack und eine einmalige Konsistenz aufweisen.

Wählen Sie für dieses Produkt frische Kabeljaufilets von guter Qualität.

ALTERNATIVEN ZU KABELJAU

Während der vergangenen 30 Jahre wurden Fischfanggebiete im Nordatlantik, wegen der radikalen Verringerung der Fischbestände, gesperrt oder strikte Fangquoten verordnet. Während Kabeljau noch immer vielerorts erhältlich ist, ist es auch möglich, andere Weißfische zu verwenden, um ähnliche Resultate zu erzielen. Als Alternativen bieten sich u. a. Schellfisch, Seelachs (Pollack) und Kohlfisch an.

Zubereitung des Fisches

1 Zuerst die Haut des Kabeljaufilets entfernen. Den Fisch mit der Hautseite nach unten flach auf ein Schneidebrett legen. Das Messer flach entlang des Schneidebretts führen und knapp über der Haut einen horizontalen Einschnitt im Filet machen. Das Messer nach vor und zurück bewegen, wobei die Schneide so flach wie möglich und so knapp an der Haut wie möglich geführt wird.

2 Wenn Sie sehen können, wie sich die Haut vom Fleisch löst, dann halten Sie sie mit einer Hand fest, während Sie mit der anderen Hand das Messer in sägenden Bewegungen nach vor und zurück führen. Passen Sie dabei darauf auf, die Haut selbst nicht zu durchschneiden. Die Haut in die dem Schnitt entgegengesetzte Richtung ziehen. Diesen Prozess so lange fortsetzen, bis die Haut entfernt ist.

Salzen

1 Die Hälfte des Salzes in ein nichtreaktives Geschirr geben und den Fisch hineinlegen, beidseitig mit Salz bedecken und dann das restliche Salz auf die Oberseite des Fisches streuen. Wenn mehr als ein Stück Kabeljau im selben Geschirr gesalzen wird, die zweite Schicht Fisch auf die Salzschicht über der ersten Schicht von Fischfilets legen usw. Bei allen weiteren Filets gleich verfahren.

2 Wenn das letzte Fischfilet mit Salz beschichtet wurde, das Geschirr mit Frischhaltefolie zudecken und die Fische für je eine Dicke von 25 mm einen Tag lang im Kühlschrank ruhen lassen. Hierbei geht es um die Dicke eines jeden einzelnen Fischfilets und nicht um die Dicke aller Filets zusammen, sofern mehr als ein Filet gesalzen wird. Danach die Fische herausnehmen. Sie können nunmehr weiterverarbeitet werden.

Das Filet über der Haut ablösen.

Den Fisch mit Salz bedecken.

Mit dem Messer Vor- und Rückwärtsbewegungen machen, während Sie die Haut festhalten.

Den Fisch aus dem Salz entfernen, wenn die Pökelzeit verstrichen ist.

Gesalzener Kabeljau mit Tomaten

Diese Kombination aus gesalzenem Kabeljau, Tomaten, Knoblauch und rotem Paprika ist ein das Herz erfreuendes Gericht, das in Spanien häufig während der Festtage zubereitet wird. Die Zubereitung dauert etwa 30 Minuten, jedoch muss der Kabeljau vor der Verarbeitung zumindest 24 Stunden eingeweicht werden.

ZUTATEN

- **1 kg gesalzener Kabeljau**
- **125 g Mehl**
- **100 ml Olivenöl**
- **1 große Zwiebel (gehackt)**
- **4 Knoblauchzehen (grob gehackt)**
- **800 g Dosentomaten (gehackt)**
- **1 Lorbeerblatt**
- **1 kleiner Thymianzweig**
- **4 Stk. große geröstete Paprikaschoten**
- **10 schwarze Oliven (entkernt)**

Für sechs Personen

ZUBEREITUNG

1 Den Kabeljau 24 Stunden lang in kaltem Wasser einweichen. Das Wasser alle acht Stunden austauschen. Den Kabeljau aus dem Wasserbad nehmen und mit Küchenpapier trocken tupfen.

2 Den Kabeljau großzügig mit Mehl panieren. Das Olivenöl in einer großen Pfanne erwärmen. Den Kabeljau hineinlegen und so lange braten, bis er gerade eine goldene Farbe annimmt. Den Kabeljau aus der Pfanne nehmen und beiseitelegen.

3 Die gehackte Zwiebel und den Knoblauch in die Pfanne geben und auf mittlerer Hitze glasig braten. Gehackte Tomaten, Lorbeer und Thymian hinzufügen und umrühren. Die Hitze verringern und ca. 15 Minuten lang köcheln lassen.

4 Den Kabeljau wieder in die Pfanne geben. Die gerösteten Paprika und Oliven hinzufügen und für weitere fünf bis zehn Minuten sanft köcheln lassen. Mit gekochten Kartoffeln servieren.

RÄUCHERN VON FLEISCH UND FISCH

EINFÜHRUNG IN DAS HEISS- UND KALTRÄUCHERN

In diesem Kapitel wird Ihnen die Welt des Räucherns gezeigt. Es wird erklärt, wie und warum wir Nahrungsmittel räuchern. Tipps und Hinweise für den Laien, was die Auswahl geeigneter Utensilien anbelangt, ermöglichen es, diese Kunstfertigkeit auch zu Hause zu praktizieren. Hier finden Sie Schritt-für-Schritt-Anleitungen zum Bau eines Räucherofens aus leicht zu beschaffenden Materialien und eine Unmenge an Informationen über Räuchertechniken, um beispielsweise geräucherten Lachs und Rippchen zuzubereiten.

Egal, ob Sie sich für das Heiß- oder Kalträuchern entscheiden, es lohnt sich einen Moment lang zu überlegen, wo und wann wir daraufgekommen sind, dass das Aroma, das der Rauch unserem Essen verleiht, etwas ist, das wir mögen. Unsere prähistorischen Vorfahren hielten sich warm und kochten an offenen Feuerstellen, wobei sie heimisches, regionales Holz verwendeten. Es ist nur logisch, davon auszugehen, dass ihre Nahrung von den Rückständen des Rauches überzogen und somit dieses Aromatisieren mittels Holzfeuer letztendlich als integraler Geschmacksstoff in der Nahrung Teil unseres kulinarischen Kulturerbes wurde. Man kann mit Sicherheit annehmen, dass Urmenschen erkannten, dass Nahrungsmittel, die mit einer leichten Schicht aus Rückständen eines Holzfeuers überzogen waren, länger haltbar blieben als unbehandeltes Fleisch. Wissenschaftler, die die Eigenschaften von durch Holzfeuer entstehenden Rauch erforschen, bestätigten dies in der jüngsten Vergangenheit. Dass geräucherte Nahrung länger haltbar

Kleine Hühner können in einem aus einem Kochfeld improvisierten Räucherofen heißgeräuchert werden.

HEISS- ODER KALTRÄUCHERN – WOFÜR SOLL MAN SICH ENTSCHEIDEN?

Heißräuchern beinhaltet einen Kochprozess, der mehrere Stunden dauern kann. Das ist kein Teil des Kalträucherns, bei welchem Nahrungsmittel, ohne die Veränderung der Konsistenz, haltbar gemacht werden. Im Allgemeinen können heißgeräucherte Produkte direkt nach ihrer Entnahme aus dem Räucherofen, ohne weiteres Kochen, verzehrt werden. Die meisten kaltgeräucherten Nahrungsmittel erfordern vor dem Verzehr ein weiteres Kochen. Es gibt aber einige Ausnahmen zu dieser Regel (s. Tabelle rechts).

bleibt und großartig schmeckt, ist für diejenigen, die sie lieben, kein Geheimnis; ein Umstand, der auch erklärt, weshalb diese Technik des Aromatisierens die Zeiten überdauerte.

Geräucherte Nahrungsmittel von heute

Das Räuchern wurde auf der ganzen Welt übernommen, um den unzähligen verschiedenen Zutaten zusätzlichen Geschmack und Charakter zu verleihen. Es gibt zwei Hauptmethoden, um Nahrungsmittel zu räuchern. Bei einer Methode ist keine Zuführung von Wärme erforderlich. Der Rauch ist kühl genug, um nicht die natürliche Beschaffenheit der Nahrungsmittel zu verändern, während diese aber gleichzeitig das wunderbare Aroma des von einem Holzfeuer stammenden Rauches aufnehmen. Kalträuchern verleiht Nahrungsmitteln wie Lachs, Käse und einigen Gemüsesorten Geschmack.

Die andere Methode ist das Heißräuchern, das in seiner einfachsten Form Garen von Essen unter der Einwirkung von Rauch bedeutet. Beim Heißräuchern wird das Essen in einer rauchigen Umgebung gegart. Einige der beim Heißräuchern angewandten Techniken funktionieren nur bei niedrigen Temperaturen und langen Garzeiten unter der gleichzeitigen Einwirkung von Rauch. Sowohl durch das Heiß- als auch durch das Kalträuchern entstehen wunderbar saftige Nahrungsmittel, wobei der Charakter und Geschmack von Fleisch oder Fisch bewahrt und weiterentwickelt werden. Nicht nur Liebhaber des Grillens mögen heißgeräucherte Produkte. Delikatessen wie Räucherlachs auf schottische Art, geräucherte Makrele, geräucherte Entenbrust und Pastrami sind nur einige von vielen beliebten geräucherten Nahrungsmitteln, die vielerorts auch in guten Delikatessengeschäften und Restaurants erhältlich sind.

WEITERVERARBEITUNG VON KALTGERÄUCHERTEN NAHRUNGSMITTELN

Sehen Sie sich diese Tabelle an, um herauszufinden, welche kaltgeräucherten Nahrungsmittel zusätzliches Kochen erfordern.

BEREIT ZUM ESSEN	MUSS GEKOCHT WERDEN
Forelle (gepökelt)	Ente
	Fasan
Lachs (gepökelt)	Gans
	Huhn
Luftgetrocknete Ente	Kabeljau
	Kaninchen
Thunfisch (gepökelt)	Makrele
	Räucherfisch
Schinken nach westfälischer Art	Rind
	Schellfisch
Wurstwaren (gepökelt, luftgetrocknet)	Schinken
	Speck
	Thunfisch
	Truthahn
	Wildfleisch
	Wurst

RÄUCHERN – WIE GEHT DAS?

In seiner einfachsten Form bedeutet Räuchern die Behandlung von Nahrungsmitteln mit Rauch, welcher aus der unvollständigen Verbrennung (Glimmen) von Hölzern gewonnen wird. Ein Verständnis der wesentlichen Unterschiede zwischen dem Heiß- und Kalträuchern gehört jedoch zum Grundlagenwissen eines jeden, der diese Methode zur Konservierung von Nahrung anwenden möchte.

Das Räuchern kann entweder in einer heißen Umgebung, in welcher das Essen zugleich gegart wird (Heißräuchern), oder bei viel niedrigeren Temperaturen erfolgen, bei welchen die Nahrungsmittel roh oder gepökelt bleiben (Kalträuchern). Mithilfe beider Methoden werden Nahrungsmittel mit zusätzlichen Aromen versehen. Die meisten kaltgeräucherten Nahrungsmittel müssen darüber hinaus gegart werden, um für den Verzehr geeignet zu sein. Es gibt aber einige Ausnahmen für diese Regel, z. B. Gemüsesorten, Käse und geräucherter Schinken auf schottische Art.

Was versteht man unter Holzrauch?
Wenn man sich Gedanken darüber macht, wie das Räuchern eigentlich funktioniert, lohnt es sich zu überlegen, was genau der Rauch bzw. Holzrauch ist. Im Wesentlichen ist er ein Produkt des Verbrennungsprozesses, der viele komplexe und interessante chemische Bestandteile enthält. Wenn Holz verbrennt, werden viele gute und weniger gute Bestandteile freigesetzt, die in den entstehenden Rauch gelangen. Dazu gehören das giftige Gas Kohlenmonoxid (CO), Wasserdampf, Kohlendioxid (CO_2) und viele andere phenolische Bestandteile. Es gibt natürlich auch noch andere Substanzen, die dem Holzrauch sein charakteristisches Aroma verleihen, und zwar schwerere Bestandteile, die kondensieren und den Nahrungsmitteln Farbe, Geschmack, Würze und Aroma verleihen.

In längst vergangenen Zeiten waren wir auf diese im Holzrauch vorhandenen Bestandteile angewiesen, um Nahrungsmittel haltbar zu machen, da es ja keine andere Form der Kühlung als jahreszeitlich bedingt kaltes Wetter gab, um die Lebensmittel vor dem Verrotten zu bewahren. Heutzutage wird Holzrauch, da wir ja unsere Nahrungsmittel bei niedrigen Temperaturen im Kühlschrank lagern können, in erster Linie zum Aromatisieren verwendet.

Wie lässt sich Rauch erzeugen?
Wir haben uns angesehen, was im Rauch alles enthalten ist, aber wie wird er hergestellt? Die Herstellung von Rauch ist für sich genommen ein kompliziertes Thema. Hier konzentrieren wir uns auf die grundlegenden Prinzipien der Raucherzeugung. Mit einfachen Worten: Wird Holz auf Temperaturen zwischen 200 und 300 °C erhitzt, beginnt es auseinanderzufallen. Was wir als Rauch wahrnehmen, ist dieser aktive Prozess der Zersplitterung. Der Rauch ist eine Mischung aus chemischen Stoffen, die im Zuge der chemischen Reaktion beim Verbrennen entstehen. Bei Rauch handelt es sich um eine Art Dampf, der bei geringer Konzentration aus unserer Nahrung wohlriechende Lebensmittel von intensiverem Geschmack hervorbringt. Nichtsdestoweniger wirkt er aber auf die Atemwege reizend, weshalb wir es tunlichst vermeiden sollten, ihn einzuatmen.

Fische, die in einem Räucherofen aufgehängt werden, werden einer Reihe von im Rauch enthaltenen Substanzen ausgesetzt, welche wiederum für Würze und Aroma sorgen.

Das Verbrennungsdreieck
Wir wissen, dass Holz beim Erhitzen verbrennt. Dieser Prozess lässt sich mithilfe des Verbrennungsdreiecks (s. unten) visualisieren. Die Seiten des Dreiecks stehen für Sauerstoff (i. d . R. für jenen in der Umgebungsluft), Wärme (von der Quelle der Zündung) und den brennbaren Stoff (das Holz, das verwendet wird, um Rauch zu erzeugen).

Wenn diese drei Faktoren sich im Gleichgewicht befinden, entstehen reichlich Feuer und Rauch. Wenn wir Rauch erzeugen wollen, brauchen wir nicht zwangsläufig Feuer und Wärme dazu, wir müssen nur die Verhältnisse zwischen den Seiten des Dreiecks aufeinander abstimmen.

Sie können die Reaktion verlangsamen, indem Sie die Sauerstoffzufuhr drosseln, so dass weniger Wärme und mehr Rauch entsteht. Falls Sie aber die vorhandene Sauerstoffmenge zu sehr einschränken, kommt der gesamte Prozess allmählich zum Stillstand.

Der richtige Brennstoff
Unter den richtigen Bedingungen erzeugt Räuchermehl viel Rauch und wenig Wärme, was ideal für das Kalträuchern ist. Räucherspäne oder Holzstücke neigen weniger zum Qualmen und löschen das Feuer selbst aus. Es ist möglich, Räucherspäne mithilfe von Zugluft zum Qualmen zu bringen. An späterer Stelle in diesem Kapitel wird noch die Rede von improvisierten und speziell angefertigten Raucherzeugern sein.

Die Phase vor dem Pökeln
Bei Fisch und einigen Fleischsorten gibt es gewöhnlich eine Phase vor dem Pökeln, die im gesamten Prozess des Räucherns eine Rolle spielt, und zwar das Einsalzen. In dieser Phase werden die Nahrungsmittel aromatisiert und weniger anfällig für einen Verderb gemacht, während sie den bisweilen sehr zeitintensiven Prozess des Räucherns durchlaufen. Durch das Salzen werden Geschmack und Konsistenz der Nahrungsmittel geändert sowie das Aroma des Rauches verstärkt.

Salz kann entweder in Form von Trockensalz oder aber als flüssige Pökellake angewendet werden, wobei letztere einfach nur aus Salz und Wasser bestehen kann (Informationen zum Salzen s. S. 14–29).

DAS VERBRENNUNGSDREIECK

Die schematische Darstellung des Verbrennungsdreiecks zeigt, welche Faktoren für den Verbrennungsprozess nötig sind. Wenn auch nur einer dieser Faktoren weggelassen oder nur eingeschränkt zum Einsatz kommt, wird der Verbrennungsprozess entweder verlangsamt oder überhaupt beendet. Beim Räuchern besteht das Ziel darin, diesen Prozess so lange in Gang zu halten, bis der Verbrennungsprozess beinahe beendet ist, was dann der Fall ist, wenn der meiste Rauch entsteht und die Wärme nur mehr gering ist.

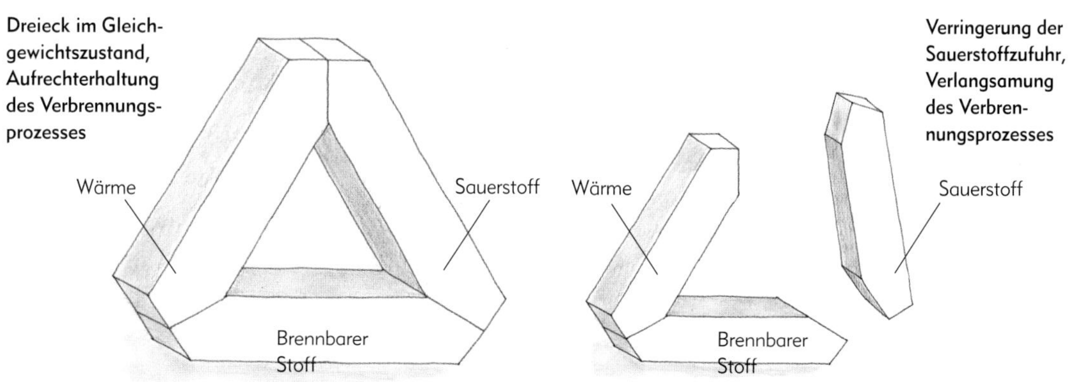

BENÖTIGTE AUSRÜSTUNG

Zum Räuchern von Nahrungsmitteln benötigen Sie bestimmte Ausrüstungsgegenstände. Was Sie genau benötigen, hängt von der Art des Räucherns ab, die Sie anwenden wollen. Einige Ausrüstungsgegenstände werden jedoch sowohl beim Heiß- als auch beim Kalträuchern benötigt.

Ich gehe davon aus, dass Sie bereits grundlegende Kochutensilien haben, wie z. B. Waagen, Schüsseln und Pfannen, Grillzangen, gute Küchenmesser und anderes Küchengerät. Darüber hinaus benötigen Sie eine professionelle Ausrüstung zum Räuchern.

Räucherofen
Für das Kalträuchern kann es sich dabei um einen einfachen selbst gemachten Räucherofen aus Karton oder Holz (s. 140–147) oder einen speziellen Räucherofen von Spitzenqualität handeln, wobei letzterer auch für das Heißräuchern verwendet werden kann. Für das Heißräuchern können Sie auch mithilfe von zwei Auflaufformen improvisieren (s. S. 151) bzw. eine spezielle Herdplatte oder einen adaptierten Barbecue-Grill im Freien (s. S. 148) verwenden. Nähere Details zu den Zulieferern erhalten Sie im Abschnitt „Quellen".

Raucherzeuger
Ein speziell zu diesem Zweck angefertigter Räucherofen (s. S. 139) enthält einen eingebauten Raucherzeuger. Für andere Arten des Räucherns benötigen Sie einen eigenen Raucherzeuger. In einen einfachen Räucherofen können Sie ein Päckchen aus Alufolie mit Räucherspänen legen (s. S. 149).

Bei einer anspruchsvolleren Ausrüstung werden Sie sich jedoch eventuell für einen Raucherzeuger entscheiden. Sie haben die Wahl zwischen Raucherzeugern mit einfachem Rost, labyrinthartigem Rost, solchen, die mit Druckluft betrieben werden, über Heizkissen verfügende Raucherzeuger bis hin zu Reibraucherzeugern, bei welchen die Rauchentwicklung durch Reiben des Holzblocks auf einer besonderen Friktionswalze erfolgt.

Das wichtigste Entscheidungskriterium bei der Wahl eines Raucherzeugers ist letztendlich die Art des Räucherns. Alle hier beschriebenen Raucherzeuger können zum Heißräuchern verwendet werden. Um jedoch gute Resultate zu erzielen, benötigen Sie einen Raucherzeuger mit integrierter Wärmequelle, um Wärme und Rauch voneinander zu trennen. (Weitere Ratschläge zur Auswahl eines Raucherzeugers s. S. 138.)

Räucherspäne und Räuchermehl
Es gibt verschiedene Versionen von kommerziell hergestellten Räucherspänen und -mehlen auf dem Markt. Viele Zulieferer haben eine große Auswahl an Räucherspänen für das Grillen lagernd.

Räuchermehl wird in erster Linie für das Kalträuchern verwendet, weil es gut qualmt und eine relativ geringe Wärmeleistung aufweist. Räucherspäne verbrennen bei größerer Hitze und werden für das Heißräuchern verwendet. (Nähere Informationen zu den Eigenschaften verschiedener Holzarten und -produkte s. S. 154.)

Digitales Thermometer
Dieses wird verwendet, um die Temperatur innerhalb des Räucherofens zu kontrollieren, damit im Interesse der Lebensmittelsicherheit garantiert werden kann, dass die Nahrungsmittel bei korrekten Temperaturen geräuchert werden.

Roste für Nahrungsmittel
Nahrungsmittel sollten beim Räuchern auf etwas gelegt werden, das lebensmittelecht und einfach zu reinigen ist. Ich verwende Roste aus Chrom oder rostfreiem Stahl. Diese können nach dem Gebrauch im Geschirrspüler abgewaschen werden, damit sie sauber und hygienisch bleiben. Derartige Roste für Nahrungsmittel finden Sie in jedem guten Fachgeschäft für Küchenutensilien.

Wassersprühflasche
Eine Sprühflasche ist beim Räuchern auf dem Grill nützlich. Sie wird mit sauberem Wasser gefüllt und soll ein Auflodern der Flammen verhindern. Sie sorgt auch dafür, dass die Räucherspäne befeuchtet werden, wenn sie auf der Holzkohle liegen, wodurch ein Beitrag dazu geleistet wird, dass der Feuchtigkeitsanteil der Nahrungsmittel nicht verloren geht.

Klebeband
Dieses vielseitig einsetzbare und robuste Band kann dazu verwendet werden, verschiedene Ausrüstungsgegenstände miteinander zu verbinden. Ich benütze Klebeband, um den Deckel meines Räucherofens aus Karton

BEGRIFFSERKLÄRUNGEN (oben)

1 Großer Rost für den Räucherofen
2 Großer labyrinthartiger Raucherzeuger
3 Räucherpistole
4 Raucherzeuger (Dose)
5 Kleiner labyrinthartiger Raucherzeuger
6 Raucherzeuger mit Folienverpackung

BEGRIFFS-ERKLÄRUNGEN (unten)

1 Wassersprühflasche
2 Herdplatten-Räucherofen
3 Rost für Nahrungsmittel
4 Klebeband

zu versiegeln, falls er undicht sein sollte. Beachten Sie, dass ein solches Klebeband nicht lebensmittelecht ist. Vermeiden Sie daher, dass es mit den Nahrungsmitteln in Berührung kommt und halten Sie es auch von Wärme und Feuer fern.

Hygienegeräte
Wenn Sie mit Lebensmitteln hantieren, sollten Sie in eine grundlegende der Hygiene dienende Ausstattung investieren. Für den Anfang sind Einweghandschuhe, Handdesinfektionsmittel (antibakterielle Handseife und antibakterielles Handgel) sowie Küchenrollen nicht schlecht. Ich empfehle auch eine lange Schürze. Sämtliche unter „Sicherheit und Hygiene" (vgl. S. 30) gegebenen Ratschläge beziehen sich auch auf die hier beschriebenen Techniken zur Zubereitung von Nahrungsmitteln.

VERSTEHEN, WIE IHR RÄUCHEROFEN FUNKTIONIERT

In diesem Kapitel geht es um die Grundprinzipien des Heiß- und Kalträucherns. Sie erfahren mehr über jene Teile des Räucherofens, die wichtig für die Erreichung der erwünschten Resultate sind.

Ein Raucherzeuger kann entweder eine Art sich selbst versorgendes Räuchermehl oder aber ein mechanisch betriebener Rauchgenerator sein, wobei für letzteren auch noch eine Vorrichtung zur Herstellung von künstlicher Zugluft benötigt wird, um das Qualmen aufrechtzuerhalten. In diesen Räucheröfen können Räucherspäne und Holzstücke gut verbrannt werden. Eine weitere Kategorie von Raucherzeugern sind einfache Feuerstellen oder Holzkohleöfen (wie z. B. ein Grill). In diesen Systemen befinden sich die Räucherspäne entweder in direktem Kontakt mit der Kohle oder werden indirekt durch die Verwendung von Folienverpackungen oder einen Metallbehälter für Räucherspäne erwärmt (vgl. S. 137).

Raucherzeuger mit Räuchermehl eignen sich eher für das Kalträuchern, da sie ja extrem niedrige Temperaturen hervorbringen. Mithilfe einer Feuerstelle oder eines mit Holzkohle befeuerten Raucherzeugers wird besser heißgeräuchert, da normalerweise genügend Wärme vorhanden ist, um auch den Kochvorgang zu unterstützen. Mit Holzkohle befeuerte Raucherzeuger können aber auch beim Kalträuchern eingesetzt werden, vorausgesetzt, sie können Rauch und Wärme voneinander trennen. In einigen Raucherzeugern wird elektrischer Strom benutzt, um das Holz zu entzünden und somit Rauch zu erzeugen.

Der Garraum
Der Garraum ist jener Teil des Räucherofens, wo die Nahrungsmittel (Räuchergut) während des Räucherns lange genug dem Rauch ausgesetzt sind, um sein wunderbares Aroma aufzunehmen. Der Garraum kann entweder so ausgeklügelt sein, wie ein Gehäuse aus rostfreiem Stahl, welches speziell für das Räuchern entwickelt wurde, oder so einfach sein wie ein Pappkarton (s. S. 144).

Einige Räucheröfen – i. d. R. solche zum Heißräuchern – verfügen über einen Brenner oder eine Wärmequelle direkt im Garraum, wohingegen andere – für gewöhnlich solche zum Kalträuchern – eine externe Rauchquelle aufweisen, deren Rauch über ein Rohr in den Garraum geleitet wird. Wenn eine Rauchquelle wenig Wärme abgibt, kann sie im Garraum untergebracht sein, und zwar selbst dann, wenn kaltgeräuchert wird. Eine Wasserwanne ist insbesondere beim Heißräuchern nützlich, wo ja das Risiko besteht, dass das Fleisch oder der Fisch zu sehr austrocknen könnte.

Der Brenner
Der Brenner bzw. die Wärmequelle kann ein natürliches Gas oder Propan enthalten bzw. elektrisch betrieben werden. Es kann sich um einen mit Holzkohle befeuerten Grill oder eine Feuergrube handeln. Beim Heißräuchern wird der Rauch vom Brenner produziert und stellt die für das Garen notwendige Wärme bereit, während die Nahrungsmittel gleichzeitig geräuchert werden.

Viele der speziell angefertigten Räucheröfen haben einen eigenen Raucherzeuger und eine Wärmequelle in Form eines Ofens und sind daher sowohl für das Heiß- als auch für das Kalträuchern geeignet. Obwohl der auf der gegenüberliegenden Seite abgebildete Räucherofen über einen eigenen Raucherzeuger verfügt, ist dieser mit dem Garraum verbunden. Es gibt ein Zusatzteil für das Kalträuchern, wodurch Raucherzeuger und Garraum voneinander getrennt werden können, wodurch der Rauch bei niedrigeren Temperaturen in den Räucherofen befördert werden kann.

Rauchrohr
Ein Rauchrohr wird verwendet, wenn der Rauch in einem eigenen Bereich, d. h. vom Garraum getrennt, hergestellt wird. Es kann verschiedene Gründe dafür geben, wie z. B. die Art der von Ihnen verwendeten Ausrüstung oder die Notwendigkeit, Wärme und Rauch voneinander zu trennen. Letzteres kann insbesondere beim Kalträuchern wichtig sein. Der Gebrauch einer Wärmequelle oder einer Feuergrube zum Herstellen von Feuer kann Unmengen an Wärme bereitstellen,

Ein qualitativ hochwertiger Räucherofen für zu Hause ist hier abgebildet. Er weist alle wichtigen, auf diesen Seiten erwähnten Hauptmerkmale auf. Sie können diese Funktionen jedoch auch in einem zu Hause nachgebauten Räucherofen nachbilden.

was dann nicht hilfreich ist, wenn Sie versuchen, die im Garraum vorhandenen Temperaturen konstant zu halten. Das Rauchrohr kann auch dazu verwendet werden, den Rauch abzukühlen, bevor er in den Garraum geleitet wird. Falls das Ihr Ziel sein sollte, kann das Rohr entweder vergraben oder der Luft ausgesetzt werden, damit die überschüssige Wärme entweichen kann.

Der Dämpfer

In einigen jener Räucheröfen, die über eine externe Rauchquelle verfügen, oder bei jenen, die von einer Feuerquelle gespeist werden, kann Zugluft entstehen, wobei die überschüssige Luft, die die Feuerstelle speist, zu einer Überhitzung des Rauches und in extremen Fällen zum Aufflammen führen kann. Zugluft entsteht in erster Linie durch erwärmten Rauch, der über das Rauchrohr aufsteigt. Ein Dämpfer dient dazu, diesen Prozess in Schach zu halten und die Geschwindigkeit, mit der sich der Rauch ausbreitet, zu regulieren. Manche Räucherofen verfügen am oberen Ende über einen Abzug, welcher manchmal auch als passiver Dämpfer bezeichnet wird, da er nicht verstellbar ist.

Weitere Merkmale

Die meisten handelsüblichen Räucheröfen für Nahrungsmittel haben eine Vorrichtung zum Messen der Temperaturen im Inneren; eine nützliche Eigenschaft sowohl für das Kalt- als auch für das Heißräuchern. Ausgeklügelte Modelle verfügen eventuell über thermostatisch geregelte Heizelemente, mit denen sich die Temperatur im Inneren des Räucherofens einstellen lässt.

Für die kommerzielle Nutzung entwickelte Räucheröfen können mit vollautomatischen, mechanisch beschickten, elektrischen Raucherzeugern ausgestattet sein, die über eine Luftfeuchtigkeitskontrolle, elektrostatische Filter zur Regelung von Emissionen und Computerunterstützung konstante Bedingungen garantieren. Eine solche Automatisierung ist jedoch bei den meisten Räucheröfen für zu Hause einfach nicht machbar.

BEGRIFFSERKLÄRUNGEN

1 Dämpfer/Lüftungsklappe (Abzug)
2 Rost für Nahrungsmittel
3 Brennstoffröhre
4 Tür
5 Raucherzeuger
6 Fettpfanne (Auffangwanne)
7 Wasserschale
8 Heizelement
9 Brenner
10 Tropfwanne/Aschekasten
11 Bodenschale

IMPROVISIERTER ZUSAMMENBAU EINES KALTRÄUCHEROFENS

Den eigenen Räucherofen zu bauen, kann sehr lohnend sein. Über die richtige Ausstattung zum Zaubern köstlichen Essens zu verfügen, und zwar ohne Ausgaben für einen speziell dafür hergestellten Räucherofen tätigen zu müssen, ist Motivation genug, sich seinen eigenen Kalträucherofen zusammenzubauen.

Ein selbst gebauter Räucherofen zum Kalträuchern kann so einfach oder so kompliziert aufgebaut sein, wie Sie sich das wünschen. Wenn Sie ein paar einfache Regeln beachten, können Sie nicht viel falsch machen.

Wesentliche Bestandteile des Räucherofens
Ein Räucherofen ist im Grunde genommen ein Behälter, in welchem sich Rauch und Nahrungsmittel in derselben Umgebung befinden. Unabhängig davon, ob Sie einen Kalträucherofen aus Holz bauen oder ein umfunktioniertes Ölfass bzw. einen Karteischrank verwenden wollen – vorausgesetzt diese Gegenstände wurden gesäubert –, sollte der Zusammenbau eines Kalträucherofens für Sie leicht machbar sein.

Wählen Sie die richtige Größe
Bei der Planung des Räucherofens ist es wichtig zu beachten, dass die zu verwendenden Roste für Nahrungsmittel in den Garraum passen. Ich habe meinen Räucherofen (s. gegenüberliegende Seite) so geplant, dass er groß genug für einen Rost ist, auf welchem die ganze Seite eines Lachses Platz hat. Vielleicht denken Sie auch an die Möglichkeit, einen Räucherofen zu bauen, bei dem mehrere Räucherboxen aufeinander geschichtet werden. Das ist dann nützlich, wenn das Räuchergut sehr umfangreich ist. In dieser Ausführung werden modulare Räucherboxen aufeinander gestapelt. Die Größe kann auf eine Räucherbox beschränkt werden, sofern das Räuchergut nicht umfangreich ist.

TEELICHT-RÄUCHEROFEN

Beim Teelicht-Räucherofen zum Kalträuchern wird die Wärme kleiner Teelichter verwendet, um Räuchermehl oder -späne zur Raucherzeugung (bis zu drei Stunden lang) zu verbrennen. Er besteht aus zwei Metallboxen, nämlich dem Garraum und der Brennbox. Diese werden voneinander durch einen Luftspalt getrennt, sind aber über ein Leitungssystem miteinander verbunden.

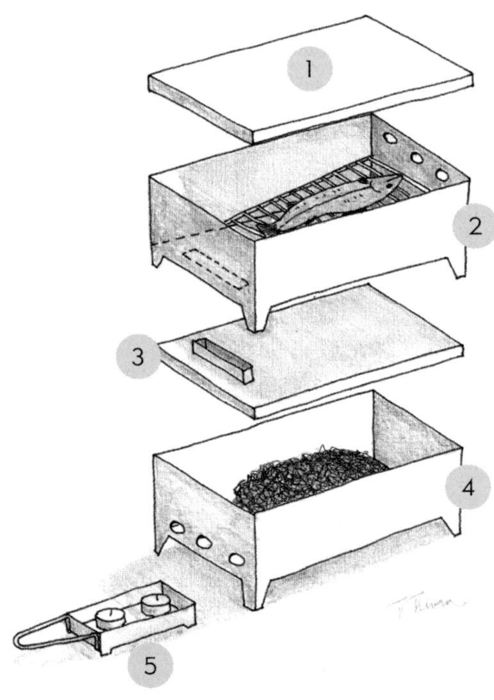

BEGRIFFSERKLÄRUNGEN

1 Deckel für den Garraum

2 Garraum mit Rost für Nahrungsmittel

3 Deckel für die Brennbox mit Strömungskanal für den Rauch

4 Brennbox

5 Wanne für den Teelichtbrenner

Dieser einfache, aber effektive Kalträucherofen aus Holz ist handgefertigt und führt zu hervorragenden Ergebnissen.

KARTEISCHRANK-RÄUCHEROFEN

Ein alter Aktenschrank kann ebenfalls zu einem sehr wirksamen Kalträucherofen umfunktioniert werden. Am oberen Ende einfach ein Loch in den Schrank schneiden, welches als Dämpfer (Abzug) dient. In die oberen Schubladen einen bzw. mehrere Roste für Nahrungsmittel legen. Einen kleinen Raucherzeuger in der untersten Schublade platzieren.

BEGRIFFSERKLÄRUNGEN

1 Dämpfer/Lüftungsklappe (Abzug)

2 Umfunktionierte Schublade für Roste für Nahrungsmittel

3 Raucherzeuger in der untersten Schublade

Einfachen Zugang gewährleisten
Sie sollten sowohl während als auch nach dem Räuchern einen einfachen Zugang zu Ihrem Räuchergut haben, und zwar, indem Sie eine genau angepasste Tür mit einer festen Abdichtung einplanen, die das Austreten von Rauch verhindert. Einige Räucheröfen, die dazu entwickelt wurden, dass in ihrem Inneren Nahrungsmittel aufgehängt werden, haben oben einen Deckel, über den Nahrungsmittel hinabgesenkt werden können.

Die Art der Erzeugung von Rauch bedenken
Sofern Sie einen kleinen Raucherzeuger zum Kalträuchern innerhalb des Räucherofens unterbringen wollen, müssen Sie ausprobieren, wie viel zusätzlicher Rauch dadurch während des Betriebs entstehen wird. Durch einen kleinen Raucherzeuger wird einem Räucherofen mit geringem Fassungsvermögen (0,2 m^3) zusätzliche Wärme im Ausmaß von 2 °C zugeführt. Je größer der Räucherofen, desto mehr Rauch muss der Raucherzeuger produzieren. Ein kleiner Raucherzeuger kann genügend Rauch für einen Räucherofen mit einem Fassungsvermögen von bis zu 0,5 m^3 produzieren. Es gibt große Glutkästen für große Räucheröfen.

Auswahl eines geeigneten Strömungskanals
Wird der Rauch extern produziert, brauchen Sie eventuell eine flexible Leitung, damit er in den Räucherofen gelangt. Strömungskanäle aus Aluminium-Feinblech von unterschiedlichem Durchmesser sind leicht erhältlich und ideal geeignet, um den Rauch von der Quelle bis zum Räucherofen zu leiten. Für diese Röhre kein Klebeband verwenden, es sei denn, sie kann garantiert nicht zu heiß werden.

Höhe des Räucherofens und Quelle des Rauches
Sofern Sie ein externes Rauchrohr verwenden, planen Sie eine geringe Höhendifferenz zwischen der Rauchquelle und dem darüber befindlichen Räucherofen ein. Ist die Höhe zu groß, kann die durch den aufsteigenden, warmen Rauch entstandene Zugluft ein Auflodern in der Rauchquelle verursachen, wodurch mehr Wärme und weniger Rauch über das Rohr in den Räucherofen hineinströmen würde.

Wird eine eigene Brennbox benötigt?
Sofern Sie einen Raucherzeuger innerhalb des Räucherofens benützen, ist eine eigene Brennbox unter dem Garraum von Vorteil. Das erspart Ihnen das Öffnen der Tür des Räucherofens, wenn Sie die Erzeugung von Rauch überprüfen wollen. Die Verwendung einer flexiblen Röhre ist eine gute Möglichkeit der Trennung von Wärme und Rauch beim Kalträuchern.

Einen Dämpfer einbauen
Beim Kalträuchern trocknen die Nahrungsmittel eine kurze Zeit lang weiter, während der Rauch auf sie einwirkt. Damit die Feuchtigkeit aus dem Räucherofen entweichen kann, ist eine kleine Öffnung – Dämpfer oder Lüftungsklappe (Abzug) – an seinem oberen Ende erforderlich. Wenn Sie ein Rauchrohr verwenden, um dem Räucherofen extern Rauch zuzuführen, muss diese Öffnung regulierbar oder teilweise zugedeckt sein. Hat ein Räucherofen einen Dämpfer, wird der

VERWENDUNG EINER EXTERNEN RAUCHQUELLE

Die hier abgebildete Anordnung bezieht sich auf einen Kalträucherofen, der über eine externe Rauchquelle verfügt. Durch die Länge des Rauchrohres wird sichergestellt, dass der Rauch abgekühlt wird, bevor er mit den Nahrungsmitteln im Inneren des Räucherofens in Kontakt kommen kann.

1 Luft strömt in die Brennbox. Das Holz verbrennt, Rauch und Wärme entstehen.

2 Über das Rauchrohr wird der Rauch dem Räucherofen zugeführt. Ein Teil der gemeinsam mit dem Rauch entstandenen Wärme geht über das Rohr verloren.

3 Gekühlter Rauch dringt in den Räucherofen.

4 Die im Räucherofen befindlichen Nahrungsmittel werden kaltem Rauch ausgesetzt, wodurch deren Aroma und Haltbarkeit verbessert werden, ohne sie aber gleichzeitig zu garen.

Rauch nur langsam entweichen und letztendlich wird sich ein Gleichgewicht zwischen dem produzierten und dem abziehenden Rauch einpendeln, wodurch die Menge des im Räucherofen befindlichen Rauches stabilisiert werden kann.

Den Rauch verteilen
Ein Rauchverteiler ist ein Gerät, mit dessen Hilfe der Rauch gleichmäßig im Räucherofen verteilt wird, damit sichergestellt werden kann, dass alles im Inneren des Räucherofens eine kräftige Dosis Rauch abbekommt. Rauchverteiler werden im Allgemeinen in größeren Räucheröfen eingesetzt. Der Einbau eines Zerstäubers bzw. Rauchverteilers in Ihren improvisierten Räucherofen wird Ihnen dabei helfen, den Rauch beim Aufsteigen gleichmäßig im Räucherofen zu verteilen. Das ist insbesondere dann wichtig, wenn Sie einen großen Räucherofen bauen wollen.

SICHERHEITSTIPP

Um das Risiko eines durch einen Unfall ausgelösten Feuers zu verringern, stellen Sie den Raucherzeuger immer auf eine nichtbrennbare Oberfläche.

WARUM DEN RAUCH VERTEILEN?

Ein Rauchverteiler ist im Wesentlichen ein Stück Metall (oder sogar Folie) mit Löchern darin. Er ist so konstruiert, dass er sich zwischen der Rauchquelle und dem Rauchschrank befindet. Der Rauchverteiler stellt sicher, dass der Rauch gleichmäßig durch den Räucherofen aufsteigt.

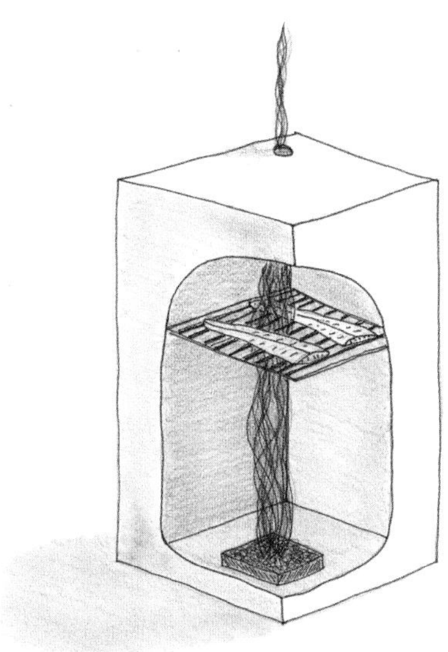

In einem Räucherofen ohne Rauchverteiler steigt der Rauch in Form einer geraden Säule durch den Räucherofen auf, die Nahrungsmittel sind dem Rauch ungleichmäßig stark ausgesetzt.

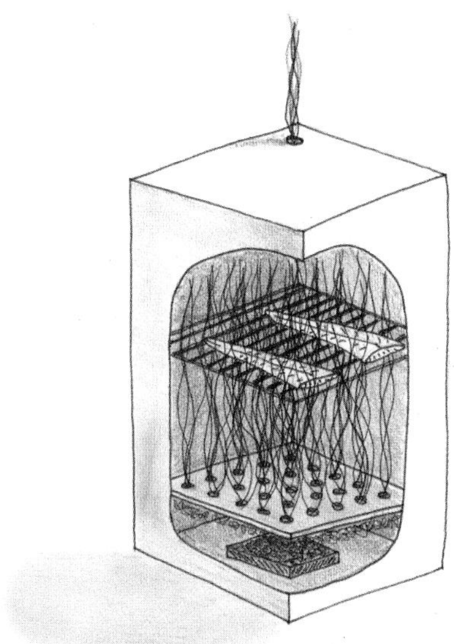

In einem mit einem Rauchverteiler ausgestatteten Räucherofen wird der Rauch im gesamten Räucherofen verteilt, so dass ihm alle Nahrungsmittel gleichmäßig ausgesetzt werden.

EINEN RÄUCHEROFEN AUS KARTON HERSTELLEN

Ein aus Karton gebauter Kalträucherofen ist die ultimative Form der Wiederverwertung von Ressourcen mit geringer negativer Auswirkung auf die Umwelt. Dieser einfach zu bauende, improvisierte Ofen kann die besten geräucherten Nahrungsmittel hervorbringen, die Sie jemals kosten werden.

Im Räucherofen aus Karton wird Räuchermehl auf einem Metalltablett verbrannt, um Rauch zu produzieren. Hölzerne Dübel in Löchern an den Seitenwänden des Pappkartons halten die Roste für Nahrungsmittel im oberen Bereich des Kartons. Ein kleines Loch am oberen Ende des Kartons sorgt für Durchzug. Darüber hinaus wird auch eine Klappe am Boden des Kartons benötigt, um eine Verbindung zum externen Raucherzeuger herzustellen. Danach müssen Sie nur noch das Fleisch oder den Fisch in den Karton legen, den Deckel zumachen, den Raucherzeuger anwerfen und die Freuden von geräuchertem Essen probeweise genießen.

AUF DIE GRÖSSE KOMMT ES AN

Die Schachtel sollte idealerweise eine Höhe, Länge und Breite von jeweils 60 cm haben. Hierbei handelt es sich jedoch nur um Richtwerte. Es besteht kein Grund, sich sehr genau daran zu halten.

WAS SIE DAFÜR BRAUCHEN

- **1 große, viereckige Schachtel aus sauberem Pappkarton von guter Qualität**
- **2 Drahtroste für Nahrungsmittel (vgl. „Tipps zum Nachbauen", S. 147)**
- **2,4 m x 9 mm große Dübelstange aus Hartholz, in 60 cm lange Stücke geschnitten**
- **Klebeband**
- **1 scharfes Bastelmesser/Stanleymesser**

Boden und Deckel des Räucherofens herstellen

1 Viele im Handel erhältlichen Pappkartons werden „flach", d. h. ungefaltet verkauft. Zunächst den Karton zu einer Schachtel falten. Zu diesem Zweck den Boden des Kartons schließen und mit einem kurzen Streifen Klebeband versiegeln.

Den Boden der Schachtel mit Klebeband versiegeln.

2 Die beiden inneren Klappen an der oberen Seite der Schachtel auf ungefähr 5 cm kürzen, damit sie nicht absacken und mit den Nahrungsmitteln in Berührung kommen. Achten Sie darauf, dass Sie nur die inneren Klappen kürzen. Wenn die äußeren Klappen gekürzt werden, lässt sich der improvisierte Räucherofen nicht mehr verschließen.

Die inneren Klappen an der oberen Seite der Schachtel abschneiden.

Löcher für die Dübel ausschneiden

1 Die Positionen für die Dübellöcher auf jeder Seite der Schachtel mithilfe eines Rostes markieren. Diese Löcher so waagrecht wie möglich ausrichten. Die Stellen für die ersten beiden Dübellöcher 10 cm unter der Oberseite der Schachtel markieren. Die Stellen für die nächsten beiden Löcher 10 cm darunter markieren.

Die Stellen für die Dübel markieren.

2 Die Löcher für die Dübel einstechen. Die Löcher mit Klebeband verschließen. Mithilfe einer Schere ein kleines Loch im Klebeband machen und den Dübel der Länge nach hineinstecken.

3 An einer der Schmalseiten der Schachtel eine Klappe ausschneiden, die groß genug ist, um Zugang zum Raucherzeuger und zu jenem Untersatz zu haben, auf den er gestellt wird. Die Ränder der Klappe mit Klebeband fixieren.

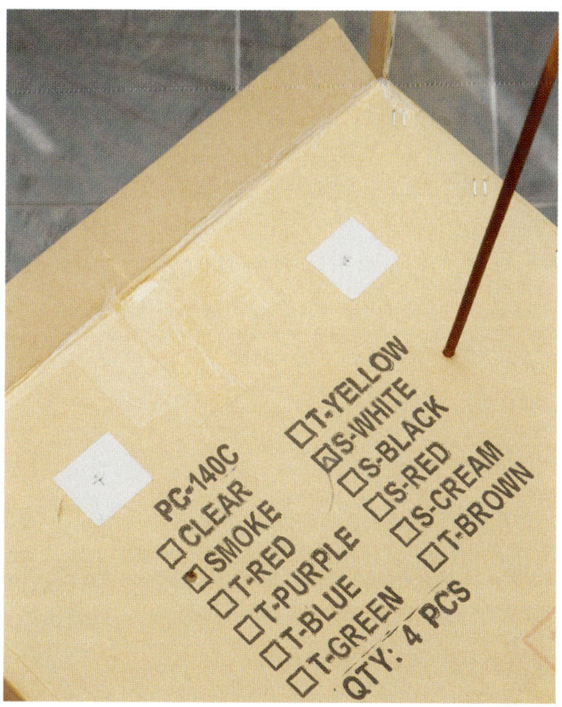

Die Löcher mit Klebeband fixieren.

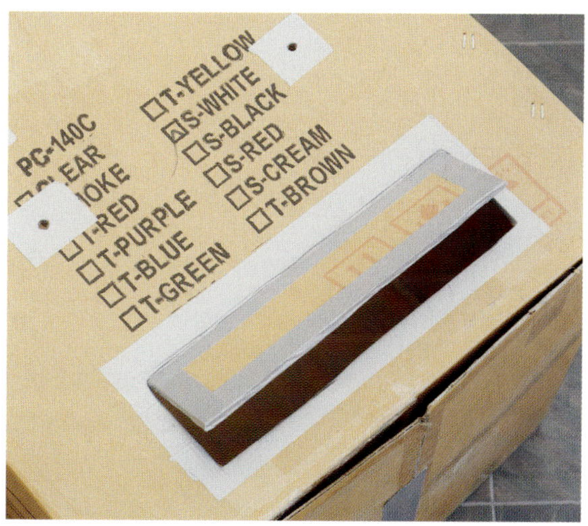

An einer der Schmalseiten eine Klappe ausschneiden.

Ein Loch für das Rauchrohr

1 In der Mitte der anderen Seite der Schachtel ein 10 cm großes, rundes Loch ausschneiden. Es sollte 5 cm vom Boden entfernt sein und der Rand sollte mit Klebeband fixiert werden. Dieses Loch ermöglicht es Ihnen, über ein Rohr den Räucherofen mit Rauch von einer externen Quelle zu versorgen. Das ausgeschnittene Stück Karton behalten, da es noch für den Deckel des Räucherofens benötigt wird, um den Dämpfer abzudecken.

2 Aus einem der entsorgten Klappen ein 12,5 x 12,5 cm großes Viereck ausschneiden, die Ränder mit Klebeband verstärken und mit Klebeband über dem runden Loch von Schritt 1 befestigen. Diese Klappe dient zur Abdeckung der Öffnung, wenn das Rauchrohr nicht verwendet wird.

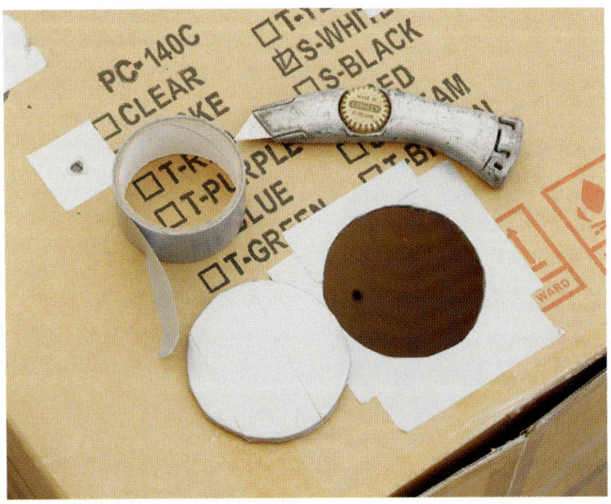

Aus einer Seite ein Loch ausschneiden und verstärken.

Eine Klappe zur Abdeckung der Öffnung machen.

Herstellung des Dämpfers (Abzugs)

1 Aus einer Deckelklappe ein rundes Loch mit einem Durchmesser von 7,5 cm ausschneiden. Dieses dient der Belüftung (Dämpfer), sofern das externe Rauchrohr gerade nicht verwendet wird. Die Ränder des Loches mit Klebeband verstärken.

2 Den Karton des Rauchrohrs mit Klebeband verstärken und über dem Abzugsloch ankleben. Das ist erforderlich, um die durchströmende Luftmenge und die Zugluft beim Gebrauch eines externen Raucherzeugers zu regulieren.

Für den Dämpfer ein Loch aus der oberen Klappe ausschneiden.

Ein rundes Stück Karton über diesem Loch am Räucherofen anheften, um eine verstellbare Abdeckung zu kreieren.

GEHEN SIE AUF NUMMER SICHER

Pappkarton fängt bei Berührung mit qualmendem Räuchermehl Feuer. Um das Brandrisiko zu verringern, den Raucherzeuger immer auf einen nichtbrennbaren Untersatz (am besten aus Metall) stellen. Niemals eine offene Flamme in oder neben diesem Räucherofen entzünden. Er ist nur für das Kalträuchern geeignet.

TIPPS ZUM NACHBAUEN

- Überprüfen Sie die Roste für die Nahrungsmittel. Passen sie in Ihren improvisierten Räucherofen? Können sie das Gewicht der Nahrungsmittel während des Räucherns tragen? Halten die Seitenwände der Schachtel dem Druck stand, der von den mit Nahrungsmitteln bepackten Rosten ausgeübt wird? Es sollte genügend Platz für zwei Roste nebeneinander in einer großen Schachtel sein.

- Darauf achten, dass die Dübel horizontal ausgerichtet sind. Ansonsten besteht das Risiko, dass die Nahrungsmittel vom Rost gleiten oder herunterrollen.

- Beim Ausmessen der Stellen für die Dübellöcher eine der abgeschnittenen Klappen als Vorlage bzw. Schablone verwenden. Dadurch wird sichergestellt, dass die Positionierung der Dübel auf beiden Seiten gleich ist.

EINEN RÄUCHEROFEN AUS KARTON BENUTZEN

Für einen Räucherofen aus Karton empfiehlt sich ein labyrinthartiger Raucherzeuger, in welchem Räuchermehl verbrannt wird. Den Raucherzeuger auf einem Tablett aus Metall platzieren, um den darunter befindlichen Pappkarton zu schützen.

Überlegungen zur externen Rauchquelle

Wenn Sie über ein Rohr eine externe Rauchquelle mit Ihrem Räucherofen verbinden, richten Sie das Rohr nicht zu vertikal aus, da ansonsten zu viel Zugluft und infolgedessen eine zu große Hitze im Räucherofen entsteht. Mit dem Lüftungsloch (Dämpfer) am Deckel können Sie die Zugluft kontrollieren und somit die Produktion von Rauch ausbalancieren. Dieses Loch kann zum Teil verschlossen werden, um die Sauerstoffversorgung zu drosseln und die Produktion von Wärme zu reduzieren.

AUSWAHL EINES RÄUCHEROFENS AUS PAPPKARTON

Bei diesem Räucherofen haben Sie die Wahl: Sie können entweder einen kleinen Raucherzeuger im Inneren des Räucherofens selbst (5) oder alternativ ein eigenes Rauchrohr und einen externen Raucherzeuger (8) mit Brennbox verwenden. Beide Varianten sind zu Demonstrationszwecken in der Zeichnung abgebildet. Dennoch müssen Sie sich für eine Option entscheiden.

BEGRIFFSERKLÄRUNGEN

1 Dämpfer
2 Rost für Nahrungsmittel
3 Holzdübel
4 Einwurfklappe
5 kleiner Raucherzeuger mit Glutkasten auf Metalluntersatz
6 Loch für alternative Rauchquelle
7 Rauchrohr
8 Rauch aus externem Raucherzeuger mit Brennbox

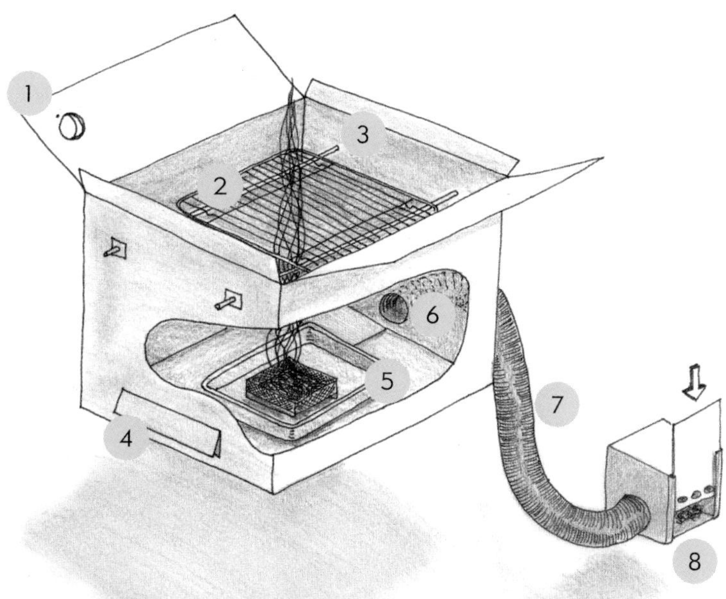

IMPROVISIERTER ZUSAMMENBAU EINES HEISSRÄUCHEROFENS

Einen Heißräucherofen zu bauen, kann eine effektive Möglichkeit sein, damit zu beginnen, Nahrungsmittel selbst zu räuchern. Die Resultate werden hervorragend sein. Das lässt sich mit ein paar alltäglichen Küchenutensilien bewerkstelligen und muss auch nicht viel kosten.

Ein Heißräucherofen kann mithilfe eines Holzkohlegrills improvisiert werden. Einige Grills verfügen über keinen Deckel. Falls Sie Ihren Grill aus Ziegeln oder Steinen gebaut haben, hat er wahrscheinlich auch keinen Deckel. Ein Grill ohne Deckel kann zum Räuchern sowohl kleiner Fleischstücke, wie Hühnerfleischstücke, Steaks oder Lammkottelets, als auch größerer Stücke, wie etwa eine ganze Lammschulter, umfunktioniert werden. Die meisten Grills heutzutage verfügen über einen Deckel und können direkt als Heißräucherofen verwendet werden.

Ein Gehäuse für Ihren Grill

Wenn mit einem Grill ohne Deckel geräuchert werden soll, ist es nötig, zuerst ein Gehäuse zu beschaffen, welches über das Räuchergut gestülpt werden kann, damit die Nahrungsmittel dem Rauch ausgesetzt sind. Das kann auf mehrere Arten erfolgen. Sie können eine umgedrehte Auflaufform über das Räuchergut stülpen, um zu verhindern, dass der Rauch während des Garvorgangs entweicht. Obwohl dabei nur ein kleines Gehäuse zum Zurückhalten des Rauchs eingesetzt wird, kann das Endergebnis großartig sein (vgl. die Anleitungen ab der gegenüberliegenden Seite).

Alternativ kann auch Alufolie verwendet werden, um ein rudimentäres Gehäuse für das Grillgut zu schaffen. Ich habe diese Methode bei einem tragbaren Grill eingesetzt, um das wundervollste Räucherhähnchen, geräuchert mit Hickoryspänen, zuzubereiten, das es gibt.

Einige aus Steinen oder Ziegeln gebaute Gartengrills verfügen über verstellbare Befestigungen für die Regale, mit denen die Grillplatte auf und ab bewegt werden kann. Somit lässt sich auch die Entfernung zwischen Räuchergut und Kohlen variieren, was sehr praktisch ist. Der Grill weist zudem hinten und an den Seiten eine Teilummantelung auf, die in Kombination mit einem Stahlblech oder einem in Folie gewickelten Grillrost dazu beitragen kann, den Kontakt zwischen Rauch und Räuchergut aufrechtzuerhalten.

Auswahl des richtigen Räuchermediums

Um Nahrungsmittel auf dem Grill zu räuchern, müssen Sie sich zunächst entscheiden, wie Sie Rauch erzeugen wollen. Als Räuchermedium für den Grill dienen üblicherweise Räucherspäne oder Holzstücke. Das liegt daran, dass Späne langsam und Holzstücke sogar noch langsamer verbrennen und bis zu einer Stunde hindurch Rauch produzieren können. Räuchermehl verbrennt viel zu schnell, um effektive Resultate zu erzielen.

Ein Grill mit Deckel kann ein fertiger Räucherofen sein.

Am besten, Sie legen die Räucherspäne (oder Holzstücke) direkt auf die Holzkohle. Es hat sich in der Praxis bewährt, die Späne auf jenen seitlichen Bereich zu legen, wo auch das Räuchergut im Fall einer Stichflamme hingelegt werden soll.

Stichflammen vermeiden
Ein nützlicher Tipp zur Vermeidung von Stichflammen besteht darin, leicht angefeuchtete Räucherspäne zu verwenden. Eine weitere Methode wäre, die Späne in eine kleine Folienverpackung zu legen (s. unten). Dadurch kann die von der Holzkohle stammende Wärme das Holz zum Rauchen bringen, während gleichzeitig die Folie ein Aufflammen der Hackspäne verhindert.

Herstellen eines Raucherzeugers mit Folienverpackung

1 Eine Handvoll Räucherspäne in die Mitte eines quadratischen Stücks Alufolie mit einer Seitenlänge von 30 cm legen.

2 Ein Drittel einer Seite der Folie über die Späne schlagen. Die gegenüberliegende Seite darüberschlagen und so die Späne einschließen.

3 Auf die offenen Seiten der Folienverpackung drücken, damit sämtliche Späne in der Mitte liegen. Die offenen Enden der Folienverpackung Richtung Mitte falten, damit eine möglichst enge Verpackung entsteht.

4 Das Päckchen umdrehen, damit sich die Falten an der Unterseite befinden. An der Oberseite kleine Löcher in die Folie stechen, damit Rauch entweichen kann, wenn das Päckchen direkt auf dem Grill erhitzt wird.

Die Folie über die Räucherspäne schlagen.

Die Enden zur Mitte hin falten, damit ein Päckchen entsteht.

Löcher in die Folienverpackung bohren.

TIPPS

- Das Einweichen der Räucherspäne in Wasser kann helfen, ein Aufflammen zu verhindern und die Zeit zu verlängern, in welcher die Späne Rauch produzieren. Die Späne am besten für ca. eine Stunde in Wasser einweichen, danach vollständig abtropfen lassen und leicht auf der Holzkohle verstreuen.

- Bei Verwendung einer umgedrehten Auflaufform muss die Garzeit eventuell verringert werden, da nicht nur der Rauch zurückgehalten, sondern dadurch auch zugleich die Hitze konzentriert wird.

- Beim Hantieren mit heißen Gegenständen am Grill ist auf das Bereitliegen einer entsprechenden Sicherheitsausrüstung zu achten.

Vom Grill zum Heißräucherofen

1 Die Folienverpackung mit den Löchern nach oben direkt auf die Holzkohle legen. Nach ein paar Minuten wird die Wärme so auf die Räucherspäne einwirken, dass Rauch entsteht. Den Grillrost platzieren, das Räuchergut darauflegen.

2 Sobald das Räuchergut halb durch ist, eine umgedrehte Auflaufform darüberlegen. Fleisch oder Fisch können weitergaren, während der Rauch auf sie einwirkt. Um die Rauchmenge zu verringern, das Päckchen einfach an eine kühlere Stelle des Grills legen. Um die Rauchproduktion komplett einzustellen, das Päckchen zur Gänze von der Holzkohle entfernen. Das Päckchen lässt sich leicht mithilfe einer Grillzange bewegen. Sofern noch Räucherspäne übrig sein sollten, kann dasselbe Päckchen wiederverwendet werden, was diese Methode zu einer wirklich effizienten und kontrollierbaren Art der Erzeugung von Rauch auf einem Grill macht.

Die Folienverpackung auf heiße Holzkohle legen (kalte Holzkohle ist hier nur zu Demonstrationszwecken abgebildet).

Das zum Teil gegarte Räuchergut auf dem Grill mit einer umgedrehten Auflaufform abdecken.

Auflaufformen verwenden

Zwei aneinandergeklemmte Auflaufformen ergeben einen einfachen Räucherofen.

1 1 EL Räucherspäne in die Mitte des Bodens der ersten Auflaufform geben. Darüber die Aluminiumschale und darauf den Rost legen.

2 Fisch oder Fleisch direkt auf den Rost legen und die zweite Auflaufform umgedreht an der ersten mithilfe von Bulldogklemmen befestigen.

3 Die Konstruktion auf einer Wärmequelle, d. h. einem Herdplattengrill oder einer Kochplatte (s. Abb.), platzieren und den Brennstoff vorsichtig entzünden.

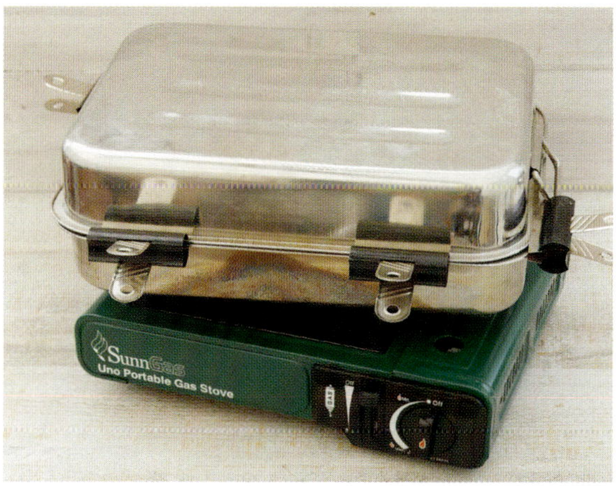

Die Auflaufformen auf eine Wärmequelle stellen.

INDUKTIONSHERD

- Als Wärmequelle für einen Heißräucherofen aus Auflaufformen kann ein Induktionsherd dienen, sofern die Auflaufformen aus passendem Material wie Edelstahl oder Eisen und auch dick genug sind, um eine gleichmäßige starke Hitze aufrechtzuerhalten, um Rauch zu erzeugen.

- Eine Folienverpackung mit Räucherspänen sollte nicht mit einem Induktionsherd als Wärmequelle verwendet werden.

- Beachten Sie immer die allgemeinen Herstellerhinweise bei der Verwendung eines Induktionsherds.

HEISSRÄUCHEROFEN AUS AUFLAUFFORMEN

Ein einfacher Heißräucherofen kann leicht aus in den meisten Haushalten vorhandenen Küchenutensilien gebaut und von einer kleinen Handvoll Räucherspänen befeuert werden.

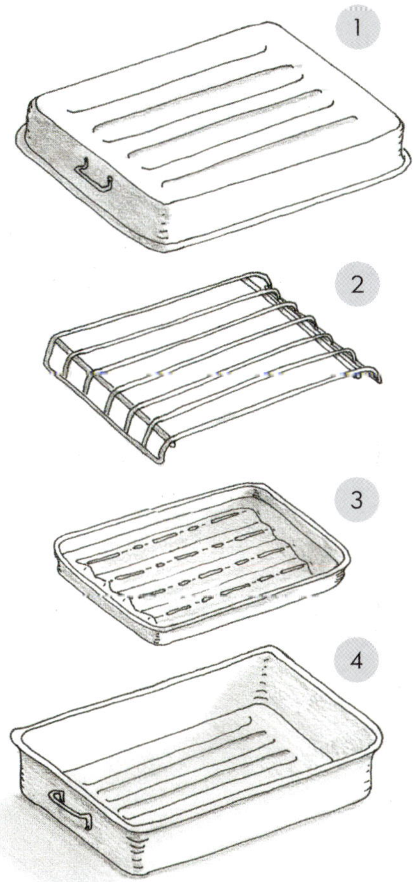

BEGRIFFSERKLÄRUNGEN

1 Umgedrehte Auflaufform

2 Rost für Nahrungsmittel

3 Aluminiumschale

4 Basis-Auflaufform

DER RÄUCHERPROZESS

Sie verfügen nun über die Ausrüstung, die Sie zum Heiß- oder Kalträuchern brauchen. Jetzt sollten Sie überlegen, welche Verarbeitungsschritte notwendig sind, um das von Ihnen gewählte Gericht zuzubereiten.

Bevor Sie auch nur irgendeine Art von Gericht räuchern, müssen Sie überlegen, welche Form des Pökelns im Vorfeld notwendig ist. Viele geräucherte Nahrungsmittel sollten vor dem Räuchern gepökelt werden. Das Einlegen in Salzlake sowie die Behandlung mit Salz werden auf den Seiten 18–29

RICHTLINIEN FÜR DAS HEISSRÄUCHERN

In der Tabelle werden grobe Richtlinien für das Heißräuchern einer Auswahl von Fleisch- und Fischprodukten angeführt, wobei von Temperaturen zwischen 98–121 °C im Räucherofen ausgegangen wird. Die Räucherzeiten sind Empfehlungen. Um die besten Ergebnisse zu erzielen, orientieren Sie sich an der Kerntemperatur des Räucherguts, um zu wissen, dass die Nahrung tatsächlich fertig gekocht wurde. Befolgen Sie an anderer Stelle gegebene Anleitungen für das Räuchern spezifischer Produkte.

PRODUKT	TROCKENSALZEN ERFORDERLICH	VORHERIGES EINLEGEN IN SALZLAKE, (SAL-Skala in %)	SALZEN/VORHERIGES EINLEGEN IN SALZLAKE – ZEIT	HEISSRÄUCHERN – ZEIT	KERNZIELTEMPERATUR
Ente (Entenbrust)	Nein	80 %	20 Minuten	15–20 Minuten	74 °C
Forelle (im Ganzen)	Nein	80 %	15 Minuten	20–25 Minuten	70 °C
Gans (im Ganzen)	Nein	20 %	12 Stunden	6–8 Minuten	74 °C
Huhn (in Stücken)	Ja	80 %	20 Minuten	25–30 Minuten	74 °C
Kaninchen (im Ganzen)	Nein	40 %	6 Stunden	45–60 Minuten	74 °C
Lachs (Lachsseite)	Nein	80 %	1 Stunde	30–40 Minuten	68 °C
Lachssteak	Nein	80 %	1 Stunde	20–25 Minuten	68 °C
Schweinerippen	Nein	Nein	k. A.	45–60 Minuten	84 °C
Schellfischsteak	Ja	Nein	k. A.	20–25 Minuten	72 °C
Truthahn (im Ganzen)	Nein	20 %	12 Stunden	2–4 Stunden	74 °C
Wildfleischsteak	Nein	40 %	6 Stunden	20–25 Minuten	74 °C

erklärt. Detaillierte Anleitungen für spezielle Produkte werden an mehreren Stellen dieses Buchs aufgeführt. Die folgenden Tabellen enthalten Angaben zu Einwirkzeiten und Schärfe der Salzlake.

Räucherzeiten

Ich werde oft gefragt, wie lange geräuchert werden soll. Es gibt keine genaue Antwort auf diese Frage, da dies, wie bei jeder Form des Würzens, vom persönlichen Geschmack abhängt. Ich bevorzuge Räucherlachs mit einer delikaten Würze. Andere ziehen es vor, dass ihr Lachs noch intensiver, d. h. manchmal bis zu 36 Stunden, geräuchert wird. Einige Nahrungsmittel sind besonders für intensives Räuchern geeignet. Dazu gehören Rindfleisch, Schweinefleisch und andere stark gewürzte Fleischsorten. Wenn Sie den Nahrungsmitteln, unter Beibehaltung eines Teils ihres charakteristischen Geschmacks, Aroma verleihen wollen, ist es wahrscheinlich am besten, sparsam mit dem Rauch umzugehen. Man sollte sich ja nicht nur auf das Räuchern als wichtigste Form der Konservierung verlassen. Daher können die Räucherzeiten reduziert werden, wenn nach einem leichteren Aroma verlangt wird.

RICHTLINIEN FÜR DAS KALTRÄUCHERN

In der Tabelle werden grobe Richtlinien für das Kalträuchern einer Auswahl von Fleisch- und Fischprodukten angeführt. Befolgen Sie an anderer Stelle gegebene Anleitungen für das Räuchern spezifischer Produkte.

PRODUKT	VORHERIGES EINLEGEN IN SALZLAKE, DAUER (Salzschärfe)	ABSPÜLEN UND TROCKNEN	VORKOCHEN	KALTRÄUCHERN (Stunden)		
				Leicht	Mittel	Schwer
Ente	2–3 Stunden (80 %)	Ja	Nein	12	24	36
Fisch (im Ganzen)	30–60 Minuten (80 %)	Ja	Nein	4	12	24
Fischfilet	15–20 Minuten (80 %)	Ja	Nein	4	8	16
Garnelen (roh, ohne Schale)	15 Minuten (80 %)	Nein	10 Minuten lang kochen	1	2	4
Huhn	2–3 Stunden (80 %)	Ja	Nein	12	24	36
Hummer (vorgekocht und ohne Schale)	5 Minuten (40 %)	Nein	Nein	1	2	4
Lamm	2–3 Stunden (80 %)	Ja	Nein	4	12	24
Rinderfilet oder mageres Steak	2–3 Stunden (80 %)	Ja	Nein	8	24	36
Schweinefleisch	1–2 Stunden (80 %)	Ja	Nein	4	8	18

DIE WAHL DES RICHTIGEN HOLZES

Verschiedene Holzarten verleihen Räucherwaren verschiedene Aromen. Wie Holz aufgeschichtet wird, beeinflusst die Art seiner Verbrennung. Die Tabelle gegenüber verwenden, um das zum Räuchern am ehesten geeignete Holz auszuwählen. Die Tabelle auf S. 156 hilft bei der Auswahl der richtigen Holzart.

Die Auswahl des geeigneten Räucherholzes gehört zu den persönlichsten Aspekten dieser Kunstfertigkeit. Viel hängt von individuellen Vorlieben ab. Freuen Sie sich darauf, mithilfe des Rauchs verschiedener Holzarten viele ungewöhnliche und köstliche Effekte zu erzielen.

BEGRIFFSERKLÄRUNGEN

1 Hickory
2 Edelkastanie
3 Whisky-Eiche
4 Erle
5 Mesquitebaum
6 Buche
7 Brennstoffbriketts (gemischt)
8 Apfelholz
9 Eiche

HOLZARTEN

Diese Tabelle enthält eine Zusammenfassung von Aromen und Raucheigenschaften verschiedener Holzarten.

HOLZART	AROMANOTEN	RAUCH-QUALITÄT	PASST GUT ZU
Ahorn	Süße	Mittel	Schwein, Geflügel oder Wild
Apfelholz	Süße	Mittel	Schwein, Geflügel oder Wild
Aprikose	Süße	Mittel	Rind, Lamm, Schwein, Geflügel oder Wild
Birke	Süße	Leicht	Schwein, Geflügel
Birne	Süße	Mittel	Schwein, Geflügel, Wild oder Fisch
Buche	Süße	Leicht	Schwein, Geflügel
Eiche	Stark/robust	Schwer	Alle Fleischsorten (außer Geflügel) und Fisch
Erle	Süße	Leicht	Schwein, Geflügel, Wild oder Fisch
Esche	Aromatisch	Leicht	Rind, Wild oder Fisch
Flieder	Aromatisch	Leicht	Lamm, Fisch oder Schalentiere
Hasel	Aromatisch	Leicht	Schwein, Geflügel oder Fisch
Hickorybaum	Stark/robust	Schwer	Lamm, Schwein oder Wild
(Edel-)Kastanie	Aromatisch	Leicht	Alle Fleischsorten und Fisch
Kirsche	Süße	Mittel	Alle Fleischsorten und Fisch
Lavendel	Aromatisch	Leicht	Geflügel, Fisch oder Schalentiere
Mandel	Süße	Schwer	Rind, Lamm, Schwein, Geflügel oder Wild
Maulbeere	Süße	Leicht	Rind, Schwein, Geflügel oder Wild
Mesquitebaum	Stark/robust	Schwer	Rind, Lamm oder Wild
Nektarine	Süße	Mittel	Alle Fleischsorten und Fisch
Olive	Erdig	Mittel	Lamm, Geflügel oder Wild
Orange	Süße	Mittel	Rind, Schwein oder Geflügel
Pfirsich	Erdig	Mittel	Rind, Lamm, Schwein, Geflügel oder Wild
Pekannussbaum	Aromatisch	Mittel	Rind, Lamm, Schwein, Geflügel oder Wild
Pflaume	Süße	Mittel	Rind, Lamm, Schwein, Geflügel oder Wild
Rosmarin	Aromatisch	Leicht	Lamm, Schwein, Geflügel oder Fisch
Stechginster	Aromatisch	Mittel	Alle Fleischsorten und Fisch
Walnuss	Stark/robust	Schwer	Rind oder Wild
Weinrebe	Erdig	Leicht	Rind, Lamm, Schwein, Geflügel oder Wild
Weißdorn	Aromatisch	Schwer	Rind, Lamm oder Wild
Whisky-Eiche	Stark/robust	Schwer	Rind, Schwein, Geflügel oder Fisch
Zitrone	Aromatisch	Mittel	Rind und Schwein

AUSWAHL EINES HOLZPRODUKTS

Kleinholz ist leichter entflammbar und weist eine natürliche Tendenz zum Qualmen über einen längeren Zeitraum hinweg auf, was beim Kalträuchern nützlich sein kann. Holzspäne hingegen haben eine geringere Tendenz zum Qualmen und benötigen dafür Hitze oder Trockenheit.

Verschiedene Holzarten brennen verschieden schnell. Eiche z. B. brennt typischerweise langsam, während Apfel- und Buchenholz schneller verbrennen. Jedoch beeinflussen auch weitere Faktoren den Brennvorgang, und zwar insbesondere Feuchtigkeit und Luftfeuchtigkeit. Details zu den Brenneigenschaften verschiedener Räucherhölzer entnehmen Sie der folgenden Tabelle.

AUSWAHL VON HOLZARTEN HINSICHTLICH IHRER BRENNEIGENSCHAFTEN

Diese Tabelle hilft bei der Auswahl des Holzes in Abhängigkeit von Essen und Ausrüstung

GRÖSSEN DES HOLZES	BRENNEIGENSCHAFTEN
Feines Räuchermehl (Partikelgröße: weniger als 1 mm)	Glimmt langsam bei richtigen Bedingungen. Wird wahrscheinlich durch Feuchtigkeit beeinträchtigt. Geringe Wahrscheinlichkeit für ein Entflammen (Ausnahme: bei vorhandenem Luftstrom).
Grobkörniges Räuchermehl (Partikelgröße: 1–2 mm)	Qualmt wahrscheinlich nicht ohne vorhandenen Luftstrom und ist feuchtigkeitsempfindlich. Entflammen beim Verbrennen unwahrscheinlich. Trockenes Material weist eine Tendenz zur Selbstauslöschung auf.
Feine Räucherspäne (Partikelgröße: 3–5 mm)	Tendenz zur Rauchproduktion bei Trockenheit. Feuchtigkeitsempfindlich. Können bei größer werdender Trockenheit entflammen. Können sich selbst auslöschen.
Grobkörnige Räucherspäne (Partikelgröße: 5–13 mm)	Wenn keine Trockenheit herrscht, Tendenz zur Selbstauslöschung. Beim Anzünden in trockenem Zustand entflammbar. In nassem Zustand eventuell schwierig anzuzünden. Wenn es gelingt, brennen sie. Qualmen bei vorhandenem Luftstrom.
Kleine Holzstücke (13–25 mm)	Brennen wahrscheinlich beim Anzünden in trockenem Zustand. In nassem Zustand eventuell schwierig anzuzünden. Qualmen ohne Luftzufuhr eventuell nicht. Brennen gut bei ausreichender Luftzufuhr.
Große Holzstücke (25–100 mm)	Eventuell langwierig anzuzünden, brennen dann aber gut. Qualmen bei ausreichender Trockenheit.
Scheiben oder Klötze (über 100 mm)	Eventuell langwierig anzuzünden, brennen dann aber gut und qualmen, vorausgesetzt es herrscht Trockenheit. Holzklötze dieser Größe können frei brennen, sofern sie gut durchlüftet aufeinander geschichtet sind.
Hobelspäne (Partikelgröße: 5–13 mm)	Es besteht die Tendenz zum Entzünden oder Aufflammen, insbesondere unter trockenen Bedingungen. Qualmen, sofern die Trockenheit kontrollierbar ist und mit Wasser begossen wird. Selbstauslöschung bei zu großer Feuchtigkeit.

LAGERUNG VON GERÄUCHERTEN NAHRUNGSMITTELN

Nach der Herstellung eigener geräucherter Nahrungsmittel werden diese voraussichtlich bald konsumiert werden. Reste schmecken zu gut, um weggeworfen zu werden und sollten aufbewahrt werden.

Aufgrund der antibakteriellen und antimikrobiellen Eigenschaften des Rauches nehmen Sie vielleicht an, dass die Lebensmittel etwas länger haltbar bleiben. Bis zu einem gewissen Grad stimmt das auch. Aus Sicherheitsgründen sollte Räucherware dennoch wie frische Lebensmittel gelagert werden.

Geruch von Nahrungsmitteln
Räucherware hat ein charakteristisches, rauchiges Aroma, das sich auf am selben Ort gelagerte Nahrungsmittel auswirken kann. Insbesondere stark aromatisierte Lebensmittel im Kühlschrank können andere delikat gewürzte Nahrungsmittel mit ihren Gerüchen und Aromen beeinflussen.

Um diese Möglichkeit zu minimieren, Nahrungsmittel in wieder versiegelbaren Beuteln und Behältern lagern. Die Verwendung von Frischhaltefolien kann nicht immer verhindern, dass Gerüche austreten.

Vakuumverpackungen
Eine hervorragende Möglichkeit zur Verlängerung der Haltbarkeit ist die Vakuumierung. Vakuumiergeräte sind in Geschäften und auch online erhältlich. Diese Geräte sind nur für den häuslichen Gebrauch gedacht, einfach in der Handhabung und bieten eine gute Versiegelung.

Vakuumverpacktes Essen weist eine viel längere Haltbarkeit auf als herkömmlich versiegelte Lebensmittel, was nicht bedeutet, dass die Lagerung im Kühlschrank unterbleiben kann. Das gilt insbesondere für Lachs, der von Listerien befallen sein kann.

Kühlen und einfrieren
Vor allem durch kühle Lagerung bleiben Lebensmittel länger frisch. Kalt geräucherter Fisch wird idealerweise bei 3–5 °C gelagert. Bei diesen Temperaturen kann gut eingewickelter Räucherlachs bis zu fünf Tage lang gelagert werden. Nicht vergessen: Ein Kühlschrank mit Gefrierfach ist eine sehr trockene Umgebung. Unverpackt tendieren hier aufbewahrte Lebensmittel dazu, auszutrocknen. Die kühlste Stelle im Kühlschrank ist der unterste Bereich, es sei denn, das Gerät verfügt über einen Ventilator im Inneren. In diesem Fall sollte die Temperatur überall gleichmäßig sein.

Langfristiges Tiefkühlen sollte bei Temperaturen zwischen −18 und −23 °C erfolgen. Die für das jeweilige Gerät geltenden Anleitungen zur sicheren Lagerung befolgen.

Eine der besten Möglichkeiten zum langfristigen Aufbewahren von geräuchertem Fleisch und Fisch ist das Tiefkühlen.

KALTGERÄUCHERTER LACHS NACH SCHOTTISCHER ART

Es gibt nichts Feineres als richtig zubereiteten, gepökelten und kalt geräucherten Lachs; eine Delikatesse für besondere Anlässe. Falls Sie dieses Produkt nur aus dem Supermarkt kennen, sollten Sie sich diesen besonderen Genuss gönnen.

ENTSCHEIDENDE PHASEN

1 Vorbereitung

2 Salzen

3 Trocknen

4 Räuchern

Fangfrischer Lachs ist der König unter den Fischen. Die perfekte Art seiner Zubereitung ist das Kalträuchern.

Wenn Sie erst einmal Ihren eigenen kaltgeräucherten Lachs hergestellt haben, gibt es kein Zurück mehr zu kommerziellen Produkten, und das ist gut so. Ich spüre noch immer das Kribbeln, wenn ich vom Räucherofen mit dem kaltgeräucherten Lachs in der Hand in die Küche gehe, um den Lachs ruhen zu lassen und zu tranchieren. Sie werden staunen, zu wie vielen Partys und Treffen von Freunden Sie eingeladen werden, wenn diese erfahren, dass Sie auf Bestellung Lachs räuchern können. Im Gegensatz zu heißgeräuchertem Lachs (S. 172) behält dieser Lachs viel von seinen ursprünglichen Aromen und Ölen sowie seiner Konsistenz. Probieren Sie es stattdessen auch mit Lachsforelle oder Saibling.

Überlegungen zur Lebensmittelhygiene

Kaltgeräucherter Lachs ist eigentlich ein rohes Produkt, das der Lebensmittelsicherheit und -hygiene entsprechend behandelt werden muss. Die Verwendung frischer Zutaten ist essentiell. Falls Zweifel an der Qualität des Fisches bestehen, diesen nicht verwenden. Die die Sicherheit und Hygiene betreffenden Tipps auf Seite 30 befolgen. Insbesondere rohen und gepökelten Fisch getrennt voneinander aufbewahren. Beim abwechselnden Hantieren mit rohen und gepökelten Produkten immer Hände waschen.

Anfängliche Zubereitung

Wenn Sie mit dem ganzen Fisch arbeiten (können), müssen Sie ihn zunächst filetieren. Anweisungen dazu finden Sie auf S. 56. Der zweite Schritt bei der Herstellung von kaltgeräuchertem Lachs besteht in der Behandlung des Fleisches mit Salz, um die Feuchtigkeit zu entfernen und zu seiner Haltbarkeit beizutragen.

Kaltgeräucherter Fisch wird klassischerweise in einer Weise tranchiert, die als „D slicing" (rechts) bezeichnet wird.

Kaltgeräucherter Lachs wird traditionell gesalzen. Das Salzen führt zu einem relativen Feuchtigkeitsverlust (s. auch S. 18–29). Das ist deshalb wichtig, da sich durch den Flüssigkeitsverlust Bakterien schlechter vermehren können. Außerdem werden dadurch die Konsistenz und die Relation der Öle zueinander verbessert. Falls erwünscht, können jetzt weitere Zutaten wie Kräuter und Zucker hinzugefügt werden.

Trocknen – eine entscheidende Phase
Durch das Trocknen wird dem Fisch noch mehr Feuchtigkeit entzogen, was zu einer weiteren Verbesserung der Konsistenz führt und die Bakterienvermehrung weiter hemmt. Durch das Trocknen im Kühlschrank wird der Salzgehalt im gesamten Fisch ausgeglichen. Es entsteht auch eine anhaftende dünne, salzige Oberfläche – die Pellicula.

Wichtiger Hinweis: Den Fisch nicht zugedeckt in den Kühlschrank stellen, da er sonst nicht trocknet. Bitte beachten, dass sich die Trockenzeit verlängern kann, sofern Salat und Gemüse im offenen Teil des Kühlschranks aufbewahrt werden, da diese Lebensmittel Feuchtigkeit abgeben.

Der Räucherprozess
Das Kalträuchern von Lachs kann je nach Geschmack sechs bis 36 Stunden dauern. Ich bevorzuge eine kürzere Räucherzeit, da somit das Aroma des Lachses erhalten bleibt. Die Temperatur beim Kalträuchern sollte immer unter 30 °C, idealerweise sogar noch tiefer liegen, und zwar besonders dann, wenn die Räucherzeit sehr lange (mehr als acht Stunden) dauert.

Beim Kalträuchern setzt sich der Prozess des Trocknens und Gewichtsverlusts fort. Insgesamt kann der Gewichtsverlust vom rohen bis zum Endprodukt, in Abhängigkeit von der Dauer des Pökelns, Trocknens und Räucherns, 10–20 % betragen. Regionale Wetterbedingungen und Feuchtigkeit spielen dabei auch eine Rolle. Nirgendwo ist der Gewichtsverlust so groß wie in einer trockeneren Umgebung.

Hausgemachter kaltgeräucherter Lachs mit Zitrone und Dill serviert ist eine ideale Vorspeise.

Tranchieren
Traditionell wird kaltgeräucherter Lachs in einer Weise tranchiert, die als „D-Cut-Slicing" bezeichnet wird. Von der Schwanzflosse ausgehend wird durch die breite Seite des Filets in einem zur Schwanzflosse geneigten Winkel geschnitten. Die Tranchen sollten so dünn sein, dass das Messer hindurchscheint.

Lagerung
Der abschließende, aber nicht weniger wichtige Teil dieses Prozesses ist die Lagerung. Besonders wichtig ist die Wahl der richtigen Temperatur. Falls Ihr Kühlschrank keine ausreichend niedrige Temperatur (3 °C) produziert, wird sich die Haltbarkeit des Räucherlachses verkürzen. Durch das Vakuumieren und Einfrieren kann die Haltbarkeit des Produkts verlängert werden (s. S. 87).

Zubereitung

Den Lachs, falls nötig, wie auf S. 56 beschrieben, entgräten und filetieren. Die Ränder der Filets kürzen, jegliches sichtbare Fett entfernen, aber die Haut belassen

Salzen

1 Die gesamte Oberfläche des Filets mit einer dünnen Schicht Salz gleichmäßig behandeln. Beim dicksten Teil (dem Kopfende) beginnen.

2 Den Fisch mit einer weiteren Salzschicht behandeln. Am dicksten Ende noch mehr Salz verwenden, so dass es richtig gepökelt werden kann. Die Schwanzflosse und die dünneren Ränder mit nur einer dünnen Schicht Salz behandeln. Zu viel Salz an diesen Stellen führt zu einem übermäßigen Pökeln.

Den Lachs filetieren und zurechtschneiden.

Das Filet salzen.

Für die dickeren Stellen mehr Salz als für die Schwanzflosse und die Ränder verwenden.

Pökeln und Trocknen

1 Den Lachs ungefähr sechs Stunden in einem nichtreaktiven Geschirr in den Kühlschrank stellen. Danach den Fisch aus dem Kühlschrank herausnehmen und unter kaltem, fließendem Wasser abspülen, auf Küchenpapier legen und die Oberfläche mit Küchenpapier trocken tupfen.

2 Den Lachs wieder in den Kühlschrank geben. Den Fisch nicht zugedeckt mindestens 24 Stunden trocknen lassen. Das ist ein wichtiger Teil des Prozesses, da sich in dieser Phase die Pellicula bildet. Es handelt sich dabei um eine dünne Membran, die sich an der Oberfläche des Lachses bildet und dazu beiträgt, dass der Rauch während des Räucherns am Fisch haften bleibt.

Kalträuchern

1 Den Lachs mindestens vier Stunden lang bei einer Temperatur unter 30 °C mit der Haut nach unten auf einem Rost in den Kalträucherofen stellen.

2 Den Fisch aus dem Räucherofen nehmen und 30 Minuten lang an einem kühlen Ort ruhen lassen. Der Lachs kann nun eingewickelt und bei 3 °C gekühlt gelagert werden. Unter diesen Bedingungen bleibt er bis zu sieben Tage frisch.

Den Lachs in den Räucherofen stellen.

Blini mit kaltgeräuchertem Lachs

Als klassisches Appetithäppchen sind Blini mit kaltgeräuchertem Lachs ein idealer Snack bei Feierlichkeiten mit erlesenen Getränken. Mundgerechte Blini, d. h. winzige russische Buchweizenpfannkuchen mit Frischkäse oder saurer Sahne oben drauf, sind ein ideales Ausgangsprodukt für dieses köstliche, beliebte Partygericht. Ersatzweise kann auch in Dreiecke geschnittenes, mit Butter bestrichenes Vollkornbrot verwendet werden.

ZUBEREITUNG

Fertige Blini können in jedem Supermarkt gekauft werden. Alternativ aus dickem Pfannkuchenteig Blini backen. Einfach ein wenig saure Sahne auf jeden Pfannkuchen geben. Ein wenig dünn geschnittenen Räucherlachs daraufgeben. Mit etwas Zitronensaft beträufeln und mit gemahlenem Pfeffer bestreuen. Mit Schnittlauch garnieren oder als einen weiteren Hauch von Luxus zur Abrundung einen Löffel Seehasenrogen daraufgeben.

KALTGERÄUCHERTE RÄUCHERFISCHE

Räucherfische sind traditionell gepökelte, kaltgeräucherte Heringe. Diese Produkte sind voll mit Omega-3-Fettsäuren und eine Delikatesse zum Genießen. Es gibt auch eine heißgeräucherte Variante (s. gegenüberliegende Seite); eine interessante Abwechslung.

ENTSCHEIDENDE PHASEN

1 Vorheriges Einlegen in Salzlake

2 Trocknen

3 Kalträuchern

Räucherfisch wird traditionell nur mit Brot oder Toast gegessen.

Hering, aus dem gerne Räucherfisch gemacht wird, ist reichlich im Nordatlantik vorhanden. Jahrhunderte hindurch wurde ein Teil der großen Fänge gepökelt und geräuchert, um Räucherfisch herzustellen. Räucherhering wird am Rücken eingeschnitten und aufgeklappt. Dabei wird er flacher und erhält sein charakteristisches Aussehen. Anleitungen dazu s. S. 48.

Kalträuchern

Die Herstellung dieser Art von Räucherfisch beginnt mit dem Einlegen in Salzlake. Das wird auf S. 50 beschrieben. Sobald die eingelegten Heringe trocken sind, können sie auf Roste gelegt in den Räucherofen gestellt werden. Eine niedrige Temperatur wird beibehalten, um Aromen einwirken zu lassen, ohne den Fisch gleichzeitig zu garen. Später die Temperatur langsam steigern, um das Kalträuchern abzuschließen. Dadurch treten Öle aus dem Fisch aus, wodurch er eine schöne, schimmernde Oberfläche erhält. Lesen Sie auf jeden Fall die allgemeinen Anleitungen zum Räuchern (s. S. 132–157).

AUSWAHL DES HOLZES

Hering ist ein fetter Fisch mit einem robusten Aroma. Für die Herstellung von Räucherfisch verwende ich vorzugsweise Eichenspäne, da der von ihnen produzierte Rauch ähnlich robust ist und dem Endprodukt eine wunderbare, intensive Farbe verleiht.

Servieren und Lagern
Kaltgeräucherte Räucherfische müssen vor dem Verzehr gegart werden. Einfach mit etwas Butter in einer Pfanne mit wenig Wasser pochieren und mit knusprigem Butterbrot servieren; ein perfekter Start in den Tag. Der gekochte Fisch kann auch für einen schmackhaften Aufstrich auf Toastbrot verwendet werden. Beim Rezept für Räucherheringsaufstrich (s. S. 167) diesen Fisch durch Räucherhering ersetzen. Gekochter Räucherfisch kann bis zu sieben Tage lang im Kühlschrank oder, sofern er vakuumverpackt wird, sogar bis zu drei Monate im Tiefkühlfach aufbewahrt werden.

Kalträuchern von Fisch

1 Die Heringe am Rücken aufschneiden (s. Beschreibung auf S. 48) und einlegen (s. S. 50). Abspülen und trocknen.

2 Die Heringe auf an einem Stück Holz befestigten Hakenpaaren aufhängen. Diese Methode wurde entwickelt, um die Räucherfische während des Räucherns flach und voneinander getrennt zu halten.

3 Die Räucherfische mindestens acht Stunden lang kalträuchern. Für ein stärkeres Aroma Räucherdauer verlängern. Die Temperatur im Kalträucherofen für die ersten sechs Stunden unter 30 °C halten. Die letzten beiden Stunden die Temperatur nur leicht steigern. Falls länger geräuchert werden soll, diese Temperatur bis zum Ende der gewählten Räucherzeit beibehalten.

HEISSGERÄUCHERTE VARIANTE

Räucherfisch kann auch heißgeräuchert werden. Heißgeräucherter Fisch kann direkt aus dem Räucherofen genommen und verzehrt werden. Er muss nicht weiter gekocht werden und wird genauso serviert wie kaltgeräucherter Fisch.

• Bis zur Räucherphase genauso zubereiten wie beim Kalträuchern. Fische auf einzelnen Rosten in den Heißräucherofen stellen, so dass sie einander nicht berühren. Die Temperatur des Räucherofens auf 30 °C erhöhen und die Heringe eine Stunde lang räuchern.

• Nach einer Stunde die Temperatur im Räucherofen auf 85 °C erhöhen und so lange räuchern, bis die Kerntemperatur des Fisches 75 °C erreicht hat. Das lässt sich mit einem Fleischthermometer überprüfen. Den Räucherfisch aus dem Räucherofen entfernen, ruhen und abkühlen lassen.

Den Fisch an einem Haken an einer Holzstange aufhängen.

Den Räucherfisch im Kalträucherofen aufhängen.

BÜCKLINGE

Bei Bücklingen handelt es sich um gepökelte und kaltgeräucherte nicht ausgenommene Heringe. Falls Sie den intensiven, rauchigen Geruch von Räucherfisch mögen, dann werden Sie auch Bücklinge mögen, welche am besten als Hautgout-Version von Räucherfisch aus Hering beschrieben werden können.

ENTSCHEIDENDE PHASEN

1 Trockensalzen

2 Räuchern

Bücklinge werden aus frischem Hering mit Kopf und Därmen zubereitet. Nach dem Trockensalzen werden sie traditionell über Eichen- oder Buchenholz geräuchert. Das Endprodukt hat einen subtilen, delikaten und weniger salzigen Geschmack als die meisten Räucherfische.

Lagerung
Bückling kann bis zu einer Woche lang bei ca. 3 °C im Kühlschrank gelagert werden. Idealerweise sollte er aber binnen drei Tagen gegessen werden. Bücklinge können tiefgefroren drei Monate lang aufbewahrt werden, sofern sie in robuste Plastikfolien gewickelt wurden.

Bückling kann ohne Beilage oder mit Toast verzehrt werden und ist eine hervorragende Alternative zu Räucherfisch.

Bücklinge zubereiten

1 Die Heringe auf eine 10 mm dicke Salzschicht in ein nichtreaktives Geschirr legen, vollständig mit Salz bedecken. Falls genügend Platz vorhanden ist, die Fische, jeweils durch eine dünne Schicht Salz voneinander getrennt, aufeinanderlegen. Kühlen, einen Tag pökeln lassen, das Salz abspülen und die Fische trocknen lassen.

2 Die gesalzenen Heringe auf einer dünnen, durch die Köpfe getriebenen Holzstange aufspießen, im Kalträucherofen aufhängen und zwölf Stunden räuchern. Da durch Kalträuchern nicht die nötige Wärme entsteht, um Fische zu garen, müssen Bücklinge vor dem Verzehr weiter gekocht werden (s. unten).

Die Heringe auf einer Holzstange aufspießen.

Die Fische im Kalträucherofen aufhängen.

Kochen und Servieren von Bücklingen

Bücklinge können gegrillt, gebacken oder vorzugsweise auf dem Grill gekocht werden. Im Fall beider Methoden die Fische beidseitig leicht einritzen und mit zerlassener Butter bestreichen.

Grillen bzw. Braten
Zum Grillen die Fische beidseitig mit dem Saft einer ausgepressten Zitrone behandeln und so lange braten, bis die Haut knusprig wird. Wenden und auf der anderen Seite das Gleiche tun.

Backen
Zum Backen von Bücklingen diese auf Backpapier legen, ein paar Zitronenscheiben hinzufügen und das Paket versiegeln. Im vorgeheizten Ofen 20 Minuten bei 150 °C backen.

Indirekt Grillen
Die Bücklinge drei Minuten lang direkt über heißen Kohlen beidseitig grillen. An eine kühlere Stelle des Grills schieben und fünf Minuten lang mit einer Folie bedecken und fertiggaren.

Räucherheringpaste als Brotaufstrich herstellen
Dazu einfach das Fleisch von zwei gebackenen Bücklingen nehmen. Fische vollständig entgräten und weiche Butter von gleichem Gewicht hinzufügen. Den Saft einer Zitrone hinzufügen und jeweils einen Teelöffel gemahlenen schwarzen Pfeffer und Cayennepfeffer dazugeben. Alle Zutaten vermischen, bis eine glatte Paste entsteht. Die Paste in Auflaufformen füllen und mit zerlassener, mit Safranfäden gewürzter Butter bestreichen.

KALTGERÄUCHERTER SPECK

Das besondere Aroma Ihres ersten zu Hause selbst zubereiteten gepökelten und geräucherten Specks, der in der Pfanne brutzelt, und sein Geschmack, der einem das Wasser im Munde zusammenlaufen lässt, wird mit Sicherheit dazu führen, dass Sie keinen Speck mehr im Supermarkt kaufen wollen.

ENTSCHEIDENDE PHASEN

1 Pökeln

2 Ruhen lassen

3 Räuchern

Die hier beschriebene Technik bezieht sich auf süßlichen gepökelten Speck. Speck profitiert viel von der Kombination von Süße und Rauch. Zucker und andere Formen natürlicher Süße schwächen den penetranten Salzgeschmack von stark gepökeltem Speck ab.

Süßlicher gepökelter und kaltgeräucherter Speck durchläuft zunächst dieselbe Form der Pökelung wie trockengereifter Speck (s. S. 66). Der Unterschied besteht darin, dass die Pökelmischung gezuckert wird. Bei dieser Form von süß gepökeltem Speck macht der Zucker ca. ein Viertel der gesamten Pökelmischung aus. Denken Sie daran, dass kaltgeräucherte Produkte vor dem Verzehr noch weiter gegart werden müssen. Für die Grundlagen des Kalträucherns s. S. 132–147.

Aroma und Geschmack
Kalträuchern ist ein sanftes Verfahren. Aroma und Geschmack der so behandelten Nahrungsmittel sind wunderbar holzig und rauchig. Speck ist ein robustes Fleisch mit einem eigenen salzigen Geschmack. Das Aroma des Rauches sollte dem etwas entgegensetzen können. Speck wird traditionell mit dem Rauch von Eiche, Buche oder auch dem Holz des Hickorybaumes behandelt. Von diesen dreien produziert die Buche den mildesten Rauch. Die Eiche und der Hickorybaum bringen schwereren und aromatischeren Rauch hervor. Selbst bei den relativ niedrigen Temperaturen beim Kalträuchern (unter 30 °C) trocknet der Speck weiter, wodurch sich Konsistenz und Geschmack verbessern.

Die Dauer des Kalträucherns beim Speck ist insbesondere eine Frage des persönlichen Geschmacks. Für einen wirklich robusten Geschmack acht bis zwölf Stunden mit Eiche oder Hickory räuchern. Für einen leichteren Geschmack vier Stunden lang mit Buche räuchern. Der von Eichenholz produzierte Rauch führt auch noch zu einer wunderbaren Farbe und einem vollen Geschmack.

Kaltgeräucherter Speck kann aus verschiedenen Teilen des Schweins, einschließlich Lende, Rücken und Bauchspeck, gewonnen werden.

Ausrüstung zum Räuchern
Den Schinken entweder hoch im Inneren des Räucherofens an Haken hängen oder auf Roste legen. Das Ergebnis wird größtenteils dasselbe sein.

Ich bevorzuge das Hinlegen von Speck, da Rauch sich tendenziell an der Oberseite des Fleisches festsetzt, wodurch der Geschmack intensiver wird. In Abhängigkeit von der Ausrichtung des Räucherofens und dem vorhandenen Platz kann aber eine andere Vorgangsweise gewählt werden. Mit beiden Methoden lassen sich gute Resultate erzielen.

Ruhezeit
Nach dem Räuchern den Speck aus dem Ofen nehmen und locker in Butterbrotpapier wickeln. An einem kühlen Ort, z. B. im Kühlschrank, 24 Stunden ruhen lassen. Dadurch können sich leichtere Rauchrückstände verflüchtigen. Zurück bleiben die robusteren Aromen. Jeder, der die Räucherware noch am Tag ihrer Herstellung verzehrt, weiß um die Intensität des Geschmacks.

ALTERNATIVE QUELLEN FÜR DEN SÜSSEN GESCHMACK

Zusätzliche Süße für den Speck muss nicht nur vom Zucker kommen. Alternativen sind Honig, Ahornsirup oder sogar Lakritze. Zucker kann durch Ahornsirup und Honig von jeweils gleichem Gewicht ersetzt werden. Das Ergebnis ist dasselbe. Falls Lakritze statt Zucker gewählt wird, reines, feines Lakritzpulver – ca. einen Teelöffel voll pro Kilogramm Speck – verwenden.

Kaltgeräucherter Speck

1 Wie auf S. 66 beschrieben, den Speck trockenpökeln. Nach dem Pökeln das Fleisch waschen und trocknen und einen Tag lang in den Kühlschrank stellen. Dieses Ruhen trägt zur Bildung einer sog. Pellicula bzw. einer dünnen, anhaftenden Membran aus Pökelsalz und natürlichen Säften an der Oberfläche des Specks bei. Diese Membran bewirkt, dass an dem Speck im Räucherofen der Rauch kleben bleibt.

2 Den Speck im Kalträucherofen an rostfreien Stahlhaken aufhängen. Mit zwei Haken den Speck an jeweils einer Ecke durchstechen und hoch oben im Räucherofen aufhängen. Der Speck kann auch mit der Hautseite nach unten auf den Rost gelegt werden. Den Rauch auf möglichst alle Seiten des Specks einwirken lassen, wobei das Fleisch die Seitenwände des Räucherofens nicht berühren sollte.

3 Das Fleisch bis zur Erreichung der gewünschten Intensität kalträuchern, was zwischen vier (leichter Geschmack) und 24 Stunden (intensiver Geschmack) dauern kann. Nach dem Kalträuchern den Speck locker in Butterbrotpapier wickeln und vor dem Tranchieren 24 Stunden im Kühlschrank reifen lassen. Durch das Kühlen wird der Speck fester und somit einfacher zu tranchieren.

WAS SIE DAFÜR BRAUCHEN

- **1 kg Schweinefleisch (Lende, Rücken oder Bauchspeck)**

ZUTATEN FÜR DIE PÖKELMISCHUNG

- **2,5 EL Nitritpökelsalz**
- **2 EL weicher, brauner Zucker (Dazu braunen oder normalen weißen Zucker gut mit einigen Tropfen Melasse vermischen.**

Nach der Trockenpökelung das Fleisch abspülen und trocknen.

Das Fleisch im Kalträucherofen aufhängen.

HEISSGERÄUCHERTER SPECK

Nach dem Trockensalzen kann der Speck heißgeräuchert werden. Die für das Heißräuchern benötigte Zeit hängt von der Größe des Fleisches ab. Das Heißräuchern ist beendet, wenn die Kerntemperatur des Fleisches 72 °C erreicht hat. Für das Heißräuchern von Speck muss die im Räucherofen vorherrschende Temperatur 94 °C erreichen bzw. überschreiten. Während des Heißräucherns treten Fett und Säfte aus dem Speck aus. Daher ist man gut beraten, unter den Rost ein Tablett zum Auffangen der Tropfen zu legen. Für einen süßen Abgang den Speck während des Räucherprozesses mit Ahornsirup beträufeln. Nach dem Räuchern das Fleisch auf Zimmertemperatur kühlen lassen, bevor es in den Kühlschrank gestellt wird. Das fertige Endprodukt kann wie Schinken in dünne Scheiben geschnitten und ohne jegliche weitere Zubereitung verzehrt oder aber frittiert werden.

Best-Bacon-Sandwich

Selbst gepökelter Speck passt gut zu Salat, Tomaten und Mayonnaise sowie frisch gebackenem Brot, um eines der besten Sandwiches zum Brunch oder zur Jause zu machen. Dieses einfache Gericht aus frischen Zutaten und mit gutem Geschmack schmeckt der ganzen Familie.

ZUTATEN

Für ein Sandwich benötigen Sie:

- **4 Scheiben kaltgeräucherten Speck**
- **2 Scheiben frisches Brot**
- **2 EL zerlasssene Butter**
- **3–4 knackige Salatblätter**
- **1 große Tomate (dünne Scheiben)**
- **Salz und Pfeffer je nach Geschmack**
- **1 EL Mayonnaise**

ZUBEREITUNG

1 Den Speck knusprig braten. Auf Küchenpapier beiseitestellen. Überschüssiges Fett aus der Pfanne schütten. Beide Brotscheiben an den Innenseiten in der Pfanne mit dem Fett des Specks benetzen.

2 Die Brotscheiben aus der Pfanne nehmen und leicht mit Butter beträufeln. Die Salatblätter und Tomatenscheiben auf eine Seite der Brotscheibe und darüber den Speck legen. Mit Salz und Pfeffer würzen. Die andere Brotscheibe mit Mayonnaise bestreichen. Die beiden Seiten aufeinanderlegen und servieren.

HEISSGERÄUCHERTER LACHS

Diese Art der Zubereitung verleiht diesem saftigen Fisch einen köstlichen und besonderen Geschmack. Lachs kann einfach draußen in einem Heißräucherofen oder drinnen auf der Küchenherdplatte heißgeräuchert werden.

ENTSCHEIDENDE PHASEN

1 Filetieren

2 Einlegen in Salzlake

3 Räuchern

Lachs ist ein robuster Fisch mit einem besonderen Geschmack und einer starken Konsistenz. Aber wie bei jedem Fisch kann Lachs übermäßig gegart werden, wodurch er zu sehr austrocknet. Daher ist die Kontrolle der Temperatur ein wichtiger Teil beim Heißräuchern dieses Fisches. Die Temperaturen sollten 75 °C nicht übersteigen.

Um das zu erreichen, benötigen Sie einen Heißräucherofen mit einer eingebauten Temperaturanzeige oder ein Fleischthermometer, das Sie in den dicksten Teil des Lachses stecken können. Wenn Sie sich eine Zeit lang mit dem Heißräuchern von Fleisch oder Fisch beschäftigt haben, werden Sie instinktiv ein Gespür für die richtige Temperatur entwickeln. Vor dem Räuchern muss der Lachs für die Würze in eine leichte Salzlake eingelegt werden. Das in der Lake enthaltene Salz interagiert mit den im Rauch enthaltenen Aromen, wodurch der Geschmack des Fisches intensiviert wird.

Servieren und Lagern
Heißgeräucherter Lachs kann, wenn Sie wollen, sofort serviert werden. Nach einer kurzen Ruhezeit schmeckt er aber besser. Durch das Ruhen können sich die schwereren Bestandteile des Rauchs verflüchtigen. Zum Lagern den heißgeräucherten Lachs vollständig abkühlen lassen und dann eine Stunde in den Kühlschrank stellen oder komplett abkühlen lassen. Den Lachs eng in Frischhaltefolie wickeln oder in einen Vakuumbeutel legen und versiegeln. Im Kühlschrank bleibt der Lachs bis zu fünf Tage, im Gefrierfach bis zu sechs Monate frisch.

Probieren Sie es stattdessen auch einmal mit Lachsforelle oder Saibling.

Mit Gemüse oder Bohnen und einer Beilage aus frischen Salatblättern serviert, kann heißgeräucherter Lachs das Herzstück eines sehr nahrhaften Gerichtes sein.

Vorbereitung und Einlegen

1 Entweder fertige Lachssteaks kaufen oder aus einem ganzen Lachs zubereiten. In letzterem Fall die Instruktionen zum Filetieren eines ganzen Lachses (S. 56) bis zu dem Punkt befolgen, bis Sie eine Seite ohne Gräten und Rippenknochen, aber noch mit Haut haben. Der Grund für die Beibehaltung der Haut besteht darin, dem Fisch etwas Stabilität zu verleihen. Nun den Fisch in ungefähr 50 mm dicke Scheiben schneiden.

2 Eine Salzlake zubereiten und den Lachs, wie auf den Seiten 62–63 beschrieben, einlegen.

3 Nach dem Einlegen den Lachs aus der Salzlake herausnehmen und trocken tupfen. Ein Abspülen ist nicht notwendig. Vor dem Räuchern den Lachs ungefähr zwei Stunden lang im Kühlschrank ruhen lassen. Somit kann der Fisch ein wenig trocknen.

Den Lachs in Salzlake tauchen.

HINZUFÜGEN VON AROMEN

Der Salzlake für heißgeräucherten Lachs können einige weitere Aromen hinzugefügt werden (s. S. 26). Zum Aromatisieren frisch geriebenen Ingwer hinzufügen.

Wenn aus dem fertigen Räucherlachs Pastete hergestellt werden soll, ist es wahrscheinlich am besten, nicht während des Einlegens in Salzlake Aromen hinzuzufügen, da sich diese mit den in den Rezepten vorhandenen Aromen schlagen können.

Räuchern

1 Den Heißräucherofen auf 85 °C einstellen und bis zu dieser Temperatur vorheizen.

2 Den Lachs auf einem offenen Rost in den Räucherofen legen und so lange räuchern, bis die Kerntemperatur 75 °C erreicht hat. Die Wärme abdrehen und 15 Minuten weiter räuchern. Den Lachs aus dem Räucherofen nehmen und ruhen lassen, bis er vollständig abgekühlt ist. Der Lachs kann nun verzehrt werden.

OBERLIPPENTEST

Wenn Sie sich hinsichtlich der Temperatur des Fisches nicht sicher sind und auch kein Fleischthermometer haben, einfach einen Metallspieß ein paar Sekunden lang in den dicksten Teil des Fisches stecken. Den Spieß herausziehen und vorsichtig damit die Haut über der Oberlippe berühren. Wenn er sich heiß anfühlt, dann ist der Fisch fertig. Das ist ein alter Trick von Chefköchen.

Den Heißräucherofen vorheizen.

Die Temperatur des Fisches kontrollieren.

Heißgeräucherter Lachs Niçoise

Ein klassischer Salat nach Nizza-Art, der im Allgemeinen aus Thunfisch zubereitet wird. Wird er aus heißgeräuchertem Lachs gemacht, ist er ein origineller und geschmacklich intensiver Leckerbissen für den Sommer.

ZUTATEN

- **2 heißgeräucherte Lachssteaks (ohne Haut)**

- **50 g grüne Bohnen**
- **4 Frühlingszwiebeln**
- **eine 5 cm lange Gurke**
- **100 g Salatblätter**
- **4 mittelgroße reife Kirschtomaten (halbiert)**
- **220 g Frühkartoffeln**
- **2 hartgekochte Eier (gekühlt, gepellt und geviertelt)**
- **50 g Anschovis**
- **50 g schwarze Oliven (entkernt, falls sie verwendet werden)**

Für zwei Personen

ZUBEREITUNG

1 Die grünen Bohnen in 5 cm lange Stücke schneiden und blanchieren. Die Frühlingszwiebeln in Scheiben schneiden, die Gurke würfeln.

2 Vor dem Servieren Salatblätter, Tomaten, Gurken, Frühkartoffeln, Bohnen und Frühlingszwiebeln in eine große Salatschüssel legen. Die heißgeräucherten Lachsstücke und geviertelten Eier auf den Salat legen, danach die Anschovis und die schwarzen Oliven, falls verwendet, darauflegen.

3 Den Salat mit einer einfachen Vinaigrette anrichten. Mit warmem, knusprigem Brot servieren.

HEISSGERÄUCHERTE FORELLE

Forelle kann hervorragend zu Hause heißgeräuchert werden. Heißgeräucherte Forelle ist für sich allein köstlich und eine Grundzutat in vielen schmackhaften Rezepten.

ENTSCHEIDENDE PHASEN

1 Vorheriges Einlegen in Salzlake

2 Trocknen

3 Räuchern

Gezüchtete Forelle von guter Qualität ist einfach zu bekommen. Die meisten im Handel erhältlichen Forellen wiegen ca. 220 g, ein perfektes Gewicht für das Heißräuchern. Die Forelle ausnehmen, die Haut waschen. Sie können das selbst machen, indem Sie die Instruktionen für das Ausnehmen von Makrele befolgen (s. S. 53). Aber, wenn Sie wünschen, wird das der Fischhändler für Sie tun. Zum Prozess gehört auch eine Phase des vorherigen Einlegens, wodurch dem Fisch Geschmack verliehen und auch das Räucheraroma intensiviert wird.

Ausrüstung für das Räuchern
Zum Räuchern von Forelle verwende ich einen großen Herdplattenräucherofen. Falls Sie keinen haben, können Sie einen improvisieren, indem Sie zwei identische Bratpfannen mit Bulldogklemmen aneinanderheften. Eine Beschreibung dieser Methode finden Sie hier (vgl. auch S. 151)

WAS SIE DAFÜR BRAUCHEN
- **2 Forellen (ca. 225 g)**
- **Salz**
- **2 Zitronen**
- **1 Bund frische Petersilie**

Vorbereitung und vorheriges Einlegen der Forelle

1 Die Forelle, wie auf S. 53 beschrieben, ausnehmen und säubern. Die Forelle vorzugsweise mit dem Kopf räuchern. Falls die Forelle ohne Kopf geräuchert werden soll, eine etwas kürzere Garzeit einplanen.

2 Eine gewisse Menge 80%iger Salzlake (SAL-Skala), wie auf S. 28 beschrieben, zubereiten und vor dem Gebrauch kühlen. Es wird genügend Salzlake benötigt, um den Fisch vollständig einzutauchen. Die ausgenommene Forelle in ein nichtreaktives Geschirr geben, mit der Salzlake begießen und 15 Minuten im Kühlschrank ruhen lassen.

3 Den Fisch aus der Salzlake nehmen und unter fließendem, kaltem Wasser abspülen und mit Küchenpapier trocken tupfen.

Das Innere der Forelle kann mit Zitronen und frischen Kräutern befüllt werden, damit ihr Fleisch einen delikaten Geschmack bekommt (links).

Heißgeräucherte Forelle ist ein einfaches, aber lohnendes Unterfangen beim Räuchern (rechts).

Vorbereitung des Räucherofens

1 Einen gehäuften Esslöffel Räucherspäne und -mehl auf den Boden des Räucherofens oder der Bratpfanne geben, und zwar möglichst in die Mitte direkt über der Wärmequelle. Das Holz mit Alufolie zudecken. Alternativ kann eine Aluschale zum Grillen mit Löchern verwendet werden. Einen geölten Bratenrost oder Untersetzer auf die Alufolie stellen, um die Forelle über dem qualmenden Holz zu fixieren und ein freies Zirkulieren des Rauches zu ermöglichen.

2 Die Forellen auf den Bratenrost legen. Die Bauchhöhle eines jeden Fisches mit ein paar Zitronenscheiben und etwas gehackter Petersilie füllen. Dadurch werden dem Fisch ein paar wunderbare Aromen verliehen, während gleichzeitig auch der Rauch ins Innere des Fisches dringen kann.

3 Den zweiten Bräter umgedreht über den ersten legen und die beiden Bräter mit Klemmen fixieren (s. auch S. 151).

Räucherspäne in die Mitte der Auflaufform des Räucherofens legen.

Räuchern

1 Den improvisierten Heißräucherofen auf den Herd stellen. Wenn Sie einen guten Dunstabzug haben, können Sie an Ihrem Küchenherd bei mittlerer Hitze 20 Minuten lang räuchern. Alternativ im Freien eine Kochplatte verwenden. In diesem Fall muss fünf Minuten länger geräuchert werden. Nach Ablauf der Räucherzeit den Räucherofen von der Wärmequelle entfernen und weitere fünf Minuten ruhen lassen. Somit kann sich der restliche Rauch verflüchtigen und die Forellen fertig garen.

2 Den Deckel abnehmen und die Forellen mit einem Pfannenwender bzw. Fischvorlegemesser auf einen Teller legen. Mit einem Spieß oder Thermometer am dicksten Teil des Fisches prüfen, ob er durchgegart ist. Die Forellen können nun gegessen oder zu einer wunderbaren Fischpastete verarbeitet werden (s. gegenüberliegende Seite).

Den Fisch mit Zitronenscheiben und Petersilie füllen.

TIPP ZUM HÄUTEN

Heiße Forelle lässt sich viel einfacher häuten. Wollen Sie die geräucherte Forelle zu einer Pastete verarbeiten, lohnt es sich, den Fisch noch in warmem Zustand zu zerlegen.

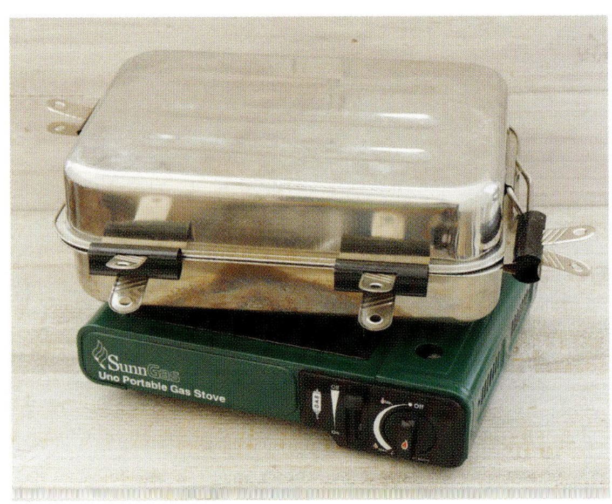

Den Räucherofen auf eine Wärmequelle stellen.

Heißgeräucherte Forellenpastete

Ein einfaches Rezept für eine köstliche Vorspeise, die genauso gut aus Makrele zubereitet werden kann.

ZUTATEN

- **2 ganze, heißgeräucherte Forellen (jeweils 225 g)**
- **50 g ungesalzene (weiche) Butter**
- **Saft einer Zitrone**
- **2 EL Oberskren (Sahne-Meerrettich-Sauce)**
- **1 große Prise Cayennepfeffer**
- **1 große Prise frisch geriebene Muskatnuss**
- **frisch gemahlener schwarzer Pfeffer**
- **105 ml saure Sahne oder Crème fraîche**
- **4 EL gehackter Schnittlauch (nach Belieben)**

SERVIEREN MIT

- **gemischtem Blattsalat**
- **2 Zitronen, in Stücke geschnitten**
- **reichlich frisch getoasteten Scheiben Brot**

Für acht Personen

ZUBEREITUNG

1 Den Fisch häuten und mithilfe einer Gabel die Filets von den Gräten befreien. Gräten und Haut vollständig entfernen. Die flockigen Filets in die Schüssel einer Küchenmaschine geben.

2 Weiche Butter, den Saft einer halben Zitrone, Oberskren, Cayennepfeffer und Muskatnuss hinzufügen. Gut mit schwarzem Pfeffer würzen. Mixen. Diese Zutaten können auch mit einer Gabel vermischt werden.

3 Die Mischung in eine Schüssel geben und saure Sahne unterheben. Den Schnittlauch hinzufügen und alles gut umrühren. Die Würze überprüfen und, falls notwendig, mehr Zitronensaft hinzufügen. In eigenen Auflaufformen mit einer Handvoll Salatblättern, Zitronenstücken und Toastscheiben servieren.

HEISSGERÄUCHERTER SCHELLFISCH

Schellfisch hat weißes Fleisch, das sich gut zum Räuchern eignet. Heißgeräuchert ist er eine besonders wichtige Zutat vieler Gerichte, einschließlich Fischpastete und Fischsuppe. Er kann aber auch ohne besondere Verarbeitung verzehrt werden.

ENTSCHEIDENDE PHASEN

1 Salzen

2 Trocknen

3 Räuchern

Es handelt sich um einen im Nordatlantik vorkommenden Kaltwasserfisch. Schellfisch weist viel flockiges Fleisch und einen charakteristischen Geschmack auf. Im Laufe der Zeit wurde Schellfisch weniger geschätzt als der Kabeljau, der meiner Meinung nach zu Unrecht als populärster unter den Fischen mit weißem Fleisch galt. Der Geschmack von Schellfisch harmoniert ausgezeichnet mit einem rauchigen Aroma.

Traditioneller Genuss
Geräucherter Schellfisch ist in Schottland besonders beliebt. „Arbroath Smokie", wie er dort genannt wird, gehört vielleicht zu den berühmtesten Beispielen einer heißgeräucherten Schellfisch-Delikatesse. Dieses Gericht wird aus einem ganzen Fisch, allerdings ohne Kopf, zubereitet. Es wird kurz trockengesalzen und mit kaltem, frischem Wasser abgespült. An den Schwanzflossen paarweise zusammengebunden werden diese Fische auf hölzerne Rahmen zum Abtropfen und Trocknen gelegt und dann mithilfe von Eiche oder Buche heißgeräuchert. In der Vergangenheit wurden diese Feuer in halbierten Fässern gelegt, an deren Rändern sich zum Schutz Schiefer oder flache Steine befanden. Die Fische wurden mit Sackleinen bedeckt, damit Wärme und Feuchtigkeit erhalten bleiben. Das Leinen wurde mit Wasser benetzt.

Schellfischsteaks nach Arbroath-Art
Wenn Sie Zeit, Lust und natürlich ganze Fische haben, ist die Zubereitung von Schellfisch nach Arbroath-Art einen Versuch wert. Schellfisch ist aber nicht oft in einem ganzen Stück erhältlich, es sei denn, Sie leben an der Meeresküste oder kennen einen hervorragenden Fischhändler. Filets sind viel leichter zu bekommen und können in vielen Supermärkten gekauft werden. Das Heißräuchern eines Schellfischsteaks ist relativ unkompliziert. Wie die meisten Fische mit weißem Fleisch muss der Schellfisch nicht stark gesalzen werden. Das Fleisch ist ziemlich leicht und das Salz wird tatsächlich sehr schnell aufgenommen.

Vor dem Heißräuchern benötigt der Fisch eine dünne Schicht Salz und sonst nichts und auch diese sollte vor dem Hineinlegen in den Heißräucherofen abgespült werden.

Ein zweiteiliger Prozess
Beim Räuchern von Fisch ist die Kontrolle der Temperatur das A und O. Falls heißgeräucherter Schellfisch einem noch weiter zu kochenden Gericht hinzugefügt werden soll, ist es am besten den Fisch so heiß zu räuchern, dass er kaum kocht. Das ist nicht so schwierig, wie es klingt, insbesondere wenn die Temperatur Ihres Räucherofens zuverlässig eingestellt werden kann. Die Technik besteht aus einem zweiteiligen Prozess. Man beginnt mit einer niedrigen Temperatur und wählt stufenweise eine höhere, bis die Kerntemperatur des Schellfischsteaks an seinem dicksten Ende 71 °C erreicht. Der Fisch kann nun aus dem Räucherofen genommen werden und abkühlen. Diese Technik beruht auf der erneuten Erwärmung des Fisches auf über 75 °C, in welches Geschirr auch immer er zum Fertigkochen gelegt wird. Falls der Fisch gleich nach der Entnahme aus dem Räucherofen verzehrt werden soll, sollten Sie gleich eine Kerntemperatur von 75 °C anstreben.

In der ersten Phase des Räucherns können dem Fisch auch rauchiges Aroma und Farbe verliehen werden, ohne dass er zerkocht wird. Das erfolgt, indem er für 20 Minuten bei ca. 50 °C in den Räucherofen gelegt wird. Während dieser Zeit wird der Fisch ein gutes Aroma und auch eine dunklere Farbe bekommen. In der nächsten Phase wird die Temperatur des Räucherofens auf 85 °C erhöht. Ein Fleischthermometer verwenden, um den Anstieg der Kerntemperatur des Fisches zu messen, bis sie 75 °C erreicht. Der Fisch kann dann aus dem Räucherofen genommen und gegessen werden.

Zu Hause geräucherter Schellfisch ist eine Delikatesse, die sich sehr von ihrem im Handel erhältlichen Pendant unterscheidet.

Salzen und Trocknen von Schellfisch

1 Die Oberfläche des Fisches mit einer dünnen Schicht Salz bestreuen. Den Fisch mit der Hautseite nach unten in ein nichtreaktives Geschirr geben, mit Frischhaltefolie bedecken und im Kühlschrank ruhen lassen.

2 Nach 20 Minuten den Fisch aus dem Kühlschrank nehmen und mit kaltem, fließendem Wasser abspülen, um alle Spuren des Salzes zu beseitigen. Trocken tupfen und nicht zugedeckt in einem Geschirr für eine Stunde zum Trocknen wieder in den Kühlschrank legen.

WAS SIE DAFÜR BRAUCHEN

- **Schellfischsteak oder Filet (mit Haut)**
- **Salz**

Räuchern

1 Die Temperatur des Räucherofens auf 30 °C erhöhen und den Schellfisch 30 Minuten lang räuchern. Nach 30 Minuten die Temperatur im Räucherofen auf 85 °C erhöhen und so lange räuchern, bis die Kerntemperatur des Schellfisches 75 °C erreicht hat.

2 Wenn diese Temperatur erreicht wurde, den Fisch aus dem Räucherofen nehmen und abkühlen lassen. Der Schellfisch kann sofort nach seiner Entnahme aus dem Räucherofen verzehrt werden. Wenn der Fisch vor dem Servieren eine Zeit lang ruht, werden die Aromen abgemildert und abgerundet.

Die Schellfischsteaks mit einer dünnen Schicht Salz bestreuen.

Die Schellfischfilets in einen Heißräucherofen stellen.

TIPPS

- Beim Heißräuchern die Haut am Fisch belassen; sie hilft dabei, den Fisch in einem Stück zu bewahren.
- Die Kerntemperatur des Fisches unter 75 °C halten, um ihn vor dem Austrocknen zu bewahren.
- Ein Fleischthermometer in den dicksten Teil des Fisches stechen, um die Kerntemperatur exakt zu messen.

Klassisches Kedgeree

Wenn Sie indische Aromen und Fisch lieben, gibt es nichts Besseres als Kedgeree. Dieses Gericht ist eine perfekte Vorspeise oder kann als leichtes Mittagessen bzw. sogar als vollständige Mahlzeit serviert werden.

ZUTATEN

- **680 g heißgeräucherter Schellfisch**
- **Saft einer halben Zitrone**
- **2 Lorbeerblätter**
- **1 EL Pflanzenöl**
- **Butter**
- **1 cm langer, frischer Ingwer (gemahlen)**
- **1 Bund Frühlingszwiebeln (gehackt)**
- **1 Knoblauchzehe (gerieben)**
- **2 EL scharfes Currypulver**
- **1 EL schwarze Senfkörner**
- **170 g Langkornreis**
- **200 ml Wasser**
- **1 roter Chili (fein gehackt)**
- **2 Handvoll frischer Schnittlauch oder Korianderblätter (gehackt)**
- **2 große, hartgekochte Eier (gekühlt, gepellt und geviertelt)**

Für vier Personen

ZUBEREITUNG

1 Fisch, Zitronensaft und Lorbeerblätter in eine Pfanne mit wenig Wasser geben. Zum Kochen bringen, dann die Hitze reduzieren und zudecken. Fünf Minuten köcheln lassen.

2 Den Fisch aus der Pfanne nehmen und abkühlen lassen. Den Fisch häuten und zerschneiden.

3 Öl in einer Pfanne mit einer Flocke Butter erhitzen. Ingwer, Frühlingszwiebeln und Knoblauch hinzufügen. Fünf Minuten anschwitzen. Currypulver, Senfkörner und Reis hinzufügen. Umrühren, um den Reis mit Gewürzen und Kräutern zu bedecken.

4 Dem Reis Wasser hinzufügen und zum Kochen bringen. Köcheln lassen, bis der Reis gekocht ist und die gesamte Flüssigkeit absorbiert wurde.

5 Den flockigen Schellfisch dem Reis beimengen. Chili, Schnittlauch oder Korianderblätter hinzufügen. Die geviertelten Eier dazugeben und alles sanft umrühren. Zum Servieren das Gericht auf vorgewärmten Tellern anrichten.

SÜSSE HEISS-GERÄUCHERTE RIPPEN

Über Kohlen oder im Räucherofen heißgeräuchert sind Rippen aus Schweinefleisch ein praktisch unvergessliches Gericht. Dieses beliebte Grillgericht kann dem eigenen Geschmack entsprechend mariniert und gewürzt werden.

ENTSCHEIDENDE PHASEN

1 Zurechtschneiden

2 Marinieren

3 Räuchern

Schweinerippen sind ein billiger und schmackhafter Teil des Schweins. Jeder gute Metzger kann Schweinerippen in der von Ihnen benötigten Qualität liefern. Für gewöhnlich werden 12 oder 13 Rippen, manchmal aber nur acht pro Einheit angeboten.

Kennen Sie sich bei Rippen aus!
Baby Back Ribs (Kotelettrippen) heißen im Allgemeinen die Rippen, die an die Wirbelsäule anschließen. Diese Rippen sind leicht von Spareribs zu unterscheiden, da sie eine ausgeprägte Krümmung aufweisen, kürzer und rundlicher sind. Spareribs (Schälrippen) sind der Teil der Rippen, die sich über die Seiten des Brustkorbes bis nach vorne zum Brustbein erstrecken. Sie sind viel größer und flacher und enthalten am Ende Knorpel.

Zubereitung
Die Zubereitung von Rippchen im Räucherofen ist ziemlich einfach. Sämtliches überschüssige Fett und alle Sehnen entfernen sowie die Silberhaut von den Innenflächen der Rippen entfernen. Wird die Silberhaut nicht entfernt, wird sie während des Garens brüchig und ein wenig undurchdringlich, was wahrscheinlich dazu führt, dass das rauchige Aroma nicht aufgenommen werden kann. Ich empfehle, die Rippen zurechtzuschneiden, damit sie sauber und kantig sind. Nach dem Vorbereiten der Rippen auf diese Art und vor dem Räuchern mit der gewählten Marinade behandeln. Für welche Kombination von Zutaten Sie sich auch entscheiden: Mariniert wird auf folgende Weise.

Heißgeräucherte Rippen sind der unübertroffene Partyfavorit.

Zurechtschneiden und Marinieren des Fleisches

1 Lose hängendes Fett und Sehnen von den Rippen wegschneiden. Danach die die Rippen von innen auskleidende, weiße Silberhaut entfernen. Von einem Ende der Rippen ausgehend mit der Messerspitze eine Ecke der Silberhaut anheben. Den Rand mit den Fingern festhalten und die gesamte Silberhaut mit einer Bewegung abziehen. Manchmal ist sie etwas glitschig. In diesem Fall für einen besseren Halt Küchenpapier verwenden.

2 Die Zutaten für die Marinade vermischen und beidseitig auf die Rippen auftragen. Alles mit Alufolie zudecken und 30 Minuten stehen lassen. Inzwischen den Heißräucherofen auf 120 °C vorheizen.

Das sichtbare Fett vom Fleisch abtrennen.

Das Fleisch marinieren.

WAS SIE DAFÜR BRAUCHEN

- **Kotelettrippen (1 Stück mit acht Einzelrippen)**

ZUTATEN FÜR DIE MARINADE

- **2 EL Honig**
- **1 EL Salz**
- **2 EL leichte Sojasauce**
- **2 EL Tomatenketchup**
- **1 EL Knoblauchpulver**

ZUM BETRÄUFELN

- **2 EL Honig**
- **2 EL leichte Sojasauce**
- **2 EL Tomatenketchup**

Räuchern

1 Nach der vorgeschriebenen Ruhezeit die Rippen abtropfen lassen und auf einen Rost über einem Tablett in den Räucherofen legen. Eine Stunde lang räuchern. Während des Räucherns regelmäßig mit der entsprechenden Mischung beträufeln.

2 Die Rippen sind fertig, wenn ihre Kerntemperatur 85 °C übersteigt. Das lässt sich u. U. nicht einfach feststellen, da die Fleischschicht auf den Rippen dünn ist und Knochen Wärme zeitlich anders aufnehmen als Fleisch. Eine der besten Möglichkeiten besteht darin, die Rippen an einem Ende mit einer Zange anzuheben und zu überprüfen, ob das Fleisch beginnt, sich vom Knochen abzulösen.

Das Fleisch samt Tablett zum Auffangen der Tropfen in den Heißräucherofen stellen.

ALTERNATIVE GESCHMACKSRICHTUNGEN

SCHARFE CHILI-RIBS

Im Fall der Verwendung dieser Marinade muss das Fleisch während des Räucherns nicht mit Bratensaft begossen werden.

1 EL Salz
2 EL Paprika
2 EL Tomatenketchup
1 EL Knoblauchpulver
1 EL scharfes Chilipulver

TIPPS

- Die dünne, weiße Silberhaut an der Innenseite der Rippen immer entfernen, da sie ein Eindringen des Rauches in das Fleisch verhindern und auch zäh und schwer zu kauen sein kann.

- Die meisten Marinaden müssen in ähnlicher Weise verwendet werden. Daran denken, dass Kotelettrippen etwas kleiner als Spareribs (Schälrippen) sind, weshalb sie schneller die Aromen aufnehmen und das Braten schneller geht.

Geräucherte und süß-klebrige Spareribs mit würziger Barbecue-Sauce

Wenn Sie scharf gewürzte Rippen mögen, dann bieten die folgende Marinade und Bratensauce das besondere Etwas.

ZUTATEN

- **Spareribs (Schälrippen; 1 Stück mit acht Rippen)**
- **4 EL Tomatenketchup**
- **2 EL Honig**
- **2 EL Worcestershire-Sauce**
- **1 EL Chilipulver**
- **1 EL Kreuzkümmel**
- **1 EL Paprikapulver**
- **1 EL Knoblauchpulver**
- **1 EL Tabascosauce**

ZUBEREITUNG

1 Die Zutaten für die Sauce vermischen und die Schweinerippen mit der Hälfte der Flüssigkeit eine Stunde vor dem Räuchern im Heißräucherofen behandeln.

2 Während des Räucherns die Rippen von Zeit zu Zeit mit der restlichen scharfen Barbecue-Sauce behandeln. Kurz vor dem Ende der Räucherzeit die Rippen wieder mit der Barbecue-Sauce bestreichen und im Räucherofen einwirken lassen. Mit grob geschnittenen Kartoffeln und einem eigenen Dip für wahre Gaumenfreuden servieren.

HEISSGERÄUCHERTE HÜHNCHENSTÜCKE

Diese in einem Räucherofen oder auf dem Grill unter Verwendung von Hickory, Eiche, Buche oder Obsthölzern geräucherten Hühnchenstücke schmecken kalt oder warm, für sich alleine oder als Teil eines aufwendigen Gerichts hervorragend.

ENTSCHEIDENDE PHASEN

1 Würzen

2 Räuchern

Hühnchen ist eine beliebte und gesunde Alternative zu rotem Fleisch und kann durch den Prozess des Heißräucherns mit einer sehr feinen und ursprünglichen Geschmacksnote versehen werden. Das mithilfe dieser Technik zubereitete Hühnchen kann sofort gegessen werden; ein echter Vorteil.

Vorbereitung und Würzen
Die Vorbereitung des Hühnchens auf das Heißräuchern könnte einfacher nicht sein. Für diese Methode ist es am besten, Sie verwenden Hühnchenstücke. Entweder Sie kaufen Hühnchenstücke oder Sie zerteilen selbst ein ganzes Huhn (Anleitungen dazu s. S. 46).

Es ist nicht nötig, das Hühnchen in Salzlake einzulegen. Die Hühnchenstücke können einfach mit Salz und zusätzlichen Gewürzen eingerieben werden, um den Geschmack zu verstärken und das Fleisch für den Grill vorzubereiten. Einige trockene Gewürzmischungen zum Einreiben finden Sie auf der folgenden Seite.

Räuchertechnik
Das Heißräuchern von Hühnchen auf dem Holzkohlegrill erfordert Sorgfalt und Aufmerksamkeit, damit das Hühnchen nicht übermäßig gegart wird oder verbrennt. Beim Braten von Hühnerbrust entsteht nur wenig Fett. Beim Braten von Schenkeln, Keulen und Flügeln hingegen wird ziemlich viel Fett produziert, was zu Stichflammen am Grill führen kann. Um das zu verhindern, so viel sichtbares Fett wie möglich vom Hühnchen abschneiden.

Heißgeräuchertes Hühnchen, serviert mit selbst gemachten Beilagen, ist perfekt als leichtes Mittagessen geeignet.

ALTERNATIVE AROMEN

Durch das Hinzufügen von Kräutern und Gewürzen zur Salzmischung vor dem Räuchern lassen sich interessante Geschmacksnoten kreieren. Diese Pökelmischungen können sowohl bei der Zubereitung im Heißräucherofen als auch am Holzkohlegrill verwendet werden. Die Mengen reichen für ein ganzes Huhn, das zerlegt wird. Egal, welche Gewürzmischung verwendet wird: Alle Zutaten vermengen und das Huhn mit dieser Mischung einreiben. Die Mischung in das Fleisch und, wo das möglich ist, auch unter die Haut einmassieren. Das Fleisch zudecken und vor dem Räuchern 30 Minuten in den Kühlschrank stellen.

1 TROCKENPÖKELMISCHUNG AUS PAPRIKA, THYMIAN UND KNOBLAUCH

1 EL Salz
2 EL Paprika
1 EL getrocknete oder frische Thymianblätter
1 EL Knoblauchpulver
½ EL geriebener schwarzer Pfeffer

2 TRADITIONELLE NASSPÖKELMISCHUNG AUS KRÄUTERN

1 EL Salz
3 EL Olivenöl
1 EL getrocknete oder frische Thymianblätter
1 EL getrockneter Salbei
½ EL geriebener schwarzer Pfeffer

3 TROCKENPÖKELMISCHUNG NACH CAJUN-ART

1 EL Salz
1 EL Paprika
1 EL gemahlener Kreuzkümmel
1 EL Oregano
1 EL Knoblauchpulver
½ EL geriebener schwarzer Pfeffer

Ein weiterer Tipp wäre, falls Sie einen Grill mit Deckel besitzen, die Verwendung einer abweichenden Methode des Bratens, das indirekte Grillen oder Offset-Räuchern. Selbige wird auf S. 190 beschrieben. Das Hühnchen wird durch die eingefangene Wärme und nicht direkt durch die von den Kohlen stammende Wärme gebraten. Diese Methode hilft auch dabei, dass das Fleisch saftig bleibt. Die Temperatur in einem typischen Holzkohlegrill kann sehr schnell auf 150 °C steigen, d. h., Sie müssen wachsam sein und die Wärme über die Einstellung der Belüftung regulieren.

Die Idealtemperaturen liegen zwischen 110–120 °C. Hühnchen in einem eigens zu diesem Zweck gebauten Räucherofen gebraten, ist ein wahres Vergnügen. Diese Methode wird auch in diesem Buch beschrieben (s. S. 191). Das Fleisch wird langsam gegart und bleibt saftig, was beim herkömmlichen Braten oft nicht der Fall ist. Und der Geschmack ist sensationell.

Würzen der Hühnchenstücke

Die Hühnchenstücke einfach ein wenig salzen oder mit einem Drittel der gewählten Gewürzmischung behandeln (s. S. 189).

Die Haut karamellisieren

1 Den Grill anzünden und, nachdem die Flammen erloschen und die Kohlen weiß sind, das gewürzte Huhn drei Minuten auf den Rost über die Kohlen legen. Dadurch wird die Haut karamellisiert und dem Fleisch viel Geschmack und Farbe verliehen.

2 Das Huhn wenden und die gebratene Seite mit Salz oder einem weiteren Drittel der gewählten Gewürzmischung bestreuen. Die andere Seite weitere drei Minuten lang braten. Das Huhn ein zweites Mal wenden und mit der verbleibenden Gewürzmischung bestreuen.

Räuchern

1 Die Kohlen an ein Ende des Grills rechen und die Hühnchenstücke am anderen Ende des Grills platzieren, damit sie nicht direkt über den Kohlen liegen. Eine Folienverpackung mit den gewählten Räucherspänen (s. S. 149) zu den Kohlen legen und den Deckel des Grills zumachen.

2 Das Huhn 30 Minuten lang braten und räuchern. Die Temperatur im Grill überprüfen. Darauf achten, dass sie im Bereich zwischen 110 und 120 °C bleibt.

Überprüfung der Temperatur

Um zu überprüfen, ob das Huhn fertig gebraten wurde, mit einem Messer ins Fleisch stechen. Wenn die austretenden Säfte klar sind und es keine Anzeichen einer rötlichen Färbung gibt, dann ist das Huhn gar. Das lässt sich auch mit einem Fleischthermometer überprüfen. Wenn die Kerntemperatur des Fleisches 74 °C erreicht hat, dann ist es ausreichend gebraten.

Die Hühnchenstücke leicht würzen.

Das Huhn auf einen heißen Grill legen.

Die Hühnchenstücke wenden und weiter würzen.

Das Huhn von den Kohlen entfernen.

Die Kerntemperatur des Huhns mit einem Fleischthermometer überprüfen.

Zubereitung mittels Heißräuchern

1 Den Heißräucherofen auf 110 °C vorheizen.

2 Die Hühnchenstücke mit Salz oder einer Gewürzmischung beidseitig behandeln und zum Räuchern auf einen Rost legen. Den Rost hoch im Räucherofen platzieren. Darunter ein Backblech zum Auffangen der Tropfen legen. So bleibt das Innere Ihres Räucherofens sauber.

3 Das Huhn so lange im Räucherofen belassen, bis es fertig gebraten ist (s. Überprüfung der Temperatur, vorige Seite). Dann aus dem Räucherofen nehmen und kurze Zeit abkühlen lassen.

Das gewürzte Huhn in den Heißräucherofen stellen.

HEISSGERÄUCHERTER GANZER TRUTHAHN

Truthahn ist eine in jeder Jahreszeit beliebte Geflügelsorte. Das Tolle an diesem Vogel ist, dass er viel Fleisch enthält und das Ergebnis nach dem Räuchern wirklich köstlich ist. Hier erfahren Sie, wie saftiger, heißgeräucherter Truthahn zubereitet wird.

ENTSCHEIDENDE PHASEN

1 Vorheriges Einlegen in Salzlake

2 Räuchern

Bei Truthahn handelt es sich nicht um die für das Räuchern am besten geeignete Geflügelsorte. Er ist aber vielerorts erhältlich. Worauf v. a. geachtet werden muss, ist die Größe des Vogels. Truthähne können sehr groß sein. Sie haben dicke und dünne Stellen. Allein wegen ihrer körperlichen Größe können Sie sie u. U. nicht in Ihrem Räucherofen zubereiten. Daher müssen Sie sie eventuell in kleinere Stücke zerlegen. Die bei Truthahnfleisch angewendete Räuchermethode ähnelt der für Huhn (s. S. 188) oder Gans (S. 196).

Überprüfung der Temperatur
Um sicherzustellen, dass der Truthahn durch ist, müssen Sie eine Kerntemperatur von über 74 °C erreichen. Das Messen der Kerntemperatur eines großen Vogels ist einfach, da eine Stelle in einem großen Areal gewählt werden kann. Ich überprüfe stets den dicksten Teil der Brust an zumindest zwei Stellen und ich messe auch an den Keulen, die ja auch dick sein können.

Überlegungen zur Größe
Da ein Truthahn sehr groß sein kann, ist darauf zu achten, dass Sie in Ihrem Kühlschrank genug Platz für ein Behältnis für die Salzlake haben. Außerdem sind die Räucherzeiten im Allgemeinen ziemlich lang. Das geht mit dem Risiko einher, dass das Fleisch in der Nähe der Oberfläche äußerst trocken wird.

Eine Möglichkeit, das zu verhindern, besteht darin, nach den ersten beiden Stunden ein Tablett mit warmem Wasser in den Räucherofen zu legen. Das Wasser führt zur Stabilisierung der Temperatur im Räucherofen. Manche Räucheröfen sind standardmäßig mit so einem Tablett ausgerüstet. In einem elektrischen Räucherofen dient das Wasser dazu, die Atmosphäre zu befeuchten, während das Räuchern weiter bei einer bestimmten Temperatur erfolgt. Der Grund für die Verwendung warmen Wassers besteht darin, zu verhindern, dass die Temperatur im Räucherofen absinkt, da das Wasser in einer Pfanne erwärmt werden muss. Eventuell muss in regelmäßigen Abständen Wasser nachgefüllt werden. Den Wasserstand daher etwa stündlich überprüfen.

Eine weitere Sorge gilt der Zeit, die nötig ist, um den Truthahn zu erwärmen, insbesondere dann, wenn die Wärmequelle ineffizient ist und der Truthahn direkt aus dem Kühlschrank genommen wurde. Wenn nach vier oder fünf Stunden im Räucherofen die Kerntemperatur des Geflügels nicht zumindest 60 °C erreicht hat, aus dem Räucherofen nehmen und den Garvorgang im Backrohr beenden. Sobald die Kerntemperatur des Geflügels die anvisierten 74 °C erreicht hat, kann es aus dem Backrohr genommen und zum Abkühlen wieder in den Räucherofen gelegt werden, wo ihm zur Abrundung noch eine weitere Dosis Rauch verpasst wird.

Die Auswahl eines Truthahns
Für das Räuchern empfehle ich einen kleinen Truthahn mit einem Maximalgewicht von 5 kg. Bei größeren Truthähnen dauert das Räuchern in den meisten Fällen zu lang.

Die goldene Farbe eines heißgeräucherten Truthahns ist ein appetitanregender Anblick.

Vorheriges Einlegen in Salzlake

1 Die Salzlake in einem Geschirr aus nichtreaktiven Materialien zubereiten, das groß genug für den Truthahn ist. Eine 20%ige Salzlake (SAL-Skala), d. h. 55 g Salz pro 1 l Wasser zubereiten. Dieser Salzlake können wahlweise Zucker, Honig oder einige Kräuter und Gewürze hinzugefügt werden. Alle Zutaten vermischen und umrühren, bis sich das gesamte Salz aufgelöst hat. Die Salzlake auf 4 °C abkühlen.

2 Den Truthahn in die gekühlte Salzlake legen, so dass er vollständig eingetaucht ist und keine Luftbläschen in den Körperhöhlen bleiben. Das Geflügel muss eventuell mit einem Teller oder einem anderen Gewicht beschwert werden, damit es eingetaucht bleibt. Manchmal ist es einfacher, den Truthahn mit der Brustseite nach unten einzutauchen, damit das Gewicht auf die stabilere, flachere Seite gelegt werden kann.

3 Den Truthahn zwölf Stunden im Kühlschrank in der Salzlake belassen, dann aus dem Geschirr nehmen, die Salzlake abtropfen lassen und das Geflügel mit Küchenpapier trocken tupfen. Den Truthahn eine Stunde bei Zimmertemperatur ruhen lassen.

Nach dem Einlegen den Truthahn trocknen und ruhen lassen.

Räuchern

1 Den Räucherofen auf 110 °C vorheizen. Den Truthahn auf den Rost legen. Falls möglich, ein Bord unter den Truthahn stellen, um abtropfendes Fett und Bratensaft aufzufangen.

2 Die Temperatur des Geflügels nach zwei Stunden kontrollieren. Die Temperatursonde an der dicksten Stelle der Brust und in den Unterschenkel einstechen. Falls die Haut trocken ist, eine Schale mit heißem Wasser auf ein Tablett unter den Truthahn stellen, um die Luftfeuchtigkeit im Räucherofen zu erhöhen.

3 Sobald die Kerntemperatur des Truthahns 74 °C erreicht hat, das Geflügel aus dem Räucherofen nehmen, in Folie wickeln und vor dem Tranchieren eine Stunde lang ruhen lassen.

Den eingelegten Truthahn in den Räucherofen stellen.

EIN SÜSSER GEDANKE

Um dem geräucherten Truthahn etwas mehr Süße zu verleihen, einfach mit einer Mischung aus 2 EL Honig und 2 EL leichter Sojasauce übergießen. Nach ein paar Stunden Räuchern die Haut mit dieser Mischung einreiben.

Räuchern von einzelnen Fleischstücken

Zum Räuchern einzelner Truthahnteile die Anleitungen zum Heißräuchern von Hühnchenstücken befolgen (s. S. 188), das Truthahnfleisch jedoch wegen des größeren Volumens etwas länger im Räucherofen garen lassen. Heißgeräucherte Truthahnstücke können einfach im Tiefkühlfach aufbewahrt und für die Zubereitung eines schmackhaften Auflaufs verwendet werden.

Geräuchertes Truthahn-Baguette

Heißgeräucherter Truthahn ist ein hervorragendes Weihnachtsgericht, welches traditionell mit saisonalem Gemüse, Füllung und Sauce serviert wird. Auch die Überreste schmecken mit Baguette, in Scheiben geschnittenen Tomaten und Salatblättern serviert ausgezeichnet.

HEISSGERÄUCHERTE GANS

ENTSCHEIDENDE PHASEN

1. Vorheriges Einlegen in Salzlake
2. Räuchern

In vielen Ländern bildet die Gans den traditionellen Höhepunkt des Weihnachtsessens. Und sie wird wieder beliebter. Der Geschmack von Gans ähnelt jenem von Ente. Sie lässt sich auch gut räuchern.

Dereinst war Gans ein beliebtes Festtagsgericht und eine Zierde bei vielen Weihnachtsessen. Eine Gans kann ziemlich groß sein und um die 4–7 kg wiegen. Einige heimische Rassen wurden selektiv gezüchtet, um ein Gewicht von bis zu 10 kg zu erreichen. Obwohl sie groß sein können, lassen sich Gänse im Ganzen räuchern. Gezüchtete Gänse werden im Allgemeinen ungefähr im Alter von sechs bis neun Monaten geschlachtet. Ihr Fleisch ist dann wahrscheinlich zart. Das Fleisch von Wildgänsen ist vermutlich zarter und magerer als jenes aus der Geflügelzucht. Gans wird selten zerteilt angeboten. Einige besondere Zulieferer jedoch verkaufen auch separat Gänsebrust mit Brustbein oder Keulen.

Hoher Fettanteil

Gans ist Geflügel mit hohem Fettanteil. Ungefähr 15 % ihres Gewichts besteht aus Fett. Viel davon befindet sich in einer Schicht unter der Haut, tritt erst beim Kochen aus und kann dann aufgefangen werden. Gans enthält weniger gesättigte Fettsäuren als Schweinefleisch und kann als eine gesündere Alternative beim Kochen und Braten verwendet werden.

Gänsefett eignet sich unübertroffen gut zum Braten von Kartoffeln, da es über einen relativ hohen Rauchpunkt (190 °C) und wunderbare Aromen verfügt. Während des Heißräucherns wird die Gans einiges an Fett verlieren, das gesammelt werden muss. Da dieses Fett während des Garens das Fleisch durchdringt, bleibt dessen Saftigkeit erhalten.

Räucherzeiten und Temperatur

Beim Heißräuchern von großem Geflügel gelten die Zauberwörter „niedrig und langsam". Die Temperatur muss während des Räucherns genau beobachtet werden. Bei Geflügel von 7 kg beträgt die Räucherzeit, in Abhängigkeit von den möglichen Temperaturen, fünf bis sechs Stunden. Falls es schwierig sein sollte, Temperaturen von 110 °C im Räucherofen aufrechtzuerhalten, muss die Räucherzeit entsprechend ausgeweitet werden. Welche Temperatur auch immer im Räucherofen erreicht wird: Die (Kern-)Temperatur des Fleisches wird dem immer hinterherhinken. Das ist ganz normal und gilt auch für jedes im Backofen oder Räucherofen gebratene Fleisch. Deshalb verbrennt auch bei zu schnellem Braten die äußere Schicht von Nahrungsmitteln, während sie aber im Inneren noch nicht gar sind. Zusätzlich zum Temperaturunterschied wird die Energie im Räucherofen dazu verwendet werden, die Temperatur des Fettes zu erhöhen, um es abtropfen zu lassen. Manchmal habe ich das überschüssige Fett um den Hals herum und am Rücken sowie die gesamte Hautpartie am Rücken weggeschnitten. Das meiste Fett einer Gans befindet sich in ihrem Inneren oder unter der Haut, weshalb ein Zuviel leicht entfernt werden kann. Daran denken, das entfernte Fett zum späteren Rösten der Kartoffeln aufzubewahren.

Aufgrund ihres einzigartigen Aromas ist für geräucherte Gans keine besondere Beilage erforderlich, außer vielleicht gedünstete oder gekochte Kartoffeln.

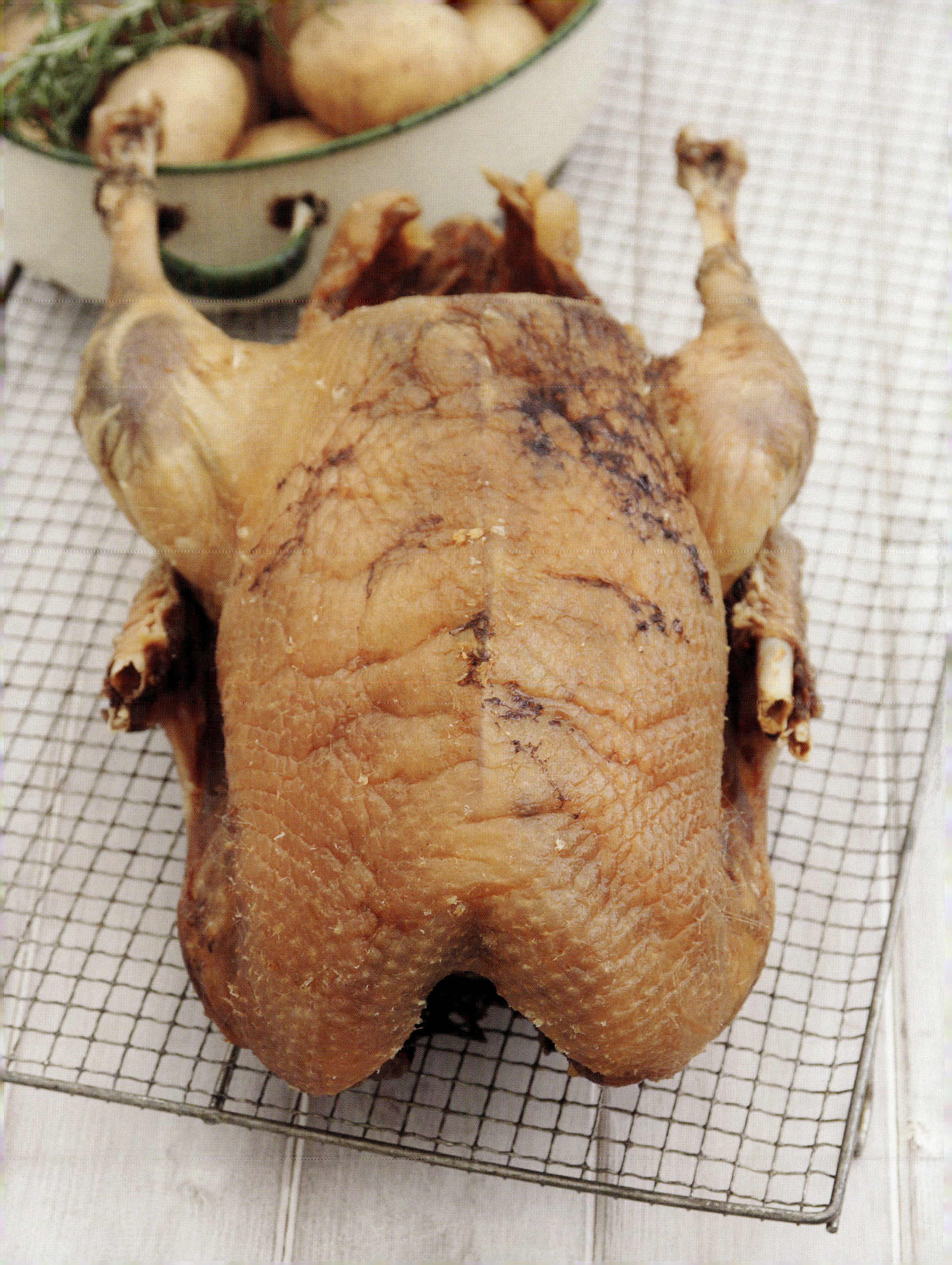

Vorheriges Einlegen der Gans in Salzlake

1 In einem nichtreaktiven Geschirr mit genügend Platz für die Gans eine 20%ige Salzlösung entsprechend der SAL-Skala zubereiten (s. S. 28). Der Salzlake können Süßungsmittel oder Kräuter und Gewürze beigefügt werden. Darauf achten, dass das Salz sich vorher vollständig aufgelöst hat. Alle Zutaten vermischen und umrühren, bis sich das gesamte Salz im Wasser aufgelöst hat. Die Salzlake auf 4 °C abkühlen.

2 Die Gans in die gekühlte Salzlake legen, so dass sie vollständig eingetaucht ist und keine Luftbläschen in den Körperhöhlen bleiben. Das Geflügel eventuell mit einem Teller o. Ä. beschweren, damit es eingetaucht bleibt. Manchmal ist es einfacher, die Gans mit der Brustseite nach unten einzutauchen, damit das Gewicht auf die stabilere, flachere Seite gelegt werden kann.

3 Die Gans zwölf Stunden im Kühlschrank in der Salzlake belassen, danach aus der Salzlake nehmen. Das Innere der Gans trocknen, den ganzen Vogel mit Küchenpapier trocken tupfen und eine Stunde lang bei Raumtemperatur ruhen lassen, damit die Temperatur des Fleisches vor dem Räuchern ein wenig ansteigt.

Heißräuchern

1 Den Räucherofen auf 110 °C vorheizen. Die Gans auf einem Rost in den Räucherofen legen. Eine Schale oder Schüssel unter die Gans stellen, um während des Räucherns aus dem Geflügel austretendes Fett aufzufangen.

2 Nach zwei Stunden die Kerntemperatur überprüfen. Dazu ein Fleischthermometer in den dicksten Teil der Brust oder in den Unterschenkel der Gans stechen. Den Zustand der Haut überprüfen. Falls sie trocken zu sein scheint, eine Schale mit heißem Wasser auf ein Tablett unter die Gans stellen, um die Luftfeuchtigkeit im Räucherofen zu erhöhen.

3 Sobald die Kerntemperatur der Gans 74 °C erreicht hat, das Geflügel aus dem Räucherofen nehmen, in Folie wickeln und vor dem Servieren eine Stunde ruhen lassen.

MEIN TIPP

Das ausgetretene Gänsefett aus dem Räucherofen verfestigt sich beim Abkühlen. Es kann in Einmachgläsern mehrere Monate im Kühlschrank aufbewahrt werden.

WAS SIE DAFÜR BRAUCHEN

- **5 ½–7 kg Gans**
- **Salz**

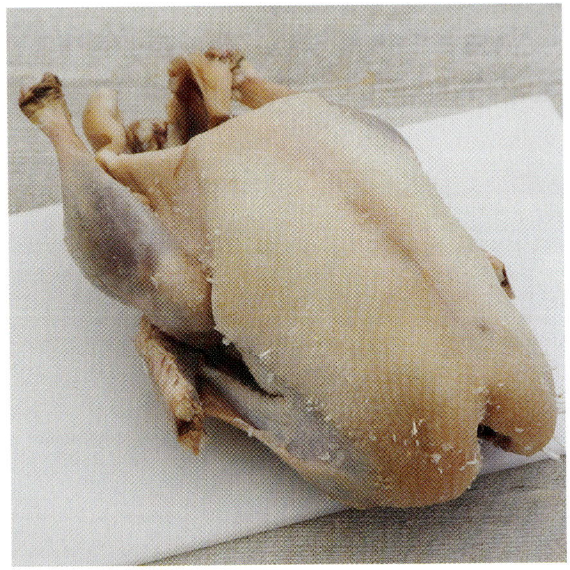

Die eingelegte Gans eine Stunde lang ruhen lassen.

Die Gans in einen vorgeheizten Räucherofen legen.

Geräucherte Festtagsgans

Heißgeräucherte Gans ist eine besondere Gaumenfreude, an die Sie sich noch lange Zeit erinnern werden. Dieses reichhaltige und sehr aromatische Fleisch ist ein wirkliches Festessen. Eine spannende Kombination sind Bratäpfel mit Gans. Der Säuregehalt der intensiver schmeckenden Apfelsorten passt gut zu Gans und durchdringt die natürlichen Öle im Gänsefleisch.

ZUBEREITUNG

Nachdem die Gans eine Stunde lang geräuchert wurde, eine Auswahl verschiedener Gemüsesorten im Ofen rösten.
Sellerie, Karotten, Pastinaken und Fenchel passen besonders gut zu Gänsefleisch genauso wie eine große Portion Kartoffeln. Alle diese Gemüsesorten können im Gänsefett geröstet werden. Ebenfalls gut kombinierbar mit Gans ist farbenfroher, langsam geschmorter Rotkohl. Darauf achten, die sauersten roten Äpfel auszuwählen und diese nicht übermäßig zu braten, da sie sonst zu Apfelmus zerfallen. Geviertelte Äpfel ca. 20 Minuten oder ganze Äpfel ungefähr 35 bis 40 Minuten lang rösten. Die geräucherte Gans mit den Bratäpfeln, Orangenscheiben und mit Cranberry- oder Johannisbeergelee servieren. Um Süße und Säure hinzuzufügen, können dem Bratensaft auch ein paar Löffel Johannisbeergelee hinzugefügt werden.

HEISSGERÄUCHERTE ENTENBRUST

Mit Obstholz geräucherte und in Scheiben geschnittene Entenbrust schmeckt am besten, wenn sie so lange gebraten wird, dass sie in der Mitte noch leicht rosa ist. Dank saftigen Scheiben geräucherter Entenbrust erhält jeder Salat eine besondere Note und kann auch mit dem besten Aufschnitt serviert werden.

ENTSCHEIDENDE PHASEN

1. Vorbereitung
2. Vorheriges Einlegen in Salzlake
3. In der Pfanne braten
4. Räuchern

Die Technik beim Räuchern einer ganzen Ente ist vergleichbar mit jener beim Räuchern von Truthahn. Es gibt aber eine große Vielfalt beim Würzen, die ausprobiert werden kann. Ich empfehle vorheriges Einlegen, um den Geschmack zu intensivieren und zusätzliches Würzen zu ermöglichen.

Rauch und Aromen
Obwohl das rauchige Aroma im Vordergrund stehen sollte, werden der Geschmack der Ente und die Räucherkombination durch Aromen im Hintergrund abgerundet. Nach dem Einlegen ist es einfach, dem Fleisch verschiedene Aromen als Teil einer Trockenpökelmischung hinzuzufügen. Sehr gut zum Würzen von Ente eignen sich exotische Gewürze wie Sternanis, Gewürznelke, Zimt und Ingwer. Aber Vorsicht! Nicht zu viel davon verwenden, da ansonsten der Geschmack der Ente übertüncht wird.

Überprüfung der Temperatur
Entenbrust weist unter der Haut eine ziemlich dicke Fettschicht auf, die manchmal ein wenig austrocknen kann. Die Haut kann langsam und bei niedriger Temperatur geräuchert werden, wodurch das Fett feucht und saftig bleiben, aber gleichzeitig bei Erreichen der Zieltemperatur nicht austreten wird. Um Fett zu reduzieren, vor dem Räuchern die Haut in einer Pfanne zwei Minuten lang scharf anbraten.

MEIN TIPP

- Vor dem Einlegen die Ente zurechtschneiden und von jeglicher Silberhaut an der Innenseite befreien.

- Um Ihrer heißgeräucherten Entenbrust ein wenig Pep zu verpassen, vor dem Einlegen einen Teelöffel chinesisches Fünf-Gewürze-Pulver auf die Fleischseite der Entenbrust streuen. Es wird das Fleisch durchdringen und dem Rauch einen Hauch von exotischen Gewürzen verleihen.

Vorbereitung der Entenbrust

1 Die Haut der Entenbrust an den Rändern säubern. Jegliche Silberhaut an der exponierten Fleischseite entfernen.

2 In einem nichtreaktiven Geschirr ca. einen Liter 80%ige Salzlake (SAL-Skala) (s. S. 28) zubereiten und die Entenbrust darin für ungefähr 20 Minuten eintauchen.

3 Danach die Ente aus der Salzlake herausnehmen und unter kaltem, fließendem Wasser abspülen. Die Entenbrust mit Küchenpapier trocken tupfen und mit der Hautseite nach oben auf den Rost legen. Das Fleisch ungefähr vier Stunden im Kühlschrank trocknen lassen.

Saftige, in Scheiben geschnittene, geräucherte Entenbrust ist eine köstliche Ergänzung einer jeden Fleischplatte.

Braten in einer Pfanne

1 Eine Pfanne stark erhitzen. Entenbrust mit der Hautseite nach unten nicht länger als eine Minute in die Pfanne legen. Dadurch wird die Haut karamellisiert und knusprig sowie etwas von dem Fett austreten. Die somit intensivere Farbe und komlexeren Aromen der karamellisierten Haut passen wirklich gut zu den Räucheraromen.

2 Die Entenbrust aus der Pfanne herausnehmen und mit Küchenpapier trocken tupfen, um etwas von dem Fett zu entfernen.

Räuchern

1 Die Entenbrust kann nun heißgeräuchert werden. Bitte beachten Sie, dass diese Entenbrust nur auf der Hautseite scharf angebraten wurde, weshalb sie weiter erhitzt werden muss, um gar zu werden. Zum Räuchern die Entenbrust auf einen Rost legen. Den Räucherofen auf 110 °C vorheizen. Ich bevorzuge Obstholz. Wenn Sie aber ein Endprodukt mit dunklerer Farbe bevorzugen, können Sie mit Eichenholz hervorragende Ergebnisse erzielen.

2 Die Entenbrust so lange heißräuchern, bis die Kerntemperatur an ihrem dicksten Teil mehr als 74 °C erreicht. Danach die Ente aus dem Räucherofen nehmen und auf dem Rost abkühlen lassen. Durch das Abkühlen wird das Fleisch fester und lässt sich somit gut tranchieren. Darüber hinaus werden sich einige der gröberen Aromen des Rauches beim Abkühlen verflüchtigen.

KNUSPRIGE HAUT NACH DEM RÄUCHERN

Vielleicht wollen Sie, dass die Haut der Ente nach dem Räuchern durch das Braten in einer Pfanne knusprig wird. Der Nachteil hierbei besteht darin, dass Sie ein übermäßiges Braten des Fleisches riskieren. Falls Sie sich für das Braten in einer Pfanne nach dem Räuchern entscheiden, ist es am besten, die Ente davor völlig abkühlen zu lassen.

Die Entenbrust mit der Hautseite nach unten in der Pfanne braten.

Zum Räuchern die Entenbrust auf einen Rost im Räucherofen legen.

Heißgeräucherte Ente mit Nudelsalat

Das ist eine meiner Lieblingsarten, heißgeräucherte Entenbrust zu servieren. Hierbei handelt es sich um eine köstliche Mischung von Gemüsesorten und Aromen. Dieses Gericht ist hervorragend als Vorspeise geeignet. Durch die Vergrößerung der Nudelmenge lässt sich aber daraus auch ein Hauptgericht machen.

ZUBEREITUNG

Zutaten und Mengenangaben für dieses Gericht können flexibel gehandhabt werden. Statt dem, was hier vorgeschlagen wird, können Sie auch saisonale Alternativen wählen.

Einfach dünne Scheiben heißgeräucherter Entenbrust in einen Salat aus gekochten Nudeln, zerschnittenen Paprika, gemischten Salatblättern, Sojasprossen, fein gehacktem Ingwer und klein geschnittenen Frühlingszwiebeln sowie gemahlenen Nüssen einarbeiten. Mit einem Dressing aus Sesamöl und Zitronensaft anmachen.

HEISSGERÄUCHERTES KANINCHEN

Kaninchenfleisch ist gesund und mager. Es nimmt den Rauch gut auf und verleiht Eintopfgerichten und Aufläufen einen wunderbaren Geschmack. Kaninchen ist eine billige Alternative zu Huhn. Es kann einfach zubereitet und heißgeräuchert werden.

ENTSCHEIDENDE PHASEN

1 Vorheriges Einlegen in Salzlake

2 Räuchern

Jahrhundertelang wurden Kaninchen gejagt und haben sich vom Mittelmeerraum über ganz Europa und in Australien ausgebreitet. Wild lebende Populationen sind aber vor allem im deutschsprachigen Raum stark rückläufig. Heute werden Kaninchen mancherorts sogar gezüchtet und können vor allem bei Direktvermarktern gekauft werden. Ihr Fleisch ist besonders schmackhaft und mager.

Überlegungen zum Räuchern
Nach dem Schlachten werden sie als Rumpf ohne Haut angeboten. Das kann mit einigen Herausforderungen verbunden sein, insbesondere, wenn sie über einem offenen Feuer oder auf dem Grill gebraten werden sollen, zumal ohne den natürlichen Schutz der Haut die Wahrscheinlichkeit des Austrocknens besteht. Das Gleiche gilt auch für das Heißräuchern, da der Prozess eine relativ lange Zeit beanspruchen kann.

Das Bewahren der Feuchtigkeit
Eine hervorragende Methode, um beim Räuchern das Kaninchen vor dem Austrocknen zu schützen, besteht darin, die Oberfläche des Rumpfes mit Öl oder Gänseschmalz einzureiben. Dadurch wird der Feuchtigkeitsverlust gedrosselt und gleichzeitig das Kaninchen beim Räuchern eingefettet. Durch dieses Einreiben mit Fett kann auch der Rauch besser einwirken.

Hinzufügen von Aromen
Öl zum Verbessern des Räucherprozesses und zum Schutz vor dem Austrocknen ist ein wirklicher Vorteil. Außerdem kann das Räuchern durch Öl oder Gänseschmalz ergänzt werden, indem dadurch dem Kaninchen zusätzliche Aromen verliehen werden. Alles, was Sie dafür tun müssen, ist einen Teelöffel der von Ihnen gewählten Kräuter- oder Gewürzmischung (s. links unten, „Auswahl der Gewürze") vier Teelöffel von Öl oder Gänseschmalz beizumengen. Während des Heißräucherns behält das Fleisch somit seine Feuchtigkeit und wird sogar saftiger.

AUSWAHL DER GEWÜRZE

Zum Würzen Ihres heißgeräucherten Kaninchens können Sie eine Vielzahl von Grundnahrungsmitteln aus dem Vorratsschrank wählen. Achten Sie nur darauf, dass die von Ihnen gewählten Aromen mit jenen des Rauchs harmonieren. Die meisten Kräuter können verwendet werden. Seien Sie aber vorsichtig, was aromatische Gewürze betrifft, da diese nicht immer gut mit dem Rauch harmonieren. Eine Mischung aus Paprika und schwarzem Pfeffer gehört zu meinen Lieblingsrezepten. Mit ein wenig Erfahrung können Sie aber Ihre eigenen Gewürzmischungen kreieren.

Das delikate Aroma von heißgeräuchertem Kaninchen passt gut zu einfacher Pasta oder zu Salat. Ein Klecks Chutney verleiht dem Gericht eine pikante Note.

Vorheriges Einlegen in Salzlake

1 In einem nichtreaktiven Geschirr eine 20%ige Salzlösung entsprechend der SAL-Skala zubereiten (s. S. 28). Der Salzlake können Süßungsmittel oder Kräuter und Gewürze beigefügt werden. Darauf achten, dass das Salz sich vorher vollständig aufgelöst hat. Alle Zutaten vermischen und umrühren. Vor dem Eintauchen des Kaninchens die Salzlake auf 4 °C abkühlen.

2 Das Kaninchen in Salzlake einlegen. Auf ein vollständiges Eintauchen ohne eingeschlossene Luftbläschen achten. Eventuell mit einem Teller oder einem anderen Gewicht beschweren, damit das Kaninchen eingetaucht bleibt.

3 Das Kaninchen sechs Stunden im Kühlschrank in der Salzlake belassen, danach aus der Salzlake nehmen, abtropfen lassen und mit Küchenpapier trocken tupfen. Falls das Kaninchen kaltgeräuchert werden soll, gleich damit beginnen (s. unten „Kalt geräuchertes Kaninchen").

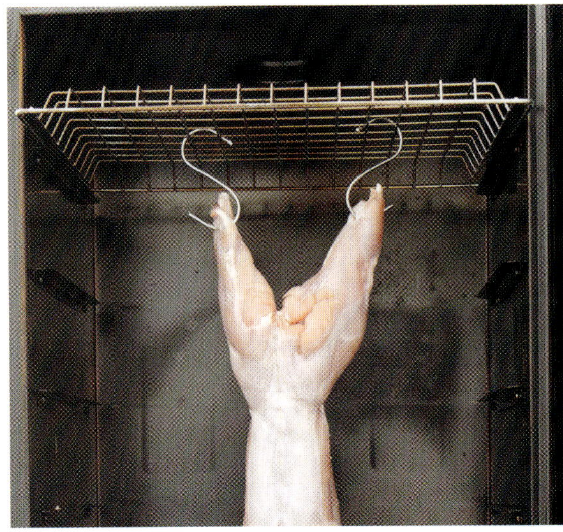

Das Kaninchen im Räucherofen aufhängen.

Räuchern

1 Den Rumpf mit ein wenig Pflanzenöl oder Gänseschmalz beschmieren. Den Räucherofen auf 85 °C vorheizen. Das Kaninchen auf die Haken im Räucherofen hängen.

2 Nach einer halben Stunde das Kaninchen überprüfen. Ist es ein wenig trocken, eine Schale mit heißem Wasser auf ein Tablett darunter stellen, um die Luftfeuchtigkeit im Räucherofen zu erhöhen.

3 Sobald die Kerntemperatur auf über 74 °C angestiegen ist, das Kaninchen aus dem Räucherofen nehmen, in Folie wickeln und vor dem Servieren 20 Minuten ruhen lassen.

Eine Schale mit Wasser in den Räucherofen stellen.

KALTGERÄUCHERTES KANINCHEN

Falls Sie lieber kalträuchern wollen, das Kaninchen nach dem vorherigen Einlegen zwölf Stunden in den Kalträucherofen stellen. Das kaltgeräucherte Kaninchen kann dann im Ofen gebraten oder als Basis für einen schmackhaften Eintopf verwendet werden.

Geräucherter Kanincheneintopf

Kaninchen ist ein mageres Fleisch mit viel Geschmack, das mit Gemüse kombiniert zu einem fantastischen Eintopf werden kann. Kaninchen sollte immer mit dem Knochen schmoren, damit eine wirklich aromatische Brühe entsteht.

ZUTATEN

- **1 ganzes heißgeräuchertes Kaninchen (zerteilt)**
- **2 EL glattes Mehl**
- **Salz und gemahlener schwarzer Pfeffer je nach Geschmack**
- **3 EL Olivenöl**
- **4 große Schalotten (fein gehackt)**
- **2 Knoblauchzehen (fein gehackt)**
- **1 Stange Sellerie (fein gehackt)**
- **2 mittelgroße Karotten (fein gehackt)**
- **250 ml Weißwein**
- **250 ml Wasser**
- **1 Würfel Hühnerbrühe**
- **2 mittelgroße Kartoffeln (fein geschnitten)**
- **2 frische Rosmarinzweige**
- **10 schwarze Oliven (entkernt)**
- **10 Kirschtomaten**

Für vier Personen

ZUBEREITUNG

1 Die geräucherten Kaninchenteile in gesalzenem und gepfeffertem Mehl wenden. In Olivenöl in einer tiefen Pfanne braten. Aus der Pfanne nehmen und beiseitelegen.

2 Die gehackten Schalotten, Knoblauch, Sellerie und Karotten in der Pfanne weich dünsten. Mit Wein und Wasser ablöschen. Den Hühnerbrühwürfel dazugeben. Zum Kochen bringen und die Kartoffeln sowie einen Rosmarinzweig hinzufügen.

3 Kaninchen, schwarze Oliven, Tomaten und den restlichen Rosmarin ebenfalls in die Pfanne legen. Die Pfanne zudecken und 30 Minuten lang in einen auf 180 °C vorgeheizten Ofen stellen. Den Deckel abnehmen und nicht zugedeckt weitere 15 Minuten backen, bis die Tomaten eine leichte Braunfärbung bekommen. Mit grünen Bohnen servieren.

HEISSGERÄUCHERTES WILDFLEISCH

Wildfleisch, hier Hirschfleisch, hat eine intensive Farbe und ist wegen seines geringen Fettgehalts sehr mager. Es wird hervorragend ergänzt durch das delikate, rauchige Aroma von Obsthölzern. Einmal geräuchert, kann es auf verschiedene, schmackhafte Arten serviert werden.

ENTSCHEIDENDE PHASEN

1 Einlegen in Salzlake

2 Räuchern

Werden die Außenseiten des Wildfleisches vor dem Räuchern scharf angebraten, bleibt seine schöne dunkle Farbe erhalten.

Wildfleisch umfasst alle jagdbaren Arten. Hirscharten wie Rot- oder Damhirsche werden auch in Gehegen eigens für die Fleischproduktion gezüchtet. Das Fleisch von Zuchthirschen wird häufig von spezialisierten Zulieferern fertig zerteilt und ohne Haut verkauft. Verglichen mit anderen roten Fleischsorten enthält es nur sehr wenig Fett und Cholesterin.

Überlegungen zum Räuchern
Wegen seines geringen Fettgehalts ist Hirschfleisch nur sehr wenig vor dem Austrocknen beim Heißräuchern geschützt. Zur Bewahrung seiner Feuchtigkeit müssen daher beim Räuchern mehrere Techniken angewendet werden. Das vorherige Einlegen in Salzlake ist unverzichtbar. Dem Flüssigkeitsverlust kann auch durch die Steigerung der Luftfeuchtigkeit im Räucherofen vorgebeugt werden. Dazu einfach eine Pfanne mit warmem Wasser in den Räucherofen (meist unter die Räucherware) stellen.

Stärke der Salzlake (Salzschärfe)
Das Einlegen von Hirschfleisch im Voraus ist der unkomplizierte und sichere Weg dazu, dass während des Räucherns kein Flüssigkeitsverlust stattfindet. Das kann mithilfe einer ca. 40%igen Salzlake (SAL-Skala) erreicht werden. Um bei der Zubereitung der Salzlake zu wissen, wie viel Salz pro Mengeneinheit Wasser einkalkuliert werden muss, die entsprechenden Tabellen auf S. 28 beachten.

Das Einlegen in eine schwache Salzlake kann dann vorteilhaft sein, wenn Kräuter oder Süßstoffe hinzugefügt werden sollen. Fleisch kann länger in eine schwache Salzlake eingelegt werden, um die Aromen aufzunehmen, ohne zu versalzen.

Damit das Fleisch durch das Einlegen qualitativ verbessert wird, muss es entsprechend vorbereitet werden. Hirsche sind aktive Tiere. Während von ihrem Fleisch daher nur wenig Fett weggeschnitten werden muss, gibt es an seiner Oberfläche ziemlich viel Bindegewebe und Silberhaut, was ein Eindringen der Salzlake verhindern kann. All das muss entfernt werden, damit ein dunkles, mageres Stück Muskelfleisch zurückbleibt.

Hinzufügen von Aromen
Aufgrund des Heißräucherns kann Hirschfleisch ein wenig bleich wirken. Das liegt daran, dass das Fleisch beim Garen bei schwacher Hitze nicht jenen Karamellisierungsprozess wie beim Braten vollzieht. Eine mögliche Lösung dafür besteht darin, das Fleisch nach dem Einlegen und vor dem Räuchern mit wenig Öl 30 Sekunden auf jeder Seite in einer heißen Pfanne anzubraten. Für größere Fleischstücke ist zum scharfen Anbraten ein Grill erforderlich (s. S. 210).

Durch das Anbraten und Heißräuchern erhält das Fleisch eine appetitanregende, intensive Farbe sowie zufriedenstellende, komlexe Aromen. Das leichte Einölen des Fleisches hilft hervorragend dabei, dass der Rauch haften bleibt und somit dem Fleisch der intensivst mögliche Geschmack verliehen wird.

Räucherzeit
Beim Räuchern eines großen Stücks Hirschfleisch (3–6 kg), die Temperatur des Räucherofens auf 110–120 °C einstellen. Diese Temperatur reicht aus, damit das Fleisch aromatisiert und mit der Zeit gar wird. Falls die Temperatur im Räucherofen viel niedriger ist, besteht die Möglichkeit, dass das Hirschfleisch nicht die notwendige Kerntemperatur erreicht. Wenn Sie ein kleineres Stück heißräuchern, kann eine niedrigere Temperatur zwischen 90–95 °C eingestellt werden.

ALTERNATIVE AROMEN

Die grundlegende Salzlake zum Pökeln von Wildfleisch besteht lediglich aus Wasser und Salz. Es können ihr jedoch, um eine weitere Note zu erzielen, auch Aromen und Süßstoffe hinzugefügt werden. Stellen Sie aber sicher, dass keines der von Ihnen gewählten Aromen jenes des Rauches verdrängt. Die folgenden Mengenangaben beziehen sich auf 1 l Salzlake. Falls zum Eintauchen des Fleisches mehr Salzlake nötig sein sollte, einfach die Mengen von Salz, Wasser und anderen flüssigen Zutaten erhöhen. Die Menge von Kräutern und Gewürzen kann leicht gesteigert werden. Diese Steigerung muss aber nicht proportional zur Salzlake erfolgen.

SÜSSER WACHOLDER UND KRÄUTER

10 Wacholderbeeren (zerstoßen)
1 EL getrockneter Thymian
3 EL Zucker

TRADITIONELLE KRÄUTER UND KNOBLAUCH

1 EL getrockneter Thymian
1 EL getrockneter Salbei
1 EL getrockneter Rosmarin
2 Knoblauchzehen (zerdrückt)
2 EL Honig

SÜSSER CHILI UND TERIYAKI

1 EL Chiliflocken
2 EL Paprika
4 EL Teriyakisauce
2 EL Honig

Vorheriges Einlegen in Salzlake

1 Beginnen Sie mit dem Entfernen sämtlicher Sehnen sowie der gesamten Silberhaut von der Oberfläche des Fleisches. Die Salzlake in einem nichtreaktiven Geschirr zubereiten, das für das Eintauchen des Fleisches groß genug ist. Eine 40%ige Salzlake (SAL-Skala) in ausreichender Menge herstellen (s. S. 28). Die Salzlake auf 4 °C abkühlen. Nun können Kräuter, Gewürze und Süßstoffe, wie auf S. 209 empfohlen, hinzugefügt werden.

2 Das Fleisch vollständig in die Salzlake einlegen und für eine ganze Keule sechs Stunden und für ein 50 mm dickes Stück zwei Stunden stehen lassen. Nach dem Verstreichen der vorgesehenen Zeit das Wildfleisch aus der Salzlake nehmen und mit Küchenpapier trocken tupfen. Ein Abspülen ist nicht notwendig.

Sichtbares Fett und sichtbare Sehnen vom Fleisch abtrennen.

Scharf anbraten & räuchern

1 Das Fleisch leicht mit Pflanzenöl einreiben und auf jeder Seite 30 Sekunden lang in der vorgeheizten Pfanne braten. Falls das Stück Hirschfleisch besonders groß ist, können Sie es auf dem Grill scharf anbraten.

2 Für ein kleines Stück Hirschfleisch den Räucherofen auf 90–95 °C bzw. für eine gesamte Keule auf 110–120 °C vorheizen. Für einen süßen Abgang empfiehlt sich zum Räuchern Obstholz. Falls Sie ein stärkeres Aroma bevorzugen, können auch Whisky-Eichen- und Eichenholz für den besonderen Kick des Endproduktes verwendet werden.

3 Das Wildfleisch so lange räuchern, bis die Kerntemperatur 74 °C übersteigt. Falls mit einem besonders großen Stück Fleisch gearbeitet wird, kann es u. U. notwendig sein, die im Räucherofen herrschenden Temperaturen zu steigern, damit die vorgegebene Kerntemperatur erreicht wird. Mit 150 °C kann diese Aufgabe bewältigt werden. Dabei darauf achten, dass das Hirschfleisch nicht austrocknet. Das Fleisch aus dem Räucherofen nehmen und eine Stunde ruhen lassen.

Das Fleisch in einer heißen Pfanne kurz scharf anbraten.

Das eingeölte Hirschfleisch in den Räucherofen legen.

Heißgeräucherter Hirschfleischsalat mit Granatapfeldressing

Das wilde, erdige Aroma dieses Fleisches passt hervorragend zu einem frischen Salat mit einer ungewöhnlich fruchtigen Note. Der Salat kann einfach aus einer Auswahl von saisonalen Salatblättern und Kräutern zubereitet werden.

ZUTATEN

- **450 g heißgeräuchertes Hirschfleisch (gekühlt)**
- **saisonal erhältliche Salatblätter und frische Kräuter**
- **8 Radieschen**
- **1 Zitrone (in Scheiben geschnitten)**

ZUTATEN FÜR DIE WÜRZE

- **½ Knoblauchzehe (zerdrückt)**
- **1 Prise Salz**
- **2 EL Granatapfelessig**
- **1 EL leichte Sojasauce**
- **1 EL klarer Honig**
- **1 EL (Vollkorn-)Senf**

Für vier Personen

ZUBEREITUNG

1 Für das Dressing den Knoblauch im Mörser zerkleinern, salzen und zu einer feinen Paste verarbeiten. Den Essig hinzufügen und so lange umrühren, bis das Salz sich vollständig aufgelöst hat. Sojasauce, Honig und Senf vermengen. Ein wenig Wasser hinzufügen, um das Dressing aufzulockern.

2 Das geräucherte Wildfleisch in dünne Scheiben schneiden. Das geht am einfachsten, wenn das Wildfleisch kalt ist. Den Salat und die Kräuter auf vier Schüsseln aufteilen. Das in Scheiben geschnittene Wildfleisch oben drauflegen. Als Garnierung Radieschen und Zitronenscheiben dazugeben. Das Dressing seitlich platzieren.

QUELLEN

GLOSSAR

Anaerobe Bakterien
Bakterien, die die Fähigkeit haben, bei wenig Sauerstoff zu gedeihen.

Aräometer
Ein Messgerät zur Bestimmung des Salzgehalts in einer Salzlösung.

Ascorbinsäure
Eine chemische Verbindung, besser bekannt unter dem Namen Vitamin C, die manchmal gemeinsam mit Pökelsalzen insbesondere beim Pökeln von Speck verwendet wird. Es verhindert die Bildung von Nitrosaminen.

Auslassen von Fett
Die Entfernung von Fett aus dem Fleisch mittels Hitze oder durch Grillen, Heißräuchern bzw. Braten in der Pfanne oder Kasserolle.

Baumé-Skala
Auch als Grad Baumé (B°) bezeichnet. Auf dieser Skala wird der Prozentsatz von Salz auf Basis seines Gewichts in einer bestimmten Wassermenge gemessen. Sie reicht von 0 B° für Frischwasser bis zu 26,4 B° für eine vollständig gesättigte Salzlösung.

Blutlinie
Die mittlere Vene in der Darmhöhle eines Fisches neben der Wirbelsäule. Sie ist gewöhnlich an ihrer dunklen Farbe erkennbar.

Botulismus
Eine schwere Vergiftung, die durch ein vom Bakterium *Clostridium botulinum* produziertes Toxin verursacht wird.

Bruststück, Rinderbruststück
Ein Stück Rindfleisch vom unteren Brustbereich des Rindes.

Clostridium botulinum
Ein Bakterium, das ein für den Menschen gefährliches Toxin produziert. Es kommt in der natürlichen Umgebung und insbesondere auch in Böden vor. Vgl. auch Botulismus.

Dämpfer/Luftklappe
Eine Vorrichtung zur Regelung des Luftstroms in einem Räucherofen. Sie kann entweder auf dem Räucherofen selbst oder in der Brennbox, sofern der Rauch aus einer externen Quelle stammt, angebracht werden. Der Hauptzweck besteht in der Verlangsamung des Verbrennungsprozesses, um die Produktion von Rauch zu unterstützen. Sofern der Dämpfer bzw. Abzug nicht eingestellt werden kann, wird er als passiver Dämpfer bezeichnet.

Dörrautomat (Dehydrator, Trockner)
Eine Maschine, bei der sanfte Bewegungen von Luft und Wärme zum Trocknen von Nahrungsmitteln auf Rosten genutzt werden. Wird im Allgemeinen elektrisch betrieben und kann einen Zeitschalter und andere Regler enthalten.

Dörren, Trocknung
Der Prozess, bei dem eine Substanz getrocknet oder ihr Wasser entzogen wird.

Dredging
Eine Methode, das Fleisch beim Pökeln mit Trockensalz zu behandeln. Das Fleisch wird einfach mit Salz bedeckt (manchmal auch als Salzbox-Technik bezeichnet).

Einlegen in Salzlake
Der Prozess des Einlegens von Fleisch oder Fisch in eine Salzlake, um Nahrungsmittel zu aromatisieren und/oder zu konservieren.

Equalization brining
Eine Technik des Einlegens in Salzlake, bei welcher die Stärke der Salzlake (Salzschärfe) so berechnet wird, dass ein übermäßiges Nasspökeln verhindert wird.

Escherichia coli
Eine Art von Bakterium, die normalerweise im Darm von Mensch und Tier lebt. Die meisten Stämme sind harmlos oder verursachen kurzzeitig Durchfall. Einige virulentere Stämme können aber zu ernsteren Erkrankungen führen.

Fermentierte Wurst
Eine mit lebenden Bakterienkulturen behandelte Wurst, um deren Fermentierung und die Intensivierung ihres Geschmacks zu fördern. Diese Wurst erfordert eine sorgfältige Zubereitung, Überprüfung und gute Bedingungen des Trocknens, um gute Resultate zu erzielen.

Fleischthermometer
Eine Temperatursonde zum Messen der Kerntemperatur von Fleisch und Fisch während des Garens. Im Allgemeinen feuerfest.

Fleischwaren
Der Begriff, der für die Praxis der Zubereitung, Pökelung und Konservierung gebraucht wird sowie für die Produkte, die dank solchen Techniken hergestellt werden.

Folienverpackung
Ein Mittel, um Rauch auf einem Grill zu produzieren, wobei Räucherspäne in Folie eingewickelt werden.

Gesättigt
Die Bezeichnung für eine Salzlake, in der die maximale Menge von Salz in einer bestimmten Einheit Wasser aufgelöst wurde. In einer gesättigten Salzlake kann nicht weiteres Salz aufgelöst werden. Jedes zusätzliche Salz bleibt in kristalliner Form erhalten.

Heißräuchern
Ein Prozess, bei welchem Rauch zum Aromatisieren von Nahrungsmitteln gebraucht wird, während gleichzeitig Hitze für das Garen der Nahrung sorgt.

Kalträuchern
Der Prozess der Verwendung von Rauch, um Nahrungsmittel bei Temperaturen unter 30 °C zu konservieren und zu aromatisieren.

Klimatisierter Raum
Ein Raum, der zum Lufttrocknen und Aufbereiten von Fleisch oder Fisch dient, wobei Mechanismen zur Regulation von Temperatur und Luftfeuchtigkeit eingesetzt werden.

Koscheres Salz
Eine Sorte Salz, die zum Pökeln und Einlegen in Salzlake verwendet wird. Typischerweise bildet es ein kantiges Granulat, was beim Pökeln und Durchdringen des Fleisches hilft.

Kotelettrippen
Aus dem oberen Teil der Schweinerippen neben der Wirbelsäule geschnittene Rippen.

Lende
Eine Muskelgruppe, die sich an beiden Seiten der Wirbelsäule vierbeiniger Tiere befindet.

Lendenknochenstück
Dieser Knochen ist der Teil des Hüftknochens des Schweins, der auch die Gelenkspfanne für den Oberschenkelknochen enthält.

Listeria monocytogenes
Eine Art von Bakterien, die beim Menschen zu schwerwiegenden Gesundheitsproblemen führen kann.

Marinadenspritze
Eine Art Spritze zum Einbringen von Salzlake in das Fleisch (s. Spritzmarinade).

Metzgerfaden
Ein starker, lebensmittelechter Bindfaden aus Kunstseide, der zum Binden von Fleischstücken für das Braten, Einlegen in Salzlake oder Trocknen verwendet wird.

Metzgerknoten
Ein zum Einschnüren gebundener Schlaufenknoten, damit Fleischröllchen oder entbeinte Fleischstücke ihre Form bewahren.

Metzgernetz
Ein elastischer Netzstrumpf, der dazu dient, dass das Fleisch während des Bratens oder Trocknens seine Form behält. Ein Metzgernetz ist lebensmittelecht und hitzebeständig. Es kann manchmal als Alternative zu Metzgerfaden/Metzgergarn verwendet werden.

Nasspökeln
Das ist eine Technik zum Pökeln von Nahrungsmitteln, wobei selbige vollständig in eine in einem tiefen Geschirr oder Eimer befindliche Salzlake eingetaucht werden.

Natriumchlorid
Die chemische Bezeichnung für herkömmliches Salz bzw. Kochsalz (chemische Formel NaCl). Die Verwendung von Salz ist ein wesentlicher Bestandteil der in diesem Buch beschriebenen Konservierungsmethoden.

Nitrate
Nitrate (im Allgemeinen Kaliumnitrate) werden in sehr geringen Mengen bei der Produktion von Pökelfleisch verwendet. Sie wirken dem Verderb von Lebensmitteln entgegen und sorgen für die Umrötung (die rote Farbe des Muskelfleisches).

Nitrite
Nitrite (im Allgemeinen Natriumnitrite) werden in sehr geringen Mengen bei der Produktion von Pökelfleisch verwendet. Natriumnitrit wirkt gegen *Clostridium botulinum*, jenes Bakterium, welches das Botulismus verursachende Toxin produziert.

Nitritpökelsalz
Salzgemisch mit 0,4–0,6 % Nitrit und 99,4–99,6 % Speisesalz. Feines Nitritpökelsalz wird vor allem bei der Nasspökelung, grobes Nitritpökelsalz bei der Trockenpökelung verwendet.

Nitrosamine
Eine Stoffgruppe, die in Pökelfleisch gebildet wird, wenn Nitrite in Nitritoxide, Nitrosyl-Kationen und Wasser umgewandelt werden. Das Nitrosyl-Kation reagiert mit Bestandteilen von Fleischproteinen, um Nitrosamine zu bilden. Diese Bestandteile wirken in großen Mengen krebserregend (karzinogen). Diese Karzinogenität wird durch die Hinzufügung von Ascorbinsäure (s. dort) zur Pökelmischung reduziert.

Oberflächenhärtung
Ein Begriff, der im Zusammenhang mit dem Lufttrocknen von Fleisch verwendet wird, wenn der äußere Rand des Fleisches zu schnell getrocknet ist und sich eine trockene äußere Schicht gebildet hat, wodurch ein weiteres Trocknen des Fleisches verhindert wird.

Offset-Räuchern
Eine Technik des Heißräucherns, bei der die Nahrungsmittel so platziert werden, dass sie nicht direkt der Hitze der Wärmequelle (im Allgemeinen Holzkohle) ausgesetzt sind und daher sanfter garen, als das ansonsten der Fall wäre.

PDV (Pure dried vacuum salt)
Ein hochreines und trockenes Siedesalz, das ein Mittel gegen Verklumpung enthalten kann, um die freien Fließeigenschaften zu gewährleisten.

Pellicula
Eine dünne, klebrige Membran, die sich an der Oberfläche von Pökelfleisch oder -fisch bildet und dazu beiträgt, dass der Rauch oberflächlich haften bleibt.

Pökeln
Ein Konservierungsprozess, bei welchem Fleisch oder Fisch mit Trockensalz oder einer Salzlösung (s. Salzlake) behandelt wird.

Pyrolyse/pyrolytische Zersetzung
Die Spaltung eines brennbaren Stoffes mittels Wärme. Wird gewöhnlich mit indirekter Hitzeeinwirkung assoziiert, wobei kein Sauerstoff nötig ist.

Qualmen
Ein Verbrennungsprozess, bei dem keine Flammen entstehen und der Brennstoff nur langsam aufgebraucht sowie wenig Wärme frei wird.

Rauch
Das Produkt von Verbrennung oder Pyrolyse/pyrolytischer Zersetzung. Rauch enthält viele Geschmacksstoffe und Aromen aufweisende, chemische Komponenten von denen einige zur Konservierung von Nahrungsmitteln beitragen.

Räuchermehl
Holzpartikel mit einem Durchmesser von weniger als 3 mm. Häufig sind diese noch kleiner.

Räuchern
Die Behandlung von Nahrungsmitteln mit Rauch, um sie zu aromatisieren und/oder zu konservieren.

Räucherspäne
Holzstückchen oder -partikel mit einem Durchmesser von mehr als 3 mm.

Rauchrohr
Ein Rohr zur Weiterleitung des Rauches von seiner Quelle bis hin zur Räucherkammer.

Rauchverteiler
Eine Vorrichtung, die gewöhnlich eine flache Barriere mit Löchern oder Schlitzen an der Oberfläche aufweist. Ein Rauchverteiler wird gewöhnlich weit unten im Garraum installiert, damit sich der Rauch im gesamten Räucherofen ausbreiten kann.

Relative Luftfeuchtigkeit (RH)
Der verhältnismäßige Anteil von Wasserdampf in der Luft bei einer bestimmten Temperatur bis hin zur maximal möglichen Menge, die die Luft bei dieser Temperatur enthalten kann. Die RH wird in Prozent ausgedrückt.

Rinderfettende
Eine große natürliche Wursthülle, die aus dem Dickdarm der Kuh (Mitteldarm und Fettende) gewonnen wird. Sie wird für die Herstellung trockengepökelter Würste und anderer Pökelfleischsorten verwendet.

Salami
Die Bezeichnung für eine italienische, gepökelte, fermentierte und gewürzte Wurst aus verschiedenen Fleischsorten (i. d. R. Schwein). Vgl. auch fermentierte Wurst.

Salpeter
Die gemeinsprachliche Bezeichnung für Kaliumnitrat, einer Chemikalie zur langfristigen Konservierung (s. Nitrate). Salpeter wird in einer Mischung mit Kochsalz (entweder selbst gemischt oder als fertige Mischung gekauft) zum Pökeln von länger gereiften Produkten verwendet. Bis zu 300 mg Salpeter pro kg Produkt sind möglich.

SAL-Skala
Eine Maßeinheit für die in einer Salzlake enthaltene Menge von Salz (Salzschärfe) auf einer Skala von 0 bis 100.

Salz
Siehe Natriumchlorid.

Salzlake
Eine Salzwasserlösung zum Pökeln von Fleisch oder Fisch (s. Einlegen in Salzlake), der Süßstoffe, Essig, Gewürze und Kräuter hinzugefügt werden können.

Scharf anbraten
Die Bezeichnung für das Braten von Fleisch in einer sehr heißen Pfanne, damit es sich braun verfärbt bzw. Fett verliert.

Schinken
Mit Salz gepökeltes Schweinefleisch aus der Keule. Der Begriff Schinken wird auch bei anderen Fleischsorten verwendet, die auf ähnliche Weise gepökelt wurden, z. B. Entenschinken.

Schweinebauch, Rückenspeck
Eine Schicht aus direkt unter der Haut liegendem Fett, die in einigen bestimmten Fleischstücken, insbesondere um den Rücken herum sowie im Bereich der Lenden und Beine des Schweins, vorkommt.

Schweinekamm
Der obere Teil der Schulter eines Schweins (Nacken). Zu diesem Stück Fleisch können auch das Schlüsselbein und das Schulterblatt gehören.

Spareribs
Die unteren Rippen (Schälrippen) von der Bauchseite des Schweins, an der sich auch das Brustbein befindet.

Spritzmarinade, Pökeln mit Marinadenspritze
Eine Methode zur Beschleunigung des Pökelns. Die Salzlake wird mithilfe einer Marinadenspritze in das Fleisch injiziert.

Traber, Schweinsfuß
Der Fuß eines Schweins.

Trockenreifebeutel
Ein Beutel aus atmungsaktivem Plastik, der für Feuchtigkeit durchlässig ist. Diese Beutel können zum Trocknen und Reifen von Fleisch im Kühlschrank verwendet werden, ohne dass dazu teure, klimatisierte Räume notwendig wären.

Trockensalzen
Der Prozess, bei dem ein Stück Fleisch oder Fisch zwecks Pökelung mit Trockensalz behandelt wird.

Trocknen
Damit ist die Reduktion des Feuchtigkeitsgehalts in einem bestimmten Nahrungsmittel gemeint. Diese Reduzierung des Wassergehalts kann im Freien oder durch die Verwendung von Wärme und Ventilatoren bzw. eine Kombination von beidem erreicht werden. Vgl. auch Dörren, Trocknung.

Vakuumierung
Eine Methode zur Lagerung von Lebensmitteln, bei der die Haltbarkeit mithilfe eines Gerätes verlängert wird, das die Luft aus dem Inneren eines speziellen, lebensmittelechten Plastikbeutels entfernt. Dadurch werden Oxidationsprozesse in Lebensmitteln unterbunden. Letztere können dann im Kühlschrank bzw. Gefrierfach aufbewahrt werden.

Verbrennung
Eine chemische Reaktion, bei welcher brennbare Stoffe schnell mit Sauerstoff reagieren und Wärme produzieren.

Vorheriges Einlegen in Salzlake
Der Prozess des Einlegens von Fleisch oder Fisch in Salzlake als erster Schritt im Prozess des Pökelns (vgl. auch Einlegen in Salzlake).

Wasserwanne
Eine Wanne mit Wasser, die in den Heißräucherofen gestellt wird, um die Luftfeuchtigkeit während eines langen Heißräucherns beizubehalten. Dieses Wasser verhindert ein Austrocknen der Nahrungsmittel und trägt zur Stabilisierung der Temperaturen im Räucherofen bei.

Wurstfüller
Ein mechanisches Gerät zum Befüllen von Würsten. Letztere können an einen Mixer oder händisch zu bedienenden Fleischwolf angeschlossen sein. Gute Wurstfüller bestehen aus einem Zylinder, einem Kolben und einer mechanischen Kurbelwelle, mit der das Fleisch durch die Röhre in die Hülle geschoben wird.

Wursthülle
Die äußere Hülle einer Wurst oder Salami. Wursthüllen können aus Tierdärmen gemacht werden oder aus Kollagen bzw. anderen synthetischen Materialen.

Zieltemperatur
Eine Methode des Heißräucherns von Fleisch oder Fisch, bei welcher Nahrungsmittel im Räucherofen bei hohen Temperaturen so lange belassen werden, bis sie eine bestimmte Kerntemperatur erreicht haben, wobei diese Kerntemperatur wichtiger als die Dauer des Räucherns ist.

ZULIEFERER

In der folgenden Liste sind einige Zulieferer für Ausrüstung, Materialien und Zubehör hinsichtlich der in diesem Buch beschriebenen Techniken enthalten.

Diese Auflistung ist ncht vollständig. Mit ein wenig Recherche werden Sie weitere hervorragende, Ihren Erwartungen entsprechende, regionale Anbieter finden.

RÄUCHERÖFEN, RÄUCHERZUBEHÖR UND GRILLGERÄTE

FAIE Handels-GmbH
www.faie.at
+43 (0) 7672/716-0

Smoki-Räuchertechnik GbR
www.smoki-raeuchertechnik.de
+49 (0) 5432/904 27 04

Napoleon
www.napoleongrills.de
www.napoleongrills.at

AGK Kronawitter GmbH
www.agk-kronawitter.de
+49 (0) 9933/953 948 88

BEHER
www.beher.at
+43 (0) 2272/622 24

Barbecue point e. U.
www.barbecue-point.at
+43 (0) 664/24 24 135

holzeis – Kellereibedarf GmbH
www.holzeis.com
+43 (0) 2774/204 70

Peetz Metallverarbeitung e. K.
www.peetz-onlineshop.de
+49 (0) 2903/63 62

HiKi Versand GmbH
www.hiki.at
+43 (0) 7263/880 99-0

Weber-Stephen Deutschland GmbH
www.weber.com
+49 (0) 6132/89 99

Weber-Stephen Österreich GmbH
www.weber.com
+43 (0) 7242/89 01 35-0

PÖKELSALZE UND ZUTATEN

holzeis – Kellereibedarf GmbH
www.holzeis.com
+43 (0) 2774/204 70

FAIE Handels-GmbH
www.faie.at
+43 (0) 7672/716-0

Gewürze und Hausschlachterbedarf
www.gewuerze-hausschlachterbedarf.de
+49 (0) 991/405 45 60

GEWÜRZSALZE UND GEWÜRZE

holzeis – Kellereibedarf GmbH
www.holzeis.com
+43 (0) 2774/204 70

Gewürze und Hausschlachterbedarf
www.gewuerze-hausschlachterbedarf.de
+49 (0) 991/405 45 60

Spiceworld GmbH
www.spiceworld.at
+43 (0) 662/89 09 19

KÜCHENUTENSILIEN UND ZUBEHÖR

BEHER
www.beher.at
+43 (0) 2272/622 24

holzeis – Kellereibedarf GmbH
www.holzeis.com
+43 (0) 2774/204 70

Gewürze und Hausschlachterbedarf
www.gewuerze-hausschlachterbedarf.de
+49 (0) 991/405 45 60

Brau- und Rauchshop GmbH
www.brauundrauchshop.ch
+41 (0) 56/666 35 18

DÖRRAUTOMATEN, VAKUUMBEUTEL UND VAKUUMIERGERÄTE

ROMMELSBACHER ElektroHausgeräte GmbH
www.rommelsbacher.de
+49 (0) 9851/57 58-0

Namibia Shop/bernds-biltong-bude
www.namibia-shop.eshop.t-online.de
+49 (0) 831/604 96

Gewürze und Hausschlachterbedarf
www.gewuerze-hausschlachterbedarf.de
+49 (0) 991/405 45 60

SEVERIN Elektrogeräte GmbH
www.severin.de
+49 (0) 2933/98 20

MESSER

BEHER
www.beher.at
+43 (0) 2272/622 24

holzeis – Kellereibedarf GmbH
www.holzeis.com
+43 (0) 2774/204 70

Gewürze und Hausschlachterbedarf
www.gewuerze-hausschlachterbedarf.de
+49 (0) 991/405 45 60

Wimmer und Dressler GbR
www.messerspezialist.de
+49 (0) 34978/302 00

BÜCHER, PUBLIKATIONEN

Wolfgang Hauer: Fische räuchern & beizen.
ISBN 978-3-7020-1213-7

Franz S. Wagner: Räuchern, Pökeln, Wursten.
ISBN 978-3-7020-1197-0

Gerd Wolfgang Sievers: Fleisch selbst trocknen.
ISBN 978-3-7020-1484-1

Gudrun Aichwalder: Hausschlachten.
ISBN 978-3-7020-1348-6

SACHREGISTER

Kursiv gedruckte Zahlen beziehen sich auf Fotos.

R

S

T

U, V

W

Klassische Salami 116

DANKSAGUNG

Quantum Publishing möchte für die Bereitstellung des Bildmaterials für dieses Buch folgenden Menschen und Institutionen seinen Dank aussprechen:
30: oliveromg/Shutterstock.com; 33: Steve Brown Photography/Getty Images; 41: Jamie Rogers/Shutterstock. com; 44: funkyfrogstock/Shutterstock.com; 55: Katerina Belaya/Shutterstock.com; 61: istetiana/Shutterstock.com; 72: BrunoRosa/Shutterstock.com; 102: B. and E. Dudzinscy/Shutterstock.com; 103: AleksandarMilutinovic/Shutterstock.com; 104: margouillat photo/Shutterstock.com; 105: Kondor83/Shutterstock.com; 109: A_Lein/Shutterstock.com; 123: Wiktory/Shutterstock.com; 125: A_Lein/Shutterstock.com; 128: Olga Nayashkova/Shutterstock.com; 132: Winfried Heinze/Getty Images; 157: Evgeny Litvinov/Shutterstock.com; 160: margouillat photo/Shutterstock.com; 162: Howard Shooter/Getty Images; 171: Huw Jones/Getty Images; 175: A_Lein/Shutterstock.com; 179: Diana Miller/Getty Images; 183: Sam Stowell/Getty Images; 199: Shebeko/Shutterstock.com; 203: Simone Voigt/Shutterstock.com; 207: Lucky_elephant/Shutterstock.com; 211: Contrail/Shutterstock.com; 195 (oben): Elena Shashkina/Shutterstock.com; 195 (unten): DimaP/Shutterstock.com

Das gesamte übrige Bildmaterial ist Eigentum von Quanum Publishing und urheberrechtlich geschützt. Vielen Dank auch an Turan für die Illustrationen auf den Seiten 68, 135, 140, 141, 142, 143, 147, 151 und für die Fotografie auf Seite 99! Alle anderen Fotos wurden von Simon Pask gemacht.

Während Quantum Publishing sich bemüht hat, allen, die einen Beitrag zu diesem Werk geleistet haben, zu danken, wollen wir uns an dieser Stelle für eventuelle Auslassungen und Fehler entschuldigen und wären froh, entsprechende Korrekturen im Hinblick auf zukünftige Ausgaben dieses Buchs durchführen zu können.

Wir danken dem fachlichen Berater aus den USA für seine sorgfältige Arbeit an diesem Werk: Matthew McClune, Ogeechee Meat Market, Savannah, GA. OgeecheeMeatMarket.com

Danksagung des Autors

Die Recherche für und das Verfassen dieses Buchs war eine wirkliche Reise für mich, die meiner Familie und mir die Gelegenheit gab, wirklich hervorragendes Essen zu verkosten, einige meiner Lieblingswurstwaren wieder zu entdecken und meine Rezepte niederzuschreiben, damit andere sie entdecken und sich daran erfreuen. Das Schreiben dieses Buches wurde mir um vieles erleichtert durch den kritisch-methodologischen Blick meiner Herausgeberin Cathy Meeus, die mir half und meine Worte auf diesen Seiten zum Leben erweckte. Geholfen hat uns auch das Team von Quantum Publishing mit der Unterstützung und Ermutigung von Kerry Enzor, Sorrel Wood und Sam Kennedy, die so hart gearbeitet haben, dieses Buch zu drucken. Das Bildmaterial für dieses Buch wurde professionell von Simon Pask gestaltet, der nicht nur großartige Fotos macht, sondern in der Lage ist, mit Engelsgeduld neun Tage am Stück in einer Fotosession mit einem Autoren-Neuling zu arbeiten. Vielen Dank, Simon!

Das Schreiben dieses Buchs war eine gänzlich neue Erfahrung für mich, wobei ich die ganze Zeit hindurch von meiner Familie unterstützt wurde. Ich habe eine Leidenschaft für Essen und die Gelegenheit, diese Leidenschaft auf Papier festzuhalten, war wirklich eine Ehre. Ich möchte meiner wunderbaren Frau Alison für all ihre Unterstützung, Ermutigung, Liebe und Geduld während der Arbeit an diesem Buch danken. Ich bedanke mich für ihre unendliche Geduld in dem Wissen, dass ich, obwohl wir ja unsere Hochzeit zu planen hatten, genügend Freiraum von ihr bekam, mich hinzusetzen und die Schreibarbeit an einer Frist auszurichten.

Ich möchte auch meinen Zulieferern danken, die für mich da waren, wenn ich Fleisch, Fisch und Geflügel außerhalb der Saison benötigte. Mein besonderer Dank gilt auch *Woburn Country foods* für die Lieferung des meisten Fleisches, das in diesem Buch vorgestellt wird. Ich danke James von der *Pastures farm* in Yardley Hastings dafür, dass er mich außerhalb der Saison mit Federwild versorgte. Ein Dankeschön auch an Mark Fairweather und Diego Antela, zwei sehr engagierte und kompetente Fischhändler, die sich in ihrem Metier wirklich auskennen und aus sich herausgegangen sind, um mir dabei zu helfen, die richtigen Fische zu beschaffen, wenn ich sie brauchte. Ich danke William Yates von billyfranks.co.uk dafür, dass er mir eines der besten Beef-Jerky-Rezepte gegeben hat, die ich je gekostet habe. Es ist in diesem Buch enthalten und ich möchte Sie dazu ermutigen, es auszuprobieren (Süß-saures Jerky, Seite 90). Und schließlich möchte ich auch meinen Eltern Ann und Seref Turan danken, die nicht mehr unter uns weilen, dafür, dass sie meine Leidenschaft für das Essen entfacht haben, welche bis zum heutigen Tag andauert. Vielen Dank!